식민지
비망록
2

일러두기

1. 이 책에 수록된 글들은 민족문제연구소의 회보인 『민족사랑』을 통해 발표했던 원고를 모은 것이다. 책으로 묶는 과정에서 원래의 내용을 크게 수정 보완한 것들이 많으며, 그 출처는 각 꼭지의 말미에 따로 적어두었다.
2. 최초의 원고는 대개 각주 없이 발표하였으나, 이번에 새로 책으로 꾸미는 과정에서 후속 연구자들을 위해 추가적인 자료를 제공하고자 각주 부분도 크게 보충하였다.
3. 이 책에 무수하게 등장하는 일본인들의 인명표기에 관해서는 자료의 충실도를 제고하기 위해 국어표기법의 방식을 따르지 않고 최대한 원래의 음가를 반영하여 표기하는 것을 원칙으로 삼았다. (예; 가토 → 카토, 다나카 → 타나카, 도고 → 토고)
4. '민족문제연구소 소장자료'로 표시된 참고도판들은 연구소 후원회원들의 소중한 후원금과 자료기증에 힘입어 확보된 것이므로 이에 따로 감사의 표시를 덧붙여 둔다.
5. 이 책에 게재된 자료사진들에 대해서는 인용출처 또는 소장처를 충실히 밝혀 표기하였으나, 혹여 누락된 경우가 있다면 추후 합당한 절차를 통해 이를 보완할 예정이다.

책머리에

1

『세조실록』 세조 9년(1463년) 7월 30일 기사를 보면, 임금이 분판(粉板)을 옆에다 두고 일을 만나면 번번이 적어두었다가 이를 승정원(承政院)에 내보인다는 내용이 등장한다. 이를 '비망(備忘)'이라 하였는데, 글자 그대로 "잊어버리지 않기 위한" 장치인 셈이다. 이것이 아니더라도 조선왕조실록의 전반에 걸쳐 역대 국왕이 내린 '비망기(備忘記)'라는 용어는 숱하게 언급되어 있는 것을 확인할 수 있다.

2

하도 오래 전의 일이라 기억조차 가물가물하지만 '국민학교' 시절 국어 교과서에 「세상에서 제일 무서운 것」이라는 내용의 글 한 꼭지가 실려 있었던 생각이 어렴풋이 난다. 언덕 위 고목나무 아래에 모여든 동네 아이들끼리 심심풀이 논쟁이 붙어 누구는 호랑이가 제일 무섭다 하고 또 누구는 홍수라고 하고 다른 누구는 불이라고 하다가 지나가는 사람을 붙들어 물어보기로 하였는데, 이들에게서 수소폭탄이다, 무식(無識)이다, 굶주림이다, 늙는 것이다, 죽음이다 …… 이런 대답을 죽 들었으나 종내 마땅치 않던 차에 땅거미가 질 무렵 지팡이를 짚고 나타난 노인네가 하는 말씀이 "그건 망각(忘却)이란다. 시간이 흐르면 마치 빛깔이 바래듯이 점점 잊어버리는 것, 죽음보다도 굶주림보다도 늙음보다도 무서운 것은 헛된 인생이 되어 버리는 '망각' 이것이야." 뭐, 대략 이런 내용이었다.[1]

3

돌이켜보면 민족문제연구소의 회보인 『민족사랑』에 매달 원고를 게재한 것이 벌써 10년이 다 되었다. 지난 2014년 9월에 처음 「미리 보는 식민지 역사박물관 전시자료」 코너를 맡았다가 이듬해인 2015년 5월부터는 글감을 좀 더 풍성하게 꾸미고자 편집체제를 교체하였는데, 그때 정해진 제목이 ─ 전해 듣기로는 당시 박한용 교육홍보실장과 강동민 자료팀장의 아이디어에 따라 ─ 「식민지 비망록」이었다. 그 이후 8년이라는 세월에 걸쳐 총 94회의 연재물을 생성한 다음 2023년 9월에 이르러 이를 마무리하고 지금은 「이 땅에 남아있는 저들의 기념물」이라는 제목 아래 새로운 연재를 이어오고 있는 상태이다.

이들 가운데 용산 지역과 관련된 내용은 2022년에 펴낸 『용산, 빼앗긴 이방인들의 땅』(전2권)의 기초원고로 이미 사용하였고, 잔여분에 해당하는 72꼭지의 글을 새로 다듬고 보충하여 정리한 것이 이번에 첫선을 보이는 『(그 시절을 까맣게 잊고 사는 사람들을 위한) 식민지 비망록』(전3권)이다. 처음 쓴 원고가 그때그때 생각나는 주제를 정리하거나 근대 사료를 탐독하다가 새로

---

[1] 언젠가 옛 신문자료를 훑어보던 도중에 『경향신문』 1960년 5월 10일자의 조간(朝刊) 4면에서 「제일 무서운 것은」이라는 기고문이 눈에 띄었다. 무척이나 반갑게도 이것이 바로 옛 교과서에서 보았던 딱 그 내용이었다. 여기에 필자로 표시된 '신지식'이란 이는 암만 봐도 이화여고 국어교사이면서 아동문학가로 활동했던 신지식(申智植, 1930~2020) 선생이 아닌가 한다. 그가 이 글의 원작자인지 아닌지는 잘 가늠하기 어려우나, 아무튼 이때 신문 지상에 소개된 것이 계기가 되어 교과서에 수록되는 기회를 얻게 된 것인지도 모르겠다.

알게 된 사실을 소개하는 방식으로 구성된 것이긴 하지만, 책의 가독성과 짜임새를 고려하여 비슷한 내용끼리 묶어 각권마다 4개의 파트로 재배치하였다. 여기에는 우리 주변에 남아 있는 일제잔재, 고단했던 식민지의 일상, 항일의 현장과 친일군상의 면면, 혹독한 전시체제기와 침략전쟁의 광풍, 일제의 기념물과 여러 공간에 얽힌 기억들, 그리고 식민통치기구와 학원통제의 실상에 관한 얘기 등 이 땅에서 무수하게 벌어졌던 뼈아픈 고초들과 별스러운 일제침탈사의 흔적들이 두루 포함되어 있다.

새삼 강조하지 않더라도 역사의 흔적을 잊지 않고 잘 기억하는 것은 정말 중요하다. 어쩌면 지팡이 노인의 얘기처럼 시간이 흐르면 마치 빛깔이 바래듯이 점점 잊어버리게 되는 '망각'이야말로 정말 세상에서 제일 무서운 일인지도 모르겠다. 그리고 제대로 기억하기 위해서는 — 그것이 아무리 자질구레한 것일지라도 — 많은 기록을 정리하여 남겨두는 것도 매우 절실하다. 아무쪼록 '비망록'이라는 이름을 달아 이 책에 담아놓은 일제강점기에 대한 기록과 이야기 하나하나가 기억의 연결고리가 되어 좀 더 길게 후대로 이어지기를 희망할 따름이다.

4

2년 전에 『용산, 빼앗긴 이방인들의 땅』(전2권)이 나왔을 때도 마찬가지였지만, 이번에 나오는 세 권의 책이 다시 꾸려지기까지 우리 연구소의 여러 구성원들에게서 많은 도움을 받았다. 무엇보다도 원고집필과정은 물론 연구소의 일상생활에서 곧잘 격려와 배려의 말씀을 주시곤 하는 조세열 상임이사님이 가장 큰 힘이 되었고, 박수현 사무처장님을 비롯한 상근직원들 모두의 관심과 응원에도 감사의 뜻을 전하고자 한다. 또한 하루의 대부분을 공유하는 강동민 자료실장과 자료실 식구들에게도, 그리고 책을 다듬기까지 큰 수고를 해주신 유연영 사무차장과 손기순 편집디자이너께도 특별한 고마움을 표시한다.

끝으로 내 삶의 활력소이자 존재이유이기도 한 예쁜 두 여자, 아내 김경미와 딸 상미에게 한결 같은 사랑의 마음을 전한다.

2024년 7월의 마지막 날에
이순우

식민지 비망록 2

목 차

제1부 혹독한 전시체제기의 나날들

01 대나무 철근과 콘크리트 선박을 아시나이까? 12
   총체적인 전쟁물자의 수탈이 빚어낸 대용품(代用品)의 전성시대

02 서울 거리에 오백 마리의 제주 조랑말이 무더기로 출현한 까닭은? 28
   전시체제기의 물자절약과 연료부족사태가 만들어낸 택시합승제도

03 총알도 막아낸다는 일제의 비밀병기, 센닌바리(千人針) 45
   천 명의 남자들에게 글자를 받는 센닌리키(千人力)도 함께 성행

04 미영격멸을 구호삼아 달린 부여신궁과 조선신궁 간 대역전경주 55
   징병제를 대비한 매일신보사의 조선청년 체력향상 프로젝트

05 일제패망기에 매달 8일이 특별한 의미를 지닌 까닭 69
   이른바 '대조봉대일(大詔奉戴日)'은 전시체제를 다잡는 날

06 거물면장(巨物面長), 말단행정을 옥죄는 전시체제의 비상수단 82
   전직 도지사와 참여관들이 잇달아 면장 자리에 오른 까닭은?

제2부 침략전쟁의 광풍이 휘몰아치던 시절

07 국세조사(國勢調査), 효율적인 식민통치와 전쟁수행을 위한 기초설계 102
   전시체제기에는 병역법 실시와 배급통제를 위한 인구조사도 빈발

08 "금을 나라에 팔자", 황금광 시대에도 금모으기 운동이 있었다 114
   일제는 왜 금헌납과 금매각 독려에 그렇게 열을 올렸나?

09 총독부박물관이 오후 4시만 되면 문을 닫는 까닭은? 132
   전쟁 따라 출렁이는 총독부 관리들의 출퇴근 시간 변천사

10 현수막(懸垂幕), 결전체제를 다잡는 또 하나의 전쟁무기 141
   건물 외벽마다 시국표어들이 주렁주렁 매달렸던 시절

11 병참기지 조선반도를 관통하여 달린 성화(聖火) 계주행렬의 정체는? 156
   이세신궁에서 조선신궁으로 옮겨진 기원 2600년 봉축 불꽃

12 일제가 독려했던 또 다른 전쟁, 인구전쟁(人口戰爭) ········· 168
　해마다 자복가정표창(子福家庭表彰)이 이뤄지던 시절의 풍경

제3부 곳곳에 남아 있는 그들만의 기념물

13 수원화성 방화수류정 언덕에 자리했던 순직경찰관초혼비 ······· 180
　3.1만세운동 때 처단된 일본인 순사들을 위한 기념물

14 "덕은 봉의산만큼 높고, 은혜는 소양강만큼 깊도다" ········· 192
　세 곳에 남아 있는 '이범익 강원도지사 영세불망비' 탐방기

15 일제가 인천항 부두에 세운 대륙침략의 '거룩한 자취' 기념비 ······ 208
　경성보도연맹 기관지에 수록된 '성적기념지주(聖蹟記念之柱)'의 건립과정

16 역대 조선총독과 정무총감이 잇달아 벽제관을 시찰한 까닭은? ····· 218
　사쿠라와 단풍나무 동산으로 구축한 그들만의 성지(聖地)

17 벽제관 후면 언덕에 솟아오른 '전적기념비'의 정체는? ········ 229
　침략전쟁의 길잡이가 되기를 바랐던 그들만의 기념물

18 내금강 만폭동 계곡에 아로새긴 친일귀족 민영휘 일가의 바위글씨 ··· 241
　금강산 사진첩에 보이는 일제강점기 수난사의 몇 가지 흔적들

제4부 뒤틀어진 공간에 대한 해묵은 기억들

19 군대해산식이 거행된 옛 훈련원(訓鍊院) 일대의 공간해체과정 ····· 260
　이 자리에 들어선 경성부민회장(京城府民會場)의 정체는?

20 일본 황태자의 결혼기념으로 세워진 경성운동장 ··········· 275
　하도감(下都監) 자리에 있던 정무사(靖武祠)의 건립 내력

21 의외의 공간에 출현한 저 비행기의 정체는 무엇인가? ········ 288
　조선일보사 옥상 위에 전용비행기를 올려놓았던 시절

22 식민지의 번화가를 밝히던 영란등(鈴蘭燈), 금속물 공출로 사라지다 ··· 298
　파고다공원의 철대문과 조선총독부 청사의 철책도 그 대열에 포함

23 소설 「자유부인」에도 등장하는 중화요리점 '아서원'의 내력 ······ 312
　역관 홍순언의 일화가 얽힌 '곤당골' 지역의 공간변천사

24 '반민특위' 표석은 왜 아직도 제자리를 찾지 못하나? ········ 333
　반민특위 청사로 사용된 옛 제일은행 경성지점 자리의 공간 내력

제1부 ──────── 혹독한 전시체제기의
나날들

01

대나무 철근과
콘크리트 선박을 아시나이까?

총체적인 전쟁물자의 수탈이 빚어낸
대용품(代用品)의 전성시대

대나무 못, 죽모(竹帽, 대나무 철모), 대나무 유성기바늘, 시멘트 대야, 종이손가방, 누에고치 가방, 상어껍질 구두, 닭껍질 가죽, 사기 석쇠, 머리카락 혼방 양복지, 종이 슬리퍼, 양면 성냥개비 ······.

이것들은 언뜻 기발한 소재로 만든 발명품들을 나열한 목록처럼 보일지 모르겠지만, 실상 일제패망기에 빚어진 무지막지한 전쟁물자의 동원과 그에 따른 가혹한 경제적 궁핍이 만들어낸 부산물로서 이른바 '대용

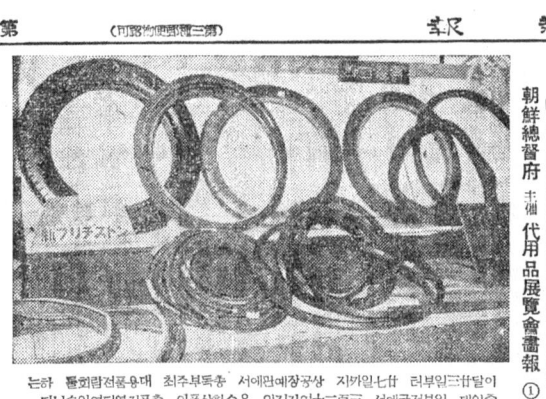

『매일신보』1939년 6월 26일자에는 조선총독부 주최 대용품전람회(개최장소는 상공장려관)에 출품된 자전거 자동차의 '재생 타이어' 모습이 소개되어 있다. 전시체제기의 대용품 장려를 위한 이러한 전시회는 전국 각처의 주요 도시를 순회하는 방식으로 진행되었다.

품(代用品)'이라는 이름으로 사용되던 각종 물건의 일부이다. 총력전(總力戰)의 형태로 이뤄지는 전쟁에서 막대한 물자를 동원하는 일은 필연적으로 무엇이든 쥐어짜는 방식으로 진행되기 마련이다. 『동아일보』 1938년 7월 2일자에 수록된 「여자의 머리털로 훌륭한 양복감」 제하의 기사는 전쟁물자의 동원에 관한 한 단면을 이렇게 전하고 있다.

> 근자에 이르러 물자가 결핍해서 대용품이 뜻밖의 방면에서 등장되어 상상도 할 수 없는 원료에서 모든 물건을 만들어내는데 목재로 인조양모를 만드는 것은 벌써 오랜 역사가 되었고, 현재 독일에서는 '독일에는 폐물이 없다'라는 모토 아래서 독일의 쓰레기통은 해마다 가벼워 온다는 것입니다. 대강으로 그 예를 들면 7천 3백 만 인구되는 전 민족이 실과(과일) 껍질도, 담배찌꺼기도, 구두에 묻은 먼지까지라도 어떻게든지 쓰도록 해야 한다는 취지 아래서 생선으로 비스킷을 만들고, 석탄으로 비누를 만들고, 톱밥으로 초콜릿을 만들고, 짚으로 양말을 만들고, 사람의 머리카락으로 보료를 만드는 등으로 하여튼 길에 떨어진 실과 껍질 하나라도 훌륭한 대용품을 만들게 된 오늘입니다. 여기서도 가스회사에서는 석탄으로 비누를 만들고 있으며 또 여자의 머리카락을 수입제한이 된 마사(麻絲) 대용품으로 혼직(混織)하게 된 것입니다.

이들 가운데 대용품의 개발이 비교적 두드러진 분야는 주로 금속물과 관련된 쪽이었다. 무엇보다도 전쟁무기가 쇠붙이로 만들어지는 까닭에 각종 금속물의 공출은 가속화하는 한편 불요불급한 철강 원자재의 공급이 거의 중단되다시피 한 상태였으므로 이를 타개할 방책이 필요했기 때문이었다. 예를 들어 금속 못을 대신하여 대나무 못을 사용하거나 철

금속물 공출에 대한 대용품으로 지급된 사기그릇의 모습이다. 옆쪽에는 '공출보국(供出報國)'이라는 글자와 '비행기 및 폭탄'이 그려진 도안이 새겨져 있다.
(민족문제연구소 소장자료)

근(鐵筋)의 대용품으로 대나무를 뼈대로 넣어 사용하는 것이 이러한 사례에 속했다. 다만 이러한 대나무 철근은 고층건물을 구축하는 데에는 적절하지 못한 방법이었으므로, 콘크리트 건물을 대신하여 작은 규모의 벽돌건물을 신축하는 흐름이 나타나기도 했다.[1]

목재 침목(枕木)이 주류를 이루던 것이 콘크리트 침목으로 대체된 것 역시 이러한 대용품 개발의 산물이었다. 전시상황에서 목재의 공급이 원활하게 이뤄지지 못하는 상황이 지속되자 철도국에서는 철도교량의 교각 건설에 죽근(竹筋, 대나무철근) 콘크리트를 활용하는 동시에 콘크리트 침목을 개발하여 1943년 3월에는 성환역(成歡驛) 인근에서 이를 시험 설치하였다는 기사도 눈에 띈다.[2]

이와 관련하여 『매일신보』 1943년 4월 23일자에 수록된 「수송과학진(輸送科學陣)에 개가(凱歌), 콩크리트 침목(枕木), 죽근(竹筋) 콩크리트, 지베르

---

1) 압록강 수풍댐 하류에 건설예정이던 '의주댐'의 공사현장에서도 이러한 목근(木筋)을 사용한 콘크리트 타입공사가 이뤄진 것으로 확인되는데, 이 내용에 대해서는 『매일신보』 1943년 4월 8일자에 수록된 「철근(鐵筋) 대신(代身)에 죽근(竹筋), 의주제언공사(義州堤堰工事)에 시험(試驗)」 제하의 기사를 참조할 수 있다.
2) 성환역 인근에서 최초로 콘크리트 침목을 부설한 시험이 이뤄진 사례에 대해서는 『매일신보』 1943년 3월 21일자에 수록된 「콩크리트 침목(枕木) 최초(最初)로 성환역(成歡驛)에 시험(試驗)」 제하의 기사에 그 내용이 서술되어 있다.

공법(工法), 선철 3씨(鮮鐵 三氏)의 손으로 완성(完成)」 제하의 기사에는 이러한 내용이 길게 담겨 있다.

> 철도는 병기(兵器)이다. 근대전이 일면 수송전(輸送戰)인 것을 생각할 때 결전하 철도가 지니고 있는 중요성은 날을 거듭할수록 더해가고 있는 것을 볼 수 있다. 이에 철도국에서는 결전에 싸워 이기기 위한 각반의 연구를 거듭한 결과 목재자원의 확보를 목표로 한 '콩크리트' 침목(枕木), 쇠를 절약하기 위한 죽근(竹筋) '콩크리트'와 '지베르' 공법(工法)의 완성 등 전시에 알맞는 귀중한 연구가 결과를 맺어 철도국 기술진에 개가가 올랐다. 이리하여 지난 15, 6 양일간에 걸쳐서는 귀중한 연구의 발표강연회가 용산철도국에서 개최되었었던 바 이에 동 연구의 내용을 소개하기로 한다.
> [콩크리트 침목] 경성지방철도국 기수(技手) 마쓰다(松田省三) 씨가 연구한 '콩크리트' 침목은 내지의 소도야마식(外山式) '콩크리트' 침목을 개량한 것이다. 전시 아래 삼림자원을 확보하는 동시 침목의 내구(耐久)연한을 꾀하고 현장에서의 노력을 절약한 것을 목적으로 하고 발안해 내인 것이다. 이것은 현재 사용되고 있는 나무로 만든 침목과 비교하여 썩지 않고 오래 쓸 수 있으며 선로수의 노력을 절약할 수 있는 데 그 특징이 있다. 당초에 이 '콩크리트' 침목을 사용하였을 때에는 열차의 진동으로 말미암아 깨어지는 수가 많았으나 최근에 이르러는 '콩크리트' 침목과 선로 사이에 30'미리' 가량의 나무판자와 그 위에 3'미리' 2의 철판을 놓아서 선로의 충격을 덜 받게 하여 깨어지지 않도록 하는데 성공하였다. 나무로 만든 침목은 대개 15, 6년간 견디는데 이것은 적어도 30년간 쓸 수 있으며 제작비도 나무침목은 한 개에 평균 16원 50전인

데 대하여 '콩크리트' 침목 한 개는 15원밖에 안된다고 한다. 이리하여 '콩크리트' 침목은 벌써 경부선 모역 부근에 부설되어 있고 장래에는 다른 선에까지 사용할 터이라고 하는데 이것은 마쓰다 기수가 소화 14년(1939년)에 설계하였고 동 15년(1940년)에 제작에 착수한 것인데 실제로 선로의 부설에 사용한 것은 동 16년(1941년) 경부터라고 한다.

[죽근 콩크리트] 부산철도개량사무소 오다이 기사(尾台三吉 技師)가 발안한 철근(鐵筋) 대용의 죽근(竹筋) '콩크리트'를 이용한 교량(橋梁)의 기초공법은 벌써부터 철도국의 개량공사에 널리 이용되고 있는 것이다. 즉 이것은 전시 아래 쇠를 절약하기 위하여 대(竹)를 '콩크리트' 속에 넣어서 철교의 기초공사를 하는데 쓰는 것이다. 철교를 놓을 때에는 철교의 교각(橋脚)을 땅 속에 파묻는다. 종래에는 철근 '콩크리트'의 정통(井筒)을 파묻었으나 이 기초공법에 의하면 정통 속에 철근 대신 약 3배 가량의 죽근을 넣어서 땅에 파묻는다. 정통이 땅 속에 파묻힌 뒤에는 썩어버려도 관계치 않으므로 아직까지는 다수한 쇠가 허비되었던 터이나 죽근 '콩크리트'를 사용하게 되면서부터는 상당한 양의 쇠를 절약할 수 있게 된 것이다. 이것은 철근 '콩크리트'나 다름없이 아무 고장이 없고 안전하다는데 종래에는 한 개의 정통을 만들 때 4'톤'의 철근과 8백 포대의 '세멘트'가 들었었으나 죽근 '콩크리트'의 정통에는 거의 쇠가 들지 않고 '세멘트'가 약 1할 가량 더 들어서 9백 포대를 필요로 한다고 한다. 그리고 쇠는 1평방센치(平方糎) 내에서 3,700'키로'의 힘을 견디어 내는데 대는 780 내지 1,000'키로'의 힘에 견디므로 교량의 가(假)공사를 할 때에는 죽근 '콩크리트'의 정통을 사용하는 것이 여러 점으로 보아 유리하다고 한다.

[지베르 공법] …… (하략).

이른바 '대용품'을 주제로 한 『매일신보』 1941년 8월 3일
자의 연재만화이다. 여기에는 동물원의 늑대 가죽, 타조
깃털, 호랑이 가죽이 모두 대용품의 대상으로 언급되고
있으며, 특히 "코끼리의 코로 '트럭 타이어'를 만들면 되
겠다"는 대사도 함께 등장한다.

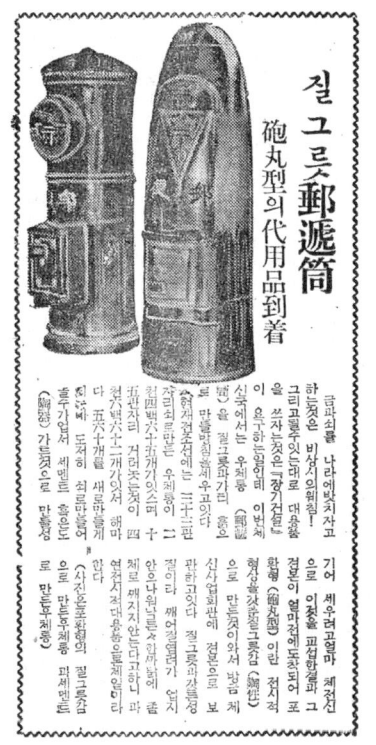

『매일신보』 1940년 1월 20일자에는 쇠로 만든 기존의 우체통을 대신
하여 설치될 포환형(砲丸型) 질그릇 우체통과 시멘트를 사용한 콘크리
트 우체통의 대용품 견본이 새로 도착했다는 소식이 수록되어 있다.

    1938년 여름에는 체신성(遞信省)에서 콘크리트로 만든 우편포스트를 설치하였으며, 1943년 5월에는 대전우편국 관내의 우편통(郵便筒)이 탄환제조용으로 일괄 수거되고 '마그네사이트'로 만든 대용품이 그 자리를 대신한 일도 있었다. 실제로 『매일신보』 1939년 2월 19일자에 수록

된 「오는 우체통, 가는 우체통」 제하의 기사는 세멘트 우체통의 등장 사실을 이렇게 알리고 있다.

초비상시! 내지에서의 철회수운동(鐵回收運動)에 단단히 한몫을 보게 된 거리의 우체통도 33관이란 육중한 몸을 국책선상으로 기어오르게 되었다. 이 통에 조선서도 회수할 준비를 하고 체신국에서는 체신성과 절충을 하는 중이며 또한 그 대용품으로서 '세멘트'와 또는 질그릇으로 만든 '샘플'을 주문하고 있거니와 여기 사진에 소개하는 바른편 것은 이번 새로이 길거리로 '데뷰'할 대용품으로서의 우체통[양회제(洋灰製)]이며, 왼편 것은 지금까지 역사도 오래게 거리에 서 있던 붉은 빛 쇠덩어리의 우체통[설철제(屑鐵製)]으로 철을 거두어 드리는 통에 자취를 감출 것이다. 이리하여 가는 것 오는 것이 감개무량하게 없어지고 나타나고 할 터인데 새로 나올 우체통의 견본은 방금 체신성에서 전국 각처로 보내고 있는 바 이 새 우체통에도 "앞으로 변치 말고 많은 편지를 집어 넣어줍시사"하는 것은 체신 당국의 부탁이다.

여기에서 보듯이 철강제품의 대체품으로 곧잘 사용된 것이 '콘크리트'였는데, 심지어 콘크리트 선박을 제조하는 방식이 고안된 적도 있었던 것으로 알려진다. 이에 관해서는 『매일신보』 1942년 1월 18일자에 수록된 「선박의 대용품으로 '콩크리트' 배 제조」 제하의 기사에 다음과 같은 내용의 흔적을 확인할 수 있다.

이번 세계대전이 일어나자 여러 나라에서는 배가 부족하여 대용품을 연구중 '콩크리트' 배가 발명되었다고 합니다. 만드는 법은 간단한데 선체의 한 부분 부분을 철근 '콘크리트'로 만들고 부속품을 나무와 쇠로 붙이는 것입니다. 이 배는 보통배와 달라서 철판이 없기 때문에 용접(鎔接) 작용도 없고 또 못을 박는 일도 없는 것입니다. 만들기도 편한 것이어서 마치 육상의 '콘크리트' 건축과 같은 것입니다. 다만 좀 견고치를 못하고 철보다는 두껍게 제조하는 것이라 제 무게 때문에 물건을 많이 싣지 못하는 것이 단점입니다. 예를 들면 인창력(引漲力)을 받을 때는 150배, 암축의 힘을 받을 때는 20배나 강하기 때문에 철강으로 만드는 것보다 두 서 너 배 두껍게 만든다는 것입니다.

선박의 대용품으로 콘크리트 배를 만든다는 소식을 소개한 『매일신보』 1942년 1월 18일자의 보도내용이다. 다만 이 배는 견고하지 못한 탓에 철보다는 두껍게 제조해야 하므로 제 무게 때문에 적재량이 줄어드는 것이 단점이라고 적고 있다.

금속물 공출과 관련하여 밥그릇이나 세수대야와 같은 유기(鍮器, 놋그릇)가 조선인 가정에서 점차 사라지게 되자 고령토(高嶺土)로 만든 사기(沙器) 제품이 그 자리를 대신하거나 알마이트 재질의 그릇이 대용식기로 지급되었고, 숟가락은 나무 또는 합성수지로 만드는 것이 등장하였다. 이와는 별도로 일제가 대용품의 개발에 사활을 걸다시피 했던 분야는 대체연료(代替燃料)와 관련된 쪽이었다. 비행기와 자동차의 운항에 필수적인 가솔린은 이를 공급할 원천이 극히 제한되어 있었기 때문이었다.

  이에 따라 고구마와 감자에서 무수알콜을 뽑아내거나 또는 카바이드(carbide, 탄화칼슘)에서 아세틸렌 가스를 추출하여 사용하며, 목탄가스를 이용한 목탄차(木炭車)로 전환하여 사용하는 방식이 널리 채택되었다. 나아가 1940년 5월에는 총독부 당국의 결정에 따라 도회지에서 사용하는 자동차는 전부 목탄차로 대체토록 하는 방침이 결정된 바 있었다.[3] 이와 아울러 집 앞마당과 도로연변의 공터에는 피마자(蓖麻子, 아주까리)를 심도록 하는 일도 광범위하게 추진되었는데, 피마자기름은 별도의 정제과정 없이 비행기의 윤활유로 사용이 가능하고 질이 낮은 것은 자동차에 쓰거나 전등이 없는 시골에서는 등잔기름으로도 활용할 수 있었다.[4]

  또한 소나무에서 송지(松脂, 송진)를 채취하여 이를 제지, 페인트도료, 비누의 제조 등에 사용하였다. 또한 소나무 뿌리에서 뽑아낸 송근유(松根油, 테레빈유)와 솔가지에서 추출한 송탄유(松炭油)를 정제하여 가솔린 대용으로 항공연료를 생산하는 방법이 강구되기도 했다.[5] 이에 따라 송탄유에 대해서는 1944년 10월 1일 이후 전매제도가 실시된 바 있으며, 이와

---

3) 이에 관해서는 『매일신보』 1940년 5월 15일자에 수록된 「도회지(都會地)의 자동차(自動車)는 전부(全部)를 목탄차(木炭車)로, '까소린'차(車)와는 드디어 이별(離別)」 제하의 기사에 관련 내용이 수록되어 있다.

4) 피마자유의 활용에 대해서는 『매일신보』 1943년 8월 22일자에 수록된 「비행기와 피마자, 윤활유가 되어 전선에 나가, 한 톨이라도 걷어 공출하자」 제하의 기사와 『매일신보』 1945년 5월 5일자에 수록된 「피마자를 왜 심어야 하나, 비행기 뜨는 데 절대 필요」 제하의 기사 등을 참조할 수 있다.

5) 송탄유(松炭油)의 활용에 대해서는 『매일신보』 1945년 2월 2일자에 수록된 「항공연료(航空燃料)를 증산(增産), 송탄유(松炭油)의 원료(原料) 2억 7천 만 관(貫) 채취(採取)」 제하의 기사와 『매일신보』 1945년 6월 6일자에 수록된 「송탄유(松炭油)는 항공기(航空機)의 생명(生命), 획기적 증산(劃期的 增産)을 하야시 광공부장(林鑛工部長)이 강조(强調)」 제하의 기사 등을 참조할 수 있다.

『동아일보』1938년 8월 16일자에 소개된 가솔린차 대용으로 널리 활용된 목탄차(木炭車)의 모습이다. 이는 신탄(薪炭), 목탄(木炭) 등을 태워 여기에서 발생하는 가스로 엔진을 구동하는 자동차이다.

관련한 원료채취의 독려 탓에 전국 각처의 삼림이 크게 훼손되는 결과를 가져왔다. 이 때문인지 그 당시 무수한 소나무들에 남겨진 생채기들이 지금껏 흉한 흔적으로 남아 있는 경우를 적지 않게 목격할 수 있다.

이밖에 먹거리에 관한 내용을 살펴보면 육류대용품으로 자주 거론된 것이 '고래고기'이다. 예를 들어『매일신보』1938년 8월 21일자에 수록된 「[생활혁신 대용품 순례(生活革新 代用品 巡禮)] 육류대용 영양식료(肉類代用 榮養食料) 우육(牛肉) 못지않은 경육(鯨肉)」제하의 연재기사에는 다음과 같은 내용이 서술되어 있다.

······ 도대체 조선 사람은 소를 잘 잡아먹는다. 전 조선에 약 170만 마리 가량의 소가 있어 1년에 36만 3천 마리씩 새끼를 낳지마는 그 대신 27만 2천 마리 가량은 사람의 입으로 들어가고 만다. 우선 가까운 경성부 도수장(屠獸場)에서 작년 1년 동안에 죽인 소만 하여도 26,222마리로 가격으로 치면 2,965,700원 어치다. 그런데 이번 사변이 일어나자 소가죽이 갑자기 더 많이 쓰이게 되어 가죽값이 몇 십 곱절로 오르는 동시에 고기값도 일약 80전 대로 올라버렸다. ······ 이 소고기 대신 등

장한 대용품이 고래고기다. 고래고기는 세계대전 때에도 많이 먹었다고 하지마는 원래 고래는 그 맛에 있어서나 성분에 있어서나 소고기와 조금도 다름이 없다. 즉 그 성분을 분석해 본다면 소고기보다 지방질이 조금 부족할 뿐으로 그 대신 수분이 많으며 고래는 어류(魚類)가 아니라 수류(獸類)인지라 맛도 절대로 비리지가 않다. 경성부민들도 최근에는 고래고기를 꽤들 먹기 시작하였는데 7월에 경성부민들의 입으로만 들어간 것이 37관 가량이다. 값은 소고기와는 물론 비교도 안 되리만치 싸서 백 '몸메'에 20전 가량이다.

고래는 고기도 고기려니와 뼈와 기름을 전부 활용할 수 있고, 더구나 가죽은 우피(牛皮)의 대용으로도 되므로 여러 모로 쓸모가 큰 대상물로 간주되었다. 이와 비슷하게 상어껍질로 구두를 만들어 사용하기도 했고, 심지어 명태껍질을 여러 겹으로 붙이면 물에 젖어도 변형이 없고 가격도 싼 가죽을 얻을 수 있다고 하여 이를 피혁제조의 원료로 삼기도 했다. 드물기는 하지만 쥐가죽을 핸드백과 하이힐을 만드는 재료로 활용한 경우도 있었다.

우유를 대신하여 두유(豆乳)를 만들어 먹고 명태를 삶은 물을 샴푸로 활용한다든가 치커리를 비롯한 유사원료를 활용하여 커피맛을 내는 용도로 사용하는 방법이 고안된 것은 모두 대용품의 전성시대가 낳은 결과물이었다. 재생고무를 적극 사용하거나 군용모포에 우모(羽毛, 깃털)를 넣기 시작하고, 찬물에 세수하는 것이 피부건강에 훨씬 더 좋다는 점을 유달리 강조하던 것도 이 시기에 벌어진 일이었다.

그리고 『매일신보』 1943년 10월 29일자에 수록된 「마량(馬糧) 되는 '푸라타나스', 경성부(京城府)에서 금후(今後)로 사용(使用)을 장려(獎勵)」 제하의

여러 가지 대용품 가운데 '고래'가 가장 으뜸으로 꼽힌다는 내용이 수록된 『동아일보』 1938년 8월 7일자의 보도내용이다. 고래는 소고기를 대신하는 용도뿐만 아니라 기름, 뼈, 가죽 등의 활용도가 아주 높은 대체품으로 주목을 받았다.

기사에는 말먹이의 대용품으로 길거리에 가로수로 즐비한 '플라타너스(platanus, 버즘나무)'의 잎을 거론하고 있는 내용이 등장한다.

'푸라타나스'의 잎사귀가 마량(馬糧)이 된다. 결전하에 수송전사로 또는 말없는 용사로 전쟁수행에 봉공하고 있는 말(馬)의 먹이문제는 자못 중대한 문제이다. 특히 경성부에서는 부내의 운송용 말의 먹이가 곤란함에 비추어 여러 가지로 그 대책을 세우고 있던 중 이번에는 부내 가로수로 얼마든지 있는 '푸라타나스' 잎사귀가 마량으로서도 좋음을 알고 대대적으로 쓰기로 되었다. 이 잎사귀를 부 위생과 기꾸찌(菊池眞次) 기사가 분석하여 본 결과 '푸라타나스' 잎사귀에 많은 단백질(蛋白質)과 지방(脂肪) 분이 있어 36'푸로'의 영양가 있는 것을 알았다. 더욱이 이 잎사귀를 말린 것과 차찌꺼기(茶滓)를 합칠 것 같으면 훌륭한 마량이 되게 된 것이다. 현재 부내에는 1만 5천 본 가량의 '푸라타나스'가 있어 매년 7, 8월이면 1만 본 가량을 순 질르고 가정이를 쳐주고 있어 어느 정도로 흔하며 한편으로는 처치하기에 곤란하였던 것으로 부에서는 이번 분석 결과에 힘을 얻어 근근 내지에서 '푸라타나스' 잎사귀를 빻는 분쇄기(粉碎機)를 구입하여 매일 5백 관 이상씩을 빻아 부내 각 애국반에서 모은 차찌꺼기를 합하여 부에서 사용하는 말과 부내 말의 마량으로 공급하여 마량부족을 해소시키고자 여러 가지로 준비중이다.

이밖에 각 지방의 장날마다 이곳으로 노무자들이 몰려드는 바람에 생산력 확충에 지장이 있다고 하여 오일장(五日場)의 횟수를 크게 줄여 이를 '여드레장'으로 고치려는 시도도 있었고, 물자절약의 차원에서 종래 각 학교에서 아동들에게 부여하던 방학숙제(放學宿題)가 폐지된 것도 이 무렵의 일이었다.[6] 또한 자원애호(資源愛護)라는 명분으로 집집마다 대문

---

[6] 5일장 폐지에 관한 자세한 내용은 『매일신보』1941년 1월 14일자에 수록된 「여드레장으로 개변(改變), 전선(全鮮)의 장날 회수(回數)를 감소(減少)」 제하의 기사를, 방학숙제 폐지에 대해서는 『동아일보』1938년 7월 7일자에 수록된 「학원(學園)에도 물자절약(物資節約)이 파문(波紋), 과외독본구입(課外讀本購入) 하계숙제(夏季宿題)도 원칙적 폐지(原則的 廢止), 총독부(總督府)에서 각도(各道)에 통첩(通牒)」 제하의 기사를 각각 참조할 수 있다.

전라북도 지역에서 공터를 활용하여 재배한 피마자(아주까리)에서 얻은 기름을 처분하고 그 대금으로 애국기와 보국기의 구입대금과 휼병기금을 헌납했다는 소식을 전하고 있는 『매일신보』 1942년 4월 2일자의 보도내용이다.

앞에 설치되어 있는 쓰레기통을 일체 없애야 한다는 주장도 공공연하게 제기된 바도 있다.[7]

이 당시 총체적인 자원부족상황에 쫓기고 있던 일제가 이를 타개하기 위한 방안의 하나로 대용품의 개발에 얼마나 정성을 쏟고 있었는지에 대해서는 『매일신보』 1941년 8월 23일자에 수록된 「본사(本社) 경일(京日) 공동주최, 숨은 연구가(研究家) 나서라! 대용발명품(代用發明品)을 현상모집(懸賞募集)」 제하의 기사를 통해서도 그 일면을 엿볼 수 있다.

> 시국이 길게 끌어나감에 따라 날로 그 사명이 무거워가는 대용품 공업을 한층 발전시키는 것은 국책상 대단히 긴급한 일이겠으므로 제국발명협회(帝國發明協會) 조선본부와 본사, 경성일보 양 신문사의 공동주최로써 대용품의 현상을 모집하기로 되었다.

---

7) 이에 관한 것으로는 『매일신보』 1940년 1월 17일자에 수록된 「쓰레기통을 없애자, 자원을 애호하는 길은 우선 쓰레기 처치부터」 제하의 기사가 남아 있다.

이 사업의 취지를 찬동하여 특히 조선총독부와 식산은행 안에 있는 조선식산조성재단(朝鮮殖産助成財團)에서도 후원하여 주기로 되었는데 대용품장려라는 것은 모든 물자가 귀한 이 시국의 한 가지 과제가 아닐 수 없으므로 이 기회에 민간의 숨은 연구가들은 앞을 다투어 이에 응모해야 할 것이다. 모집하는 범위는 조선에만 한하는 것이 아니요, 멀리 내지로부터도 들어올 터이므로 지금까지 세상에 알려지지 못한 귀중한 대용품이 많이 들어올 것으로 기대되는 바 크다. 응모할 사람은 부내 남대문통(南大門通)의 상공장려관(商工獎勵館) 2층에 있는 제국발명협회 조선본부로 보내면 되는 바 사계의 전문가를 망라한 심사위원회에서 신중히 심사한 후 그 결과를 11월 11일 본지와 경일 지상에 발표할 터이다. 입상자의 등급은 1등으로부터 가상(佳賞)까지 있는데 1등 5백 원 등의 각등 상금은 시국에 알맞도록 전액을 채권(債券)으로 지불할 터이며 그 자세한 규정내용은 다음과 같다.

1. 응모품(應募品)은 응모자(應募者)의 창의(創意)나 특허(特許) 우(又)는 등록(登錄, 실용신안, 의장)에 해당하는 것[특허 우(又)는 등록이 된 것으로서 대용자재(代用資材)에 의한 것도 가(可)함].

2. 제품(製品)은 금속(金屬), 피혁(皮革), 고무, 기타의 대용품으로서 조선산(朝鮮産)의 자원을 원료(原料) 우(又)는 보충재(補充財)로 하여 공업화(工業化)할 가치가 있는 것.

3. 응모발명고안(應募發明考案)에 대한 특허 우(又)는 등록을 받은 권리(權利)는 응모자에 속(屬)함.

4. 좌(左)의 각호(各號)에 해당하는 것은 응모치 못함.

   (가) 위생(衛生) 우(又)는 풍속(風俗)에 해로운 것.

   (나) 발화(發火), 기타 위험성(危險性)이 있는 것.

5. 응모품은 현품(現品)에 한함.

6. 응모희망자는 소정(所定)의 신입서(申込書)에 소정사항을 기입(記入)하여 10월 10일까지 신입(申込)할 것[신입용지는 당 협회 본부(當 協會 本部)에 신입하면 송부함].

7. 응모현품(應募現品)은 10월 10일부터 10월 30일까지에 소정의 신입사진(申込寫眞)을 첨부하여 협회 본부에 반입(搬入)할 것.

8. 응모품은 1종(種) 2점(点) 이상 출품할 것.

9. 응모품의 심사(審査)는 각 방면의 권위자(權威者)로써 조직된 심사위원회(審査委員會)에서 심사한 다음 등급(等級)을 결정하여 좌(左)의 상금(賞金, 채권)을 증정(贈呈)함. 만일, 심사결과 1등에 해당하는 자 없을 경우에는 2등 이하의 상수(賞數)를 증가함.

▲ 1등 500원(圓) 1명 ▲ 2등 150원 2명 ▲ 3등 50원 5명 ▲ 가상(佳賞) 약간명(若干名).

10. 입상(入賞)한 것이라도 타인(他人)의 발명고안인 것이 발견(發見)되면 이를 취소(取消)함.

11. 심사 결과(審査 結果)는 11월 11일에 매신(每新), 경일(京日) 지상(紙上)에 발표(發表)함.

지금이라면 거의 상상도 하지 못할 일이지만 이른바 '대용품'이라는 이름으로 성행하던 온갖 별스러운 물건들의 존재는 그 자체가 침략전쟁이 불러온 삶의 고통이 그만큼 더 깊고 무거웠다는 사실을 잘 말해주고 있는 듯하다.

• 이 글은 『민족사랑』 2016년 4월호에 게재하였던 것을 수정 보완하였다.

02

서울 거리에 오백 마리의 제주 조랑말이 무더기로 출현한 까닭은?

전시체제기의 물자절약과 연료부족사태가 만들어낸 택시합승제도

이른바 '지나사변(支那事變; 중일전쟁)' 1주년을 막 넘길 무렵, 『매일신보』 1938년 7월 15일자에는 「소비절약(消費節約)의 총수(總帥) 마상(馬上)의 미나미 총독(南總督), 자동차(自動車)를 '넉아웃'」이라는 제목의 기사 하나가 등장하였다.

시간극복(時艱克服)의 의기에 불타는 미나미(南) 총독은 솔선하여 자동차의 승용을 절감하고 있는데 14일부터는 우천이 아닌 경우에는 언제든지 승마(乘馬)로 퇴청하기로 되었는데 금후 매일 오후에는 총독부 왜성대 관저 간에 말을 달리는 총독의 자태를 보게 될 것이다.

난다 긴다 하는 조선총독이 ― 알고 보면 미나미 총독 그 자신은 기병장교(騎兵將校) 출신이긴 하지만 ― 솔선수범하여 자동차 없이 말을 타고 통근하는 풍경을 연출한 것은 어디까지나 이제 막 본격화하는 전시체제기 아래 총후보국(銃後報國)과 물자절약, 그 가운데 특히 '가솔린(gasoline, 휘발유)'의 부족사태를 이겨내는 방편의 하나로 고안된 결과물이었다.[8] 이에 따라 총독부의 관리들은 전차와 도보로 출퇴근을 하고, 총독과 정무총감 역시 승마(乘馬)와 인력거(人力車)를 이용토록 했던 것이다.

이러한 광경은 경복궁 후면에 경무대 총독관저(景武臺 總督官邸)가 완공되어 남산총독관저(南山總督官邸)에서 그곳으로 이사를 마치게 되는 1939년 9월 22일의 시점까지 그대로 지속되었다.[9] 그렇다고 그 이후에 말 타고 다니는 조선총독이 길거리에 출현하는 모습이 완전히 사라진 것은 아니었는데, 그것은 바로 '승마' 대신 '마차'가 그 자리를 대신하였기 때문이다.

실제로『매일신보』1940년 4월 29일자에 수록된「미나미 총독(南總督) 태우고 달릴 삽상(颯爽) 일두마차(一頭馬車), 6월부터는 통감부 시대(統監府時代) 재현(再現)」제하의 기사에는 이러한 내용이 포함되어 있다.

---

8) '총후보국'이라는 말은 1937년 중일전쟁 직후에 처음 등장한 표현이며, 그 이듬해인 1938년부터 크게 확산되기 시작한 시사용어이다. 이와 관련하여『매일신보』1938년 4월 10일자에 수록된「총후보국(銃後報國)의 골자(骨子), 총감(總監), 9일부(日附)로 각 방면(各方面)에 통첩(通牒)」제하의 기사에는 이 당시 조선총독부가 '국민정신총동원 총후보국 강조주간'을 설정하면서 내건 지도방침(指導方針)이 다음과 같이 정리되어 있다. "1. 지구전(持久戰)에 대(對)한 용의(用意)를 중요물자(重要物資)의 절약(節約) 및 저축(貯蓄)의 여행(勵行)을 통하여 하도록 할 것. 2. 각종기관(各種機關) 및 각종단체(各種團體)를 총동원(總動員)하여 소위(所謂) 민중선전망(民衆宣傳網)의 수립(樹立)을 도(圖)하고 종합선전효과(綜合宣傳效果)의 최대능력(最大能力)을 발휘(發揮)케 할 것. 3. 민중(民衆)에 중요물자(重要物資)의 절약(節約), 폐품회수(廢品回收), 자원애호(資源愛護) 및 저축(貯蓄)의 여행(勵行) 등(等) 비상시(非常時)에 있는 국민(國民)으로서 협력(協力)할 사항(事項)을 철저(徹底)케 할 것. 4. 지(紙, 종이) 및 목면(木棉, 솜)과 연료절약(燃料節約)에 대(對)한 의의(意義)를 철저(徹底)케 할 것. 5. 관공서(官公署), 학교(學校), 각종단체(各種團體) 및 각 기관(各機關)에서 적절(適切)한 실행항목(實行項目)을 정(定)하여 실시(實施)할 것."
9) 이와 관련하여『매일신보』1939년 9월 19일자에 수록된「총독신관저(總督新官邸), 20일 낙성식(落成式)」제하의 기사에는 그 말미에 "…… 이리로 이사를 한 다음에는 매일 아침 늠름한 복장에 말을 타고 통근하는 총독의 얼굴을 길거리에서 보지 못하게 되리라고 한다"는 구절이 채록되어 있는 것이 눈에 띈다.

『매일신보』 1940년 4월 29일자에 소개된 미나미 조선총독의 일두마차(一頭馬車) 시운전 장면이다. 전시물자절약, 그 가운데 특히 '가솔린'의 부족상황을 극복하는 방안의 하나로 재래식 교통수단인 마차가 공공연하게 서울 거리에 재등장하는 순간이기도 했다.

신록이 우거지는 서울 장안 거리에는 미나미(南) 총독이 타고 다니는 일두마차(一頭馬車)가 삽상 등장하게 되었다. '까소린'을 절약하는 의미에서 총독부에서는 벌써 작년부터 도쿄(東京)에 있는 마차제조회사에다 마차를 주문중이더니 약 1주일 전에 마차 두 대가 도착하였으므로 28일부터는 총독부 안 넓은 마당에서 마차의 시운전을 하였다. 빛은 비록 검으나 산뜻한 새 마차는 네 개의 고무바퀴로 스르륵 달리는 품이 '크라이슬라'만 못지않은데 늦어도 6월 경부터는 거리에 등장하게 될 모양이라고 한다. 이리하여 이 마차는 말발굽소리도 경쾌하게 거리를 달리어 때는 30년 전 자동차 없던 통감부 시대로 되돌아가는 듯한 느낌을 주게 되었으나 이는 '까소린'을 절약하기 위한 총독부의 영단인 만큼 일반에게는 영향도 자못 클 듯 ……. (사진은 시운전 중의 마차)

『매일신보』 1938년 3월 13일자에 소개된 목탄(木炭)버스의 모습이다. 이처럼 가솔린 연료를 대체하기 위한 목탄가스차와 아세틸렌차 등이 잇달아 선을 보였으나, 결국에는 사람이나 우마(牛馬)의 힘을 빌리는 교통수단이 되려 크게 확산되었다.

이보다 앞서 1939년 9월 23일에는 일본 홋카이도(北海道)와 이와테현(岩手縣)에서 각각 들여와 마차를 이끌 세 마리의 말이 도착하여 미나미(南) 총독과 오노(大野) 정무총감이 손수 총독부 청사의 서쪽 마당에서 직접 이들을 구경한 사실도 있었다.10) 이 시기에는 이미 가솔린을 대체하는 새로운 교통수단으로 목탄차(木炭車)와 아세틸렌(acetylene) 자동차11) 따위가 등장하기도 했지만, 결국에 가서는 사람이나 우마(牛馬)의 힘에 기대는 원시적인 동력을 이용한 방법으로 회귀될 수밖에 없었다.

『매일신보』 1941년 9월 3일자에 수록된 「삼륜거(三輪車)와 인력거(人力車) 세상, 까소린 통제(統制)로 변모(變貌)한 부내(府內)의 각종교통기관(各種交通機

---

10) 『매일신보』 1939년 9월 24일자에 수록된 「총독마차(總督馬車)에 사용(使用)할 북해도마 도착(北海島馬 到着)」 제하의 기사에 관련내용이 남아 있다.
11) 카바이드(carbide, 탄화칼슘)에 물을 부으면 발생하는 기체가 '아세틸렌'이다.

關)」제하의 기사에는 휘발류 배급제한 시기에 등장한 다양한 교통수단의 면면을 이렇게 소개한 내용이 남아 있다.

9월 1일부터 전국적으로 실시되는 휘발유의 소비규정에 따라 조선에서도 '택시'와 자가용 승용차에 대한 휘발유 배급을 9월분부터 일체로 정지시키기로 되었다는 것은 기보한 바이다. 이에 대한 총독부 당국의 정식 통첩이 각도로 나가는 것은 금 2일이나 명 3일쯤 될 터이지만 8월말의 내시(內示)에 따라 각도 당국에서는 이미 9월분의 배급을 정지하는 한편 그 실정에 따라 구체안을 만들어 가지고 대기하고 있는 터이라 결국 실질적으로는 경성을 비롯한 전선 각지의 '택시'와 자가용 차는 작 1일부터 금족명령을 당한 채로 창고 안에 갇혀 있는 형편이다. 이렇게 사람을 태우는 교통기관의 대부분은 '스톱'을 당하고 오직 시국하 긴요한 물자를 운반하는 화물차 종류만이 생산력 확충의 전사로 거리를 달리게 된 것인데 2일 경성부내의 각 교통기관은 어떻게 움직이고 있는지 휘발유 소비규정 강화운동이 거리에 그려준 시국적 풍경을 줏어보기로 한다.

▲ '택시' … 벌써부터 어느 정도 제한되어 온 것만은 사실이지만 대연(代燃)장치가 완비된 3할 정도밖에는 움직이지 못하고 나머지 7할은 각 영업소 창고 안에서 졸고 있다. 그러나 3할 가량도 장차 대연장치를 완비할 예정이라니 결국 4할만은 은퇴할 신세다. 이에 따라 부내 각처의 주차장(駐車場)에는 차를 기다리던 사람이 지쳐서 돌아간다.

▲ '꼬마택시' … 이것은 시내에 30여 대가 움직이고 있어 귀염을 받고 있다. 그러나 이 꼬마차가 지금 쓰는 휘발유도 8월분으로 경성자동차 교통주식회사에서 배급 받은 가운데서 얼마간 남은 것이 있으므로 이것으로 운전하는 것인데 장차 배급이 정지될 터이므로 이것 역시 9월

하순까지밖에는 단기지 못할 터이다.

▲ '뻐스' … 말썽은 많지마는 하여간 전차와 함께 경성 백만 부민의 발이 아닐 수 없는 시내 뻐스는 여전히 거리를 달리고 있다. 탕 탱 대포 소리를 내는 대연장치가 이미 7할까지 완성되었고 휘발유배급도 종래의 3할은 나올 터이므로 이후도 여전히 남아 있을 뻐스의 장래 역할은 매우 크고 부민의 기대도 또한 크다. 그런 만큼 이 같은 기대를 저버리지 않고 대도시 교통기관으로 힘쓰겠다고 운전수와 여차장들의 긴장은 여간 아니다.

▲ '세바퀴 자전거' … 이것은 '싸이드'를 달고 사람을 태우는 소위 후생차(厚生車)라는 것인데 조선에는 처음으로 나오게 되는 것이다. 지금 교통회사에서 30여 대를 사들여다가 당국에 운전수속을 신청하는 중이라 10일 경에는 국책형 자전거가 경성의 거리를 달리게 될 터인데 택시 수가 주는 대신 경성부민의 발이 되려고 장차는 2백 대 가량을 운전하게 될 모양인데 지금 동대문 밖 창고에서 출동명령을 기다리며 기다리는 중이다.

▲ '자가용 승용차' … '아세지렌' 등 대연장치가 된 것 이외로는 자취를 감추었다. 간혹 있는 것도 내일이면 휘발유가 떨어질 정도의 최후의 '드라이브'다.

▲ '인력거' … 부내 각처의 인력거 병문에서는 택시가 모자라 타는 사람이 부쩍 늘어 활기를 띠고 있는데 며칠 후면 나온다는 세바퀴 자전거에 대하여 경계하는 것만은 잊지 않고 있다. (사진은 출동명령을 기다리고 있는 세바퀴 자전거)

여기에는 이른바 '후생차(厚生車)'라는 이름으로 통용되었던 삼륜거(三輪

『매일신보』 1941년 9월 3일자에는 휘발유 통제로 인한 대체수단으로 등장한 각종 교통기관이 두루 나열되어 있는데, 여기에는 이른바 '후생차(厚生車)'라는 이름으로 통용되었던 삼륜거(三輪車, 사이드카를 단 세바퀴 자전거)의 모습도 함께 소개되어 있다.

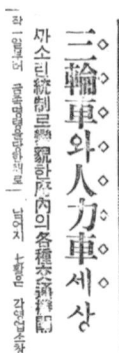

車, 사이드카를 단 세바퀴 자전거)라든가 승용마차(乘用馬車)와 인력거(人力車) 등이 망라되어 있었다.[12] 여기에다 주요물자의 수송을 담당해야 할 '도락쿠(トラック, 트럭)'가 연료부족으로 가동률이 크게 떨어지게 되자 이에 대한 대안으로 등장한 것은 흥미롭게도 제주도산 조랑말이었다.

이에 관해서는 『매일신보』 1942년 4월 24일자에 수록된 「서울에 '제주(濟州) 조랑말' 부대(部隊), 선발(先發)로 5백 마리 근일중(近日中)에 도착(到着), 도시운수(都市運輸)에 일력(一力)을」 제하의 기사를 통해 그 흔적을 확인할 수 있다.

결전필승체제 아래 물자의 수송을 더욱 원활케 하여 총후생활과 도시운수계에 큰 도움이 되게 하고자 전남 제주도의 '조랑말'이 전시수송진에 한몫을 보게 되었다. 부내 종로 4정목 경성우마차운반통제조합연

---

12) 『매일신보』 1941년 9월 11일자에 수록된 「후생차 운전개시(厚生車 運轉開始)」 제하의 기사에 따르면, 이미 일본 내지 쪽에서 성행하던 세바퀴 자전거를 경성자동차교통주식회사에서 25대를 새로 들여와서 운행을 막 시작했으며, 이용요금은 1,500미터에 40전, 500미터를 더 갈 때마다 10전씩을 더 내는 것으로 소개하고 있다.

합회(京城牛馬車運搬統制組合聯合會)에서는 전시 아래 도시의 수송신속과 수송의 만전을 기하고자 수송자재에 대하여 여러 가지로 생각던 중 우선 제주도의 '조랑말'을 구입하여다 부내 각 우마차조합에 나눠줄 계획을 세우고 전남도청과 누차 구입에 대하여 절충중 이즈음 전남도에서도 쾌히 승낙하였기 때문에 제1차로 5백여 두의 제주말이 근근 경성 거리에 나타나게 되었다. 이 제주말은 기왕에도 조선서 군마로 사용하였고 또한 병이 없으며 힘이 센데 그 특징이 있다. 그리고 개량종 말보다는 값도 쌀 뿐더러 방금 제주도에 얼마든지 말이 있으므로 동 연합회에서는 앞으로 될 수 있는 대로 많이 구입하여 총후수송에 이바지하기로 되었다.

이러한 결과로 몇 달 후에는 제주마가 도착할 상황이 임박하게 되었는데, 『경성일보』 1942년 8월 2일자에 수록된 「내가 맡게 '연료운반(燃料運搬)', 도락쿠(トラック)를 대신하는 제주소마(濟州小馬) 등장(登場)」 제하

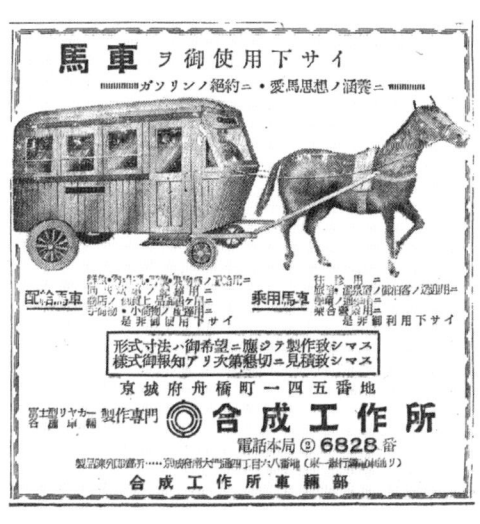

『매일신보』 1941년 6월 5일자에 게재된 합성공작소(合成工作所)의 배급마차(配給馬車) 및 승용마차(乘用馬車) 판매광고이다. 마차를 사용하면 가솔린을 절약하고 애마사상을 함양할 수 있다는 구절이 새겨져 있다.

의 기사에는 하루 이틀 새 서울 거리에 선을 보일 제주조랑말의 존재와 그 역할에 대해 자세히 소개한 내용이 다음과 같이 남아 있다.

> 탄(炭, 석탄)이랑 신(薪, 땔감)의 운반만큼 도락쿠에 신세를 지지 않는 것은 없지만 "우리들의 다리로 충분해요. 히히힝."이라며, 겨울의 연료수송진(燃料輸送陣) 완화(緩和)를 위해 멀리 제주도(濟州島)에서 키 작은 제주마(濟州馬)들이 꽃의 도시 경성(京城)으로 향해 오고 있다.
> 본년(本年)이야말로 연료수송진(燃料輸送陣)의 만전(萬全)을 꾀하려는 의도(意圖) 아래에, 경성 동대문 우마차운반통제조합연합회(京城 東大門 牛馬車運搬統制組合聯合會)에서는 최근(最近) 다량(多量)의 노역용(勞役用) 마(馬)를 제주도(濟州島)에서 구입(購入)하여 도락쿠에 대체하는 마차(馬車)의 대량제작(大量製作)을 개시(開始)하는 것으로 되었는데, 그 가운데 일부(一部)는 벌써 최근 경성(京城)에 도착(到着)했다.
> 그래서 동조합(同組合)에서도 경성 동대문서(京城 東大門署)의 이해(理解) 있는 응원(應援) 아래 관하(管下)의 차량제작공장(車輛製作工場)을 총동원(總動員)하여 운반용 마차(運搬用 馬車)의 제작(製作)에 전능(全能)을 들여 11월(月)까지는 수백 대(數百台)가 완성(完成)될 전망으로 되어 있다.
> 성전하(聖戰下) 귀중(貴重)한 도락쿠 운수(運輸)에 교체하여 등장(登場)한 제주소마(濟州小馬)의 사랑스러운 모습이 방울소리 높이 신거(薪車, 땔감수레)를 끌며 천사(天使)처럼 경성(京城)의 거리에서 거리로 뛰고 걷는 굉장한 풍경(風景)이 보이는 것도 그만큼 가까울 것이다.

이 기사가 등장한 바로 그날 밤에는 실제로 제주말 가운데 일부인 30두(頭)가 우선 청량리역(淸涼里驛)에 도착하여 장차 시탄(柴炭)의 운반이나

『경성일보』 1942년 8월 2일자에는 느닷없이 서울 거리에 등장한 제주조랑말의 모습이 소개되어 있다. 이는 무엇보다도 연료부족으로 인해 '도락쿠'가 감당해야 할 화물수송을 이들 조랑말이 끄는 마차가 그 자리를 대신 맡아야 했기 때문이다.

김장거리와 소화물 운송에 투입될 것이라는 소식도 전해진 바 있었다.[13] 다만, 나머지 조랑말들도 전부 다 도착한 것인지에 대한 여부는 더 이상의 후속기사가 없으므로 정확하게 확인하기는 어려운 상태이다.

좀 엉뚱한 얘기로 들릴는지 모르겠지만, 근년까지도 크게 성행하던 '택시합승'이라는 고질적인 악습 또한 일제의 군국주의와 전시체제기가

---

13) 이에 관해서는 『매일신보』 1942년 8월 4일자에 수록된 「수송국책(輸送國策)에 한몫, 제주(濟州)말 3백두(百頭) 경성(京城)에」 제하의 기사에 관련내용이 자세히 서술되어 있다.

『매일신보』 1942년 8월 4일자에는 청량리역(淸凉里驛)을 통해 긴급 수송된 제주조랑말 30마리의 모습이 실려 있다. 이들은 전시체제기 연료부족사태를 타개하기 위해 서울로 가져오기로 교섭된 300두(頭) 가운데 우선 도착한 물량이었다.

이 땅에 남겨 놓은 생활풍습의 하나였던 것으로 드러난다.[14] 『매일신보』 1941년 8월 15일자에 수록된 「택시합승운동(合乘運動) 실시(實施), 내(來) 16일부터 경성역(京城驛)에서 시험(試驗)」 제하의 기사를 보면, 그 당시 "피같이 귀한 휘발유를 쓰는 택시에 승객 한 사람이 타고 달린다는 것은 몹시도 재미롭지 못한 일"이라고 하여 모르는 사람끼리라도 방향이 같으면 택시 한 대를 같이 타고 갈 수 있도록 이른바 '합승제도'를 실시한다는 것이다.

　　피 같이 귀한 휘발유를 쓰는 '택시'에 승객 한 사람이 타고 달린다는 것

---

[14] 택시합승제도의 전면폐지가 실시된 것은 1982년 9월 18일의 일이지만, 그 이후에도 곧잘 암묵적인 합승행위가 공공연하게 벌어지기도 했던 것으로 드러난다.

은 몹시도 자미롭지 못한 일이라고 경기도에서는 오래 전부터 그 대책을 연구하여 오던 중 드디어 16일부터 경성에서도 '택시' 한 대에 모르는 사람끼리 탈 수 있는 소위 합승제도를 실시하기로 되었다. 우선 시험적으로 경성역 앞에 주차장(駐車場)을 설치하고 여기서 소위 '합승권(合乘券)'이라는 것을 팔기로 되었다. 차 한 대의 정원은 원칙으로는 3인으로 하고 2인이라도 관계없는 것인데 차 한 대에 모르는 사람과 같이 타도 좋다는 사람에게 한 장에 15전씩 받고 '합승권'을 판다.

이렇게 하여 같은 방향으로 갈 사람 3명이 있다고 하고 이들이 차를 타고 가는 때에 요금을 계산하는 방법은 '메터' 60전이 나온 곳에서 세 사람 중 한 사람이 내리게 되면 그 사람은 60전의 3분의 1인 20전을 내면 된다. 다음 80전의 '메터'가 나온 곳에서 나머지 두 사람 중 한 사람이 내리면 80전에서 60전을 제한 20전의 반인 10전과 먼저 사람이 내고 내린 20전을 합친 30전만 내면 된다. 그리고 제일 나중 사람이 1원 50전의 '메터'가 나온 곳까지 가서 내리게 될 때는 1원 50전에서 먼저 두 사람들이 내릴 때에 지불한 20전과 30전을 합계한 50전을 제한 1원을 내면 된다.

이렇게 되면 제일 먼저 사람은 합승권값까지 합쳐 35전을 낸 것이요, 둘째 번 사람은 45전, 맨 나중 사람을 1원 15전을 낸 것인데 보통 '택시' 요금은 최저 '1킬로'가 60전이므로 먼저 두 사람은 보통 '택시'에 탄 것보다는 싼 요금을 내게 될 것이요, 제일 나중에 내린 사람도 35전을 덜 내게 될 것이다. 이렇게 시험해 본 다음 성적이 좋으면 시내 일제히 실시할 터인데 같은 방향으로 갈 사람끼리 모이는 것과 모르는 사이의 남녀가 타는 경우의 풍기문제 등에 대하여는 좀 더 고려할 여지가 있으므로 전반적으로 보급되는 것은 금후의 연구 여하에 달린 것이다.

『매일신보』 1941년 8월 15일자에 수록된 '택시합승실시'와 관련한 보도내용이다. 이에 따르면 피같이 귀한 휘발유 절약을 위해 같은 방향의 승객들이 함께 타며, 요금도 나눠내는 방법이 적극 장려되었다.

이에 따르면 경성역(京城驛) 앞에 주차장을 설치하여 여기에서 합승권(合乘券)을 구입하고 이동거리에 따라 승객 수만큼 분할한 요금을 추가로 내는 방식이 적용되었다. 이렇게 하면 각자의 요금부담이 크게 줄어드는 동시에 여러 사람이 동시에 움직이므로 그만큼 휘발유의 사용을 줄일 수 있어서 이득이 된다는 논리였다.[15] 단 하나, 같은 방향으로 갈 사람끼리 모여야 하는 문제와 서로 모르는 사이의 남녀가 타는 경우에 풍기문제가 발생할 우려

---

15) 일본어 신문인 『조선신문』 1940년 12월 17일자에 수록된 「택시합승객(タクシ合乘り客)은 주의(注意)하세요. 불량운전수(不良運轉手)가 도량(跳梁)」 제하의 기사에 따르면, 택시합승제는 그 당시에 이미 일본 도쿄(東京)와 오사카(大阪) 등지의 대도시에서 시행되고 있는 상태였으며, 경성에서도 진즉부터 택시합승문제가 관계당국자 사이에 논의되고 있었다는 사실이 소개되어 있다. 또한 경성역전(京城驛前)과 기타 주차장(駐車場)에서는 계원(係員)이 나와서 승객정원이 차지 않는 경우에 행선지가 같은 이들에게 동행을 권유하여 사실상 합승이 실행되고 있었다는 사실이 적시되어 있다.

가 있다는 것이 흠이었다.

일찍이 택시의 운행과 관련하여 연료절약을 위한 대응책의 하나로 이른바 '걸레택시'의 퇴출을 시도했던 흔적도 엿보인다. 여기에서 말하는 '걸레택시'는 정비 불량에다 차체가 누더기인 상태의 차량을 가리키는 표현인데, 이 부분에 대해서는 『조선일보』 1938년 12월 27일자에 수록된 「걸레택시를 일소(一掃), 탈 수 없는 헌 차(車)를 운전(運轉)한다고, 경기도(京畿道) 차대 검사(車臺 檢査) 단행(斷行)」 제하의 기사를 통해 그 내용을 파악할 수 있다.

> 까솔린 기근으로 경기도에서는 자동차의 신규증차는 일체 허가하지 않을 방침으로 내려오는 중인데 일전 자가용에 한해서만은 약간 이 제한을 완화하여 승용차 5대, 화물차 90여 대의 증차를 허락하였거니와 이것은 광산, 기타 전시에 빼지 못할 중요물자의 운수상 피할 수 없다는 견지에서 허락한 것이니만치 단순한 일반승용 영업차는 이 혜택을 입지 못하고 말았다.
>
> 그래서 경성 시내와 같이 택시가 몹시 수용되는 곳에서도 택시는 한 대도 증차를 허하지 않고 있는데 요즘 일부 택시업자들은 도리어 이것을 구실로 차가 낡아 빠져서 손님이 탈 수 없이 되었음에도 불구하고 수선도 안하고 더구나 새 차로 바꾸지도 않고 그대로 영업을 계속하고 있는 수가 적지 않아 승객의 불평이 여간이 아니다. 그래서 도 보안과에서는 불일내로 시내 택시 전부에 걸쳐 엄밀한 차대조사를 실시하리라는데 여기 대해서 도 보안과에서는 다음과 같이 말한다.
>
> "증차를 허하지 않을 따름이지 낡은 차를 새 차로 바꾸지 말라는 것이 아닌 것은 업자가 우리보다 더 잘 알고 있을 것이다. 그럼에도 불구하

고 걸레차를 가지고도 그대로 영업을 계속하는 업자가 있는 것은 안 될 일이다. 불일중 철저히 재조사를 실시해서 엄중히 단속할 터이다."

이와 아울러 가솔린 부족상황은 한때 심야운행택시에 대한 단호한 집중단속이 필요하다는 쪽의 주장이 크게 불거지게도 하였는데, 『매일신보』 1940년 7월 15일자에 수록된 「세 시간(時間)에 85대(臺), 전부(全部)가 유흥자동차(遊興自動車), 서문서(西門署)서 도색차(桃色車) 검색(檢索)」 제하의 기사에는 그 이유가 이렇게 기재되어 있다.

시내 서대문서 보안계에서는 12일 밤 열한 시부터 오전 세 시까지 계원이 총동원하여 서대문네거리를 통과하는 '택시'를 조사하였던 바 그 시간 동안에 통과하는 자동차가 여든 다섯 대나 되며 모두가 유흥자동차로서 종로거리에서 술이 취해 늦게 집으로 돌아가는 취한, 더구나 술이 취해 기생과 여급을 데리고 여름밤 교외로 호기 좋게 달음질치는 것이 전부인 것을 알게 되었다.
이 일은 새삼스러운 일이 아니고 매일 밤 그러한 것이다. 최근에 와서 국책으로서 '깨소린' 절약을 한층 강화하는 이때에 이와 같은 사실은 그대로 간과할 수 없는 일이라고 하여 동서 보안계에서는 그 대책을 강구하기로 되어 방금 연구중이다. 즉 가장 차를 타야 할 병자나 급한 일을 당한 사람은 탈 수 없는 이 사실은 시내에 몇 채 안 되는 자동차가 모두 교외에 나가 몰려 있기 때문인 것이며 더구나 운전수 쪽으로 보아서도 그런 급한 용건으로 차를 타는 사람을 여러 가지 조건으로 거절하고 유흥객을 나르기에 주력하는 것은 여러 가지로 소득이 많은 까닭인 듯하여 실로 교통기관의 지장을 일으키게 된다는 것이다.

그리하여 합동 '택시'의 비난 소리는 결국 유흥객들의 죄상의 일면이라고 보지 않을 수 없는 것이라고 하며 유흥객들의 시국에 배반된 행위는 실로 단속하지 않을 수 없는 것이라고 보아 동서에서는 앞으로 밤늦게 달리는 유흥자동차를 단호히 단속하리라고 한다.

그들에게 있어서 전시체제기 아래 연료절약이라는 과제를 타개하는 일이 얼마나 절실했던 것인지는 그 시절에 한창 유행했던 국책슬로건(國策スロガン)이 바로 "가솔린 한 방울, 피 한 방울(ガソリン 一滴, 血の 一滴)"이었다는 사실을 상기하는 것만으로도 충분할 듯하다.[16] 이와 함께 대체운송수단이 되었던 우마(牛馬)의 보호도 현안문제로 떠올랐는데, 바야흐로 시국이 패망의 정점을 향해 치닫고 있던 상황에서 『매일신보』 1944년 3월 17일자에 수록된 「마차꾼은 우마를 지키자(馬車ひきは 牛馬を 護れ)」라는 글에서도 그러한 일면을 엿볼 수 있다.

막상 공습(空襲)이 있을 때 길을 지나가는 사람은 모두 방공호(防空壕)에 들어가지만 구루마(車)를 끄는 소(牛)나 말(馬)은 아무 것도 모르고 그대로 유유히 지나가는데, 평양경찰서(平壤警察署)에서는 마차꾼은 피난(避難)할 때 소랑 말을 적당(適當)한 곳에 묶어두고 그런 것이 없을 때는 피난치 말고 구루마 곁에 있으면서 돌볼 수 있도록 마차꾼에게 명령했습니다.

---

16) 『조선신문』 1940년 7월 28일자에 수록된 「가솔린 한 방울은(ガソリン 一滴は)」이라는 제목의 글에 따르면, 원래 이 문구는 제1차 세계대전 때 클레망소 프랑스 수상이 윌슨 미국 대통령에게 보내는 급전(急電)에서 "다가올 전투(戰鬪)에 임하여 필요한 것은 피(血)에 못지않은 석유(石油)"라고 했다는 데서 유래하였다고 알려진다.

사람이나 짐승이나 모두 오로지 전쟁물자로서의 효용성이라는 잣대로 그 가치를 평가하던 일, 바로 이런 것이야말로 일제가 이 땅에서 야만적으로 저질렀던 총동원체제의 실상이 아닌가 싶다.

● 이 글은 『민족사랑』 2023년 1월호에 게재하였던 것을 수정 보완하였다.

03

총알도 막아낸다는 일제의 비밀병기, 센닌바리(千人針)

천 명의 남자들에게 글자를 받는 센닌리키(千人力)도 함께 성행

여기 일제강점기에 제작 배포된 한 장의 사진이 있다. 『소화 15년판 조선사정(朝鮮事情)』(1939)에 수록된 이 사진은 그냥 보면 여느 조선인 아낙네들이 우물가에서 빨래감을 건네며 정담을 나누는 일상풍경인 듯이 착각하기 십상이다. 하지만 사진 아래에는 '천인침(千人針, 센닌바리)'이라는 짤막한 구절이 친절하게도 표시되어 있다. 그러니까 이것은 조선의 정겨운 시골풍경이기는커녕 일제에 의해 자행된 군국주의 동원체제의 한 시대상을 상징적으로 보여주는 자료인 셈이다.

『소화 15년판 조선사정』(1939)에 수록된 센닌바리 제작 관련 자료 사진이다.
(민족문제연구소 소장자료)

『매일신보』 1944년 8월 12일자에 실린 「단성(丹誠)의 천인침, 여학생들이 학병(學兵)에게」 제하의 기사를 보면 여름방학은 고사하고 근로봉사에 더하여 이러한 센닌바리의 제작에 여학생들까지 광범위하게 동원된 상황이 이렇게 묘사되어 있다. 그러고 보니 이때는 일제의 패망을 딱 1년 앞둔 시점이었다.

경성부내의 여학도들이 더운 여름 근로작업하는 중에 틈을 내어 정성껏 만든 학병(學兵) 오빠에게 보낼 센닌바리(千人針)가 총독부 학무국 안에 있는 조선장학회에 연달아 들어와서 관계자들을 감격시키고 있다. 실로 조국의 흥망이 달려 있는 이 싸움에 안연히 교실에 남아 있을 수 없다고 연필 대신 총을 잡고 지난 1월 감연히 입대(入隊)한 반도인 학병들의 사기를 격려하고저 조선장학회에서는 그동안 총독부 조선연맹 등과 협력하여 이들에게 센닌바리를 만들어 보내려고 준비중이었는데 이 소식을 들은 부내 각 여학교에서는 자진하여 이 귀중한 일을 맡아 갔다.
각 여학교에서는 전력증강에 봉공하기 위하여 여름휴가도 없이 운모(雲母)의 가공(加工)이며 군의(軍衣) 재봉 등 근로봉사작업을 하는 터이었지만 학병을 위하여 이 일을 자원한 것이었다. 그 후 각 학교에서는 그 학교 학생들이 정성껏 한 바늘씩 뜬 다음 천 명이 다 못되는 남은 것은 거리로 가지고 나가서 땀을 흘려가면서 지나가는 부인들에게 청하여 한 바늘씩 얻어서 전부 완성시킨 것이다. 군국여성의 사무치는 열성과 의기로 뭉친 이 센닌바리에 관계자들은 감격하는 터인데 장학회에서는 이것을 조선신궁에 가지고 가서 참배하여 학병의 무운장구를 기원한 후 근근 조선내 각 부대에 있는 학병들에게 전달할 예정이다.

이보다 약간 앞서 『매일신보』 1944년 7월 2일자에 수록된 「이만큼 성장한 반도해병(半島海兵) 연마의 공(功) 일등병(一等兵)에」 제하의 기사에도 센닌바리에 관한 내용이 등장한다.

> …… 내 아들의 이날의 빛나는 모습을 보고저 식장에 임석한 해병의 어머니 경상남도 마산부 교방동 이와모토(岩本大山. 47) 여사는 말한다. 내 자식 석원(石原)이가 형설의 공이 이루어져 일등병에 진급한다는 말을 들으니 그 애가 출정할 때 주려고 한 바늘 한 바늘 꿰맨 센닌바리를 줄 때는 이때라고 생각되어 오늘 가지고 왔습니다. 그 애는 이미 폐하께 바친 병정입니다. 전쟁은 날로 치열해 가는 이때 석원이가 제일선에서 훌륭한 무훈을 세울 날도 머지 않았거니 생각하면 감격으로 가슴이 메어집니다.

센닌바리라는 것은 1미터 남짓 되는 흰 천에다 붉은 실로 천 명의 여성들로부터 바늘 한 땀씩을 얻어 매듭을 지어 만들며, 이렇게 하면 적의 탄환에 맞지 않는다고 믿는 일종의 부적과 같은 역할을 했던 다소간 해괴한 물건을 가리킨다. '천'이라는 숫자는 "호랑이가 하룻밤에 천리를 오고 간다"는 얘기에 따른 것으로 알려진다.

제작주체는 출정군인을 둔 가족인 경우가 보통이지만, 군국주의가 가속화하면서 애국부인회(愛國婦人會)와 같은 관변단체가 개입하거나 여학생들이 대거 동원되는 경우도 비일비재하였다. 초창기에는 범띠 여성 1천 명에게서 바늘땀을 받는 식으로 이뤄졌으나, 여러 차례의 침략전쟁을 거치고 특히 중일전쟁 때에 이르러 출정군인수가 크게 늘어나면서 이런저런 형편을 가릴 처지가 되지 못하자 범띠의 여성에게는 나이 수

(왼쪽)『일로전쟁 사진화보』제2권(1904년 5월 8일 발행)에는 러일전쟁 당시 일본 오사카 지역에서 크게 유행하던 백목면으로 하라마키(服卷)를 만드는 풍경삽화가 묘사되어 있다. (민족문제연구소 소장자료)

(오른쪽)『일로전쟁 시사화보』제6호(1904년 5월 25일 발행)에 수록된 삽화자료이다. 센닌바리 제작광경이 담긴 이 그림에는 '센닌리키(千人力)'라는 제목이 붙어 있다. (민족문제연구소 소장자료)

만큼, 다른 일반여성에게는 한 땀씩 수를 놓게 하는 방식으로 제작하였다고도 한다.

이러한 센닌바리의 제작에 관한 흔적을 살펴보면, 세월을 크게 거슬러 올라 러일전쟁 때 출정군인을 둔 가족이 무사귀환을 비는 뜻에서 백목면(白木綿)으로 만든 복권(腹卷, 하라마키) 또는 천인결(千人結, 센닌유이)을 만들어 보낸 일이 크게 유행한 사실이 발견된다. 실제로『일로전쟁 사진화보』나『일로전쟁 시사화보』와 같은 당시의 전시화보잡지를 보면 길거리를 지나는 여인들에게서 바늘 한 땀을 얻어내는 장면이 묘사된 삽화들을 어렵지 않게 찾아낼 수 있다.

원래 센닌바리를 만드는 일은 단순히 봉제선을 이어 만들기도 하지만 나중에는 '무운장구(武運長久)'나 '사봉(仕奉)', '필승(必勝)'과 같은 전시구호 문자나 호랑이 문양 또는 일장기의 모습을 함께 새겨 넣는 것이 보통이었다. 이밖에 센닌바리 안에 여자의 머리카락을 넣으면 총알이 피해간

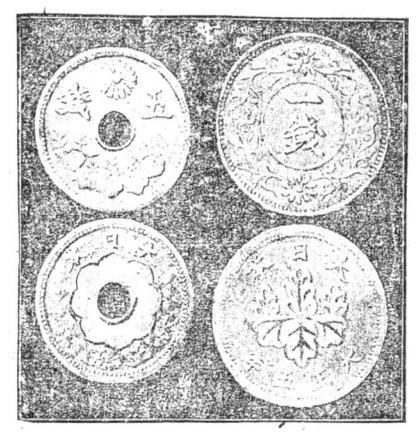

1916년 4월에 처음 등장한 '구멍 뚫린' 오전 짜리 동전(왼쪽)의 모습이 소개되어 있는 『매일신보』 1915년 12월 28일자의 보도내용이다. 센닌바리의 제작에는 이런 유공동전(有孔銅錢)은 총알구멍을 연상시킨다 하여 사용이 금기시되었다.

다는 말이 통용되기도 했는데, 이것을 모자에 꿰매거나 복대의 형태로 착용하는 과정에서 이를 신주처럼 몸에 계속 걸치고 있는 바람에 오히려 몸에 이가 번식하는 온상이 되는 경우도 왕왕 있었다.

그리고 언제부터인가 '구멍이 없는' 5전짜리 동전이나 10전짜리 동전을 함께 꿰매어 넣는 일도 성행했던 모양이었다. 이 경우 총알구멍을 연상시키는 유공동전(有孔銅錢)은 당연히 사용이 금기시되었다. 오전(五錢, 고센)은 사전(四錢, 시센)과 발음이 똑같은 사선(死線, 시센)을 지났다는 뜻으로 새겨지며, 또 십전(十錢, 쥬센)은 구전(九錢, 쿠센)과 발음이 같은 고전(苦戰, 쿠센)을 넘어섰다는 의미를 담고 있다는 것이다.

천인침, 즉 센닌바리와 거의 짝을 이루는 것으로 천인력(千人力, 센닌리키)라는 것도 있었다. 예를 들어 『동아일보』 1939년 2월 9일자에 수록된 국방헌금 및 위문품 등이 내역을 보면 중일전쟁 개시 직후인 1937년 8월 이후 1938년 12월말까지 이 기간에 위문대(慰問袋)가 149,204개, 그리고 센닌바리 및 센닌리키가 모두 4,185점이 헌납된 것으로 표시되어 있다.

센닌리키라는 말은 초창기에 센닌바리와 동일한 뜻으로 사용되기도

경성일보사와 매일신보사가 제작 배포한 사진엽서자료에는 일본인과 조선여인이 함께 어울려 센닌바리 바늘 땀을 짓고 있는 광경이 담겨 있다. (민족문제연구소 소장자료)

이것 역시 경성일보사와 매일신보사가 제작 배포한 사진엽서 자료이며, 여기에는 길거리의 남자들에게서 글자를 받아 센닌리키를 제작하는 모습이 실려 있다. (민족문제연구소 소장자료)

했지만, 원래는 천 명의 남성으로부터 역(力)이라는 글자를 얻어 제작한 것을 착용하면 남자 천 명의 힘과 동일한 용맹함을 얻게 된다는 뜻에서 만들어진 물건을 가리키는 표현이다. 이를 테면 일제가 벌인 침략 전쟁이 격화되면 될수록 길거리 여기저기에는 여자들에게서 바늘 땀을 얻고, 남자들에게서 한 글씨를 받아내는 장면이 일상풍경처럼 연출되곤 했던 것이다. 그나마 이것조차 나중에는 변질되어 '역(力)'이라는 스탬프를 만들어 급조하기도 했다는 얘기도 있는데, 모두가 다 군국주의 일본의 무모한 침략 야욕이 낳은 서글픈 역사의 한 장면이 아닌가 싶다.

약간 다른 맥락의 얘기지만 『매일신보』1939년 10월 8일자에 수록된 '위문품(慰問品)과 위문문(慰問文) 좌담회(座談會)' 관련기사에 다음과 같은 구절이 들어있는 것이 퍼뜩 눈에 띈다.

▲ 히노 씨(日野氏) : 그렇습니다. 어떤 시기(時期)에는 위문대(慰問袋)가 많

이 들어오고 어떤 시기에는 전혀 들어오지 않는다. 그래서 경기도(京畿道)에서는 금년 2월부터 도내(道內)의 3부(府) 20군(郡)에 대하여 1년분(年分)을 할당(割當)하여서 매월 4천 5백 대(袋) 내외의 것을 20사단(師團) 휼병부(恤兵部)에 헌납하는 중이다. 그리하여 3월은 하부 하군(何府 何郡), 4월은 하군 … 이렇게 지정(指定)하여 가져오도록 한다.

그런데 어떤 군(郡)에서는 물품(物品)이 신통한 것이 없으니 그 대신 금전(金錢)으로 대납(代納)하는 터이므로 그 돈으로 경성시내(京城市內)에 있는 백화점(百貨店)에서 위문대(慰問袋)를 매입하여 군(軍)에 헌납하여 달라고 하는 군이 있는데 이것은 위문에 대한 진의(眞意)를 몰각(沒却)하는 것이어서 지방의 향토특색(鄕土特色)을 위문대에 넣는 것이 좋을 듯싶다고 하여 생률 생산지(生栗 生産地)면 그것이라도 좋으니 과연 참된 정성(精誠)을 다하여 만들어 보내는 위문품이라야 전선용사(前線勇士)를 위로하는 본의(本意)라 하여서 금전을 보내지 말라고 통첩(通牒)을 보낸 일도 있는데 여(余)가 생각하기는 백화점 같은 데서 위문대를 만들어 파는 것은 그만 두었으면 싶다.

지금(只今)의 형편(形便)대로 시국(時局)이 장기(長期)로 나가게 되면 심지어(甚至於) '천인침(千人針)'까지도 백화점에서 만들어 파는 시기가 올는지 모르겠다. … 소성(笑聲, 웃음소리) … 무엇이고 금전만 있으면 그만이라는 관념(觀念)은 불가(不可)하다.

그런데 난데없는 센닌바리의 제작 열풍에 부화뇌동한 이들도 적지 않았는데, 대표적으로 동경미술학교 조각과 출신의 윤효중(尹孝重, 1917~1967)이 여기에 속한다. 그가 1943년 조선미술전람회에 출품한 조각이 바로 바늘 땀을 짓는 조선여인의 모습을 새긴 '천인침'이었으며, 이 작품은

『매일신보』 1943년 5월 27일자에 소개된 친일작가 윤효중의 '천인침' 조각이다. 이 작품은 조선미술전람회에 출품되어 특선작으로 선정되었다.

그 해 특선(特選)에 선정되는 한편 조선총독상을 받았다.

그리고 센닌바리와 관련하여 결코 빼놓을 수 없는 자료의 하나는 『매일신보』 1944년 1월 20일자에 수록된 마츠무라 코이치(松村紘一)의 기고문 「학병 보내는 세기의 감격, 천인침」이다. 여기에 나오는 마츠무라는 친일 문인으로 변절한 주요한(朱耀翰, 1900~1979)의 창씨명이다.

삼팔조끼[17]에 풀솜을 두어 붉은 실로 한 바늘 두 바늘 천 사람의 어머니와 누이의 정성을 모두어 뜨는 '센닌바리'. 학병의 입영날짜를 앞두고 종로네거리 백화점 어구에 세 패 네 패로 벌어진 정성의 바느질. 어제 날까지도 보기 어렵던 새로운 풍경을 나는 가던 발을 멈추고 묵묵히 본다.

풀솜조끼가 더운절을 잊은 것이라고 걱정하지 말라. 풀솜조끼의 따뜻함은 곧 어머니와 누이의 따뜻한 마음 그대로일 것이다. 영문 안에 들

---

17) '삼팔조끼'는 명주(明紬, 비단)의 한 종류인 '삼팔주(三八紬)'로 만든 조끼를 가리키는 표현이다.

어서서 새로운 생활을 시작하는 그들의 품속에 오직 하나인 '센닌바리' 조끼는 그들의 뒤를 받치고 그들의 용감한 싸움과 광영의 희생과 승리의 개선을 같은 마음으로 바라고 기다리는 부모와 친지와 동포의 오직 하나인 기념품이 아닌가. 그 뜨거운 동포애(同胞愛)의 감격을 상징하는 '센닌바리'. 부드러운 풀솜의 감촉이 그 따뜻한 애정과 기도를 표징함에는 가장이라고 할 것이다.

무운장구(武運長久)에 글자를 천 사람이 한 번씩 누비는 바늘로 꾸며진 붉은 정성 ―. 이것이 곧 '센닌바리'의 뜻이겠지마는 그 정성이야말로 어○ ○○에 한하는 것이랴. ○○ 십 만 사람 아니 일 억 동포의 붉은 정성이 한 장 '센닌바리'에 엉키어 있는 것이다. 좁게 말하면 이천 오백 만 조선 동포의 정성이요 넓게 말하면 일 억 황국 국민의 모드인 뜻이다. 그 정성은 곧 무운장구를 비는 정성인 동시에 임전무퇴(臨戰無退)의 용기를 비는 것이요 칠생보국(七生報國)의 충성을 비는 것일지며 옥쇄(玉碎)의 영광과 격멸(擊滅)의 기백과 필승(必勝)의 신념을 바늘마다 아로새긴 정성일 것이다.

대동아전쟁 이후로 오늘날까지 흰옷 입은 이 땅의 백성도 황국의 충성스런 인민으로서 그의 지킬 본분을 지켜온다 하였지마는 오늘처럼 뜨거운 가슴을 정성 들인 '센닌바리'를 누비어 본 적이 없었으리라. 송도네거리에 이처럼 열 패로 스무 패로 어린 여학생과 젊은 처녀와 나 많은 부인네들이 소한 추위 대한 추위를 춥다 아니하고 어는 손가락을 시리다 아니 하고 정성의 '센닌바리'를 누비어 본 일이 없었으리라.

…… 이 날에 반도산천 방방곡곡이 ― 저 멀리 만주와 지나 대륙에까지 ― 조선동포의 대문 앞에 펄럭이는 저 노보리[入營旗]와 함께 거리마다 치마저고리 입은 부인네의 손으로 정성들여 누비는 '센닌바리'와 함

께 돌각담과 수수바주길에 오고가는 축하객에 '오메데도'[18] 인사소리와 함께 부여(扶餘)의 옛 모습과 고구려(高句麗)의 옛 기억을 헤치고 우렁차게 일어나는 출진만세소리와 함께 책을 던지고 총을 잡은 학병 제국의 행진 발자욱 소리와 함께 황국의 영광이 반도의 새벽을 빛내임을 볼 것이다.

저기서는 더벅머리 여학생 한 떼가 바늘을 움직이고 있고 또 한편에서는 마스크 쓴 노인이 붉은 실을 꿰고 있다. 웃옷을 입은 상점의 점원들도 웃는 낯으로 한 바늘 꿰매고 있다. 이 아름다운 풍경, 굳센 어머니, 굳센 누이, 굳센 병정 그리고 굳센 나라. '센닌바리'는 가장 부드럽고 따뜻한 사랑의 나타남인 동시에 이 땅의 가장 굳셈을 자랑하는 풍속임을 이제사 나는 깨달았노라.

자랑스런 풍속으로까지 미화한 센닌바리야말로 일제의 군국주의가 만들어낸 가장 교묘한 자기위안의 최면술인 동시에 삶과 죽음의 책임마저 고약하게도 그저 개개인과 그 가족의 운수 탓으로 돌려버리는 일종의 면죄부와 같은 장치였다고 해야 맞을 듯하다.

• 이 글은 『민족사랑』 2018년 3월호에 게재하였던 것을 수정 보완하였다.

---

18) '오메데도(おめでとう)'는 '축하합니다'라는 뜻의 일본어이다.

04

미영격멸을 구호삼아 달린 부여신궁과 조선신궁 간 대역전경주

징병제를 대비한 매일신보사의 조선청년 체력향상 프로젝트

간혹 신사(神社)와 신궁(神宮)이 어떤 차이가 있는지 궁금해지는 때가 있다. 이 둘을 정확하게 구분하는 명문 규정은 찾을 수 없으나, 신궁은 대개 메이지시대 이후 ① 천황(天皇), ② 황실(皇室)의 조선신(祖先神), ③ 신기(神器, 천손강림 때 받은 3가지 보물, 즉 거울, 검, 굽은 옥), ④ 야마토평정(大和平定)에 공적이 있는 특정한 신을 제신(祭神)으로 삼는 신사를 일컫는 표현으로 정착된 개념이라고 알려진다. 그러니까 신궁은 '신사 중의 신사'를 가리키는 것이고, 여느 신사와는 격을 훨씬 달리하는 존재인 것은 분명하다.[19]

일제강점기를 거치는 동안 식민지 조선에서 창립된 신궁(神宮)은 두 군데이다. 그 가운데 하나는 익히 알려진 대로 '조선신궁(朝鮮神宮)'으로 이

---

19) 조선신궁과 부여신궁의 사격(社格)은 모두 '관폐대사(官幣大社)'이며, 이는 일본 황실 곧 궁내성(宮內省)에서 내리는 '폐백(幣帛)'을 받는 신사를 가리키는 표현이다. 이와는 달리 국고(國庫)의 지원으로 운영되는 신사는 '국폐사(國幣社)'로 일컫는데, 조선에서는 1936년 8월 1일에 경성신사와 용두산신사가 '국폐소사(國幣小社)'로 승격된 것을 시작으로 대구신사(1937), 평양신사(1937), 전주신사(1939), 함흥신사(1939), 광주신사(1941년), 강원신사(1941)가 추가되어 모두 8곳의 '국폐소사'가 존재했다.

『매일신보』 1941년 1월 4일자에 수록된 부여신궁 모형 사진의 모습이다. 부여신궁은 이른바 '내선일체'의 정신적 지주를 구현하기 위한 목적에서 창립되었다.

땅을 영구통치하기 위한 그네들의 수호신이 사는 영역으로 간주되는 곳이다. 또 다른 하나는 백제의 옛 도읍지인 부여 땅에 세우려던 '부여신궁(扶餘神宮)'이며, 이곳은 이른바 '내선일체(內鮮一體)'의 정신적 고향이라는 의미를 지니고 있다.

조선신궁과 부여신궁의 창설 연혁

구분	조선신궁	부여신궁
사격(社格)	관폐대사	관폐대사
제신(祭神)	천조대신·명치천황	응신천황·제명천황·천지천황·신공왕후
창립앙출	1919.7.18	1939.6.15
지진제	1920.5.27	1939.8.1
상동제	1924.4.3	1944.10.10
진좌제	1925.10.15	—

부여신궁의 창립과 관련하여 『통보(通報)』 제42호(1939년 4월 1일자)에 수록된 총독부의 발표문에는 그 취지를 이렇게 설명하고 있다.

…… 때마침 미증유(未曾有)의 비상시국을 맞이하여 반도의 사명은 점점 무거워져 가고, 혼연일체로 대륙전진기지(大陸前進基地)로서의 중대사명달성에 매진할 때를 당하고 있으므로, 총독부로서는 시정(施政)의 전반에 걸쳐 거듭 일단의 비약적 진전을 도모하고자 전력을 경주해 나가겠습니다만, 이럴 경우 서정(庶政) 진전의 원동력(原動力)이 되는 것은 숭고하고도 왕성한 정신력(精神力)에 있다는 것은 말할 나위가 없는 바입니다. 따라서 총독부에서는 더욱 국민정신총동원운동(國民精神總動員運動)의 확대강화를 꾀하고 그 실적의 거양(擧揚)하고 있는 터입니다만, 조선에서 이와 같은 운동은 말할 것도 없이 상호일체(相互一體)의 바른 이해(理解) 위에 서는 것이 절대로 필요하다고 믿는 바입니다. 그런데 이것이야말로 멀리 상대(上代)에서 일찍이 우리들의 조선(祖先)에 의해 구현되고 또 만대(萬代)에 걸쳐 수시(垂示)되고 있는 바입니다.

그리고 역사를 살펴보건대 상고시대에 우리나라(즉, 일본)와 삼국제국(三國諸國)과의 관계는 대단히 깊었고, 그중에 백제(百濟)와는 서로의 왕래가 빈번하여 정치, 경제 내지는 문화에 있어서 상호의 교섭이 실로 골육(骨肉)보다도 심상치 않았던 점이 있었으니, 그 사이 6대에 걸친 120여 년 간의 왕도(王都)였던 부여(扶餘) 땅은 아름답고도 활짝 핀 내선일체(內鮮一體)의 구현 결실을 보았던 일대유연(一大由緣)의 땅이었습니다. 성상(星霜)이 흐르길 1,300년, 그토록 우아하던 내선일체(內鮮一體)의 왕도(王都)도 거의 황폐(荒廢)로 돌아갔다고는 하지만, 아직도 풍색(風色)이 의연(依然)한 바가 있어서 당시의 유적(遺跡)이 곳곳에 산재한데 이로써 선인(先人)의 유업(遺業)을 우러를 수 있으며, 더구나 땅은 산자수명(山紫水明)하고 신운표묘(神韻縹緲)하여 신기(神祇)를 봉재(奉齋)하기에 최적의 곳입니다. 이로써 총독부에서는 기원(紀元) 2,600년을 맞이함에 있어 소화 14년도(1939년도)부터 5개년 계속사업으로 하여, 당시 일본과 백제, 신라, 고려의 관계에 있어 특히 교섭이 깊었던 응신천황(應神天皇), 제명천황(齊明天皇), 천지천황(天智天皇), 신공왕후(神功皇后) 등 4주(柱)의 신들을 권청(勸請)하여 부여 땅에 관폐사(官幣社)의 창립을 앙출(仰出)[20]하시어 한편으로는 보본반시(報本反始)의 재장(齋場)으로 삼고, 다른 한편으로는 내선일체 강화철저의 정신적 전당(精神的 殿堂)으로 삼도록 기약해 나갈 것입니다. …… (하략)

『매일신보』 1940년 8월 18일자에 수록된 신도 부여(神都 扶餘) 건설을 위한 부여시가지계획도의 모습이다. 여기에 표시된 도로망과 구획표기는 지금의 부여시가지 형태와 고스란히 일치한다는 것을 확인할 수 있다.

이 당시 조선총독부에서는 부소산(扶蘇山) 중턱에 본전 터를 잡아 부여신궁을 창립하는 이외에 부여 전체를 신궁의 위상에 걸맞은 인구 7만 명 규모의 신도(神都)로 건설할 계획을 세우고 1939년 10월 31일에 총독부 고시 제900호로 부여면(扶餘面)과 규암면(窺岩面) 일대의 1,338만 평(坪)

---

20) '앙출(仰出, おおせいだす)'은 '분부하시다' 또는 '명령을 내리시다' 라는 뜻이다.

에 달하는 부여시가지 계획구역을 발표하였다.[21] 애당초 부여는 인구수 1만 4천 명 내외의 면(面) 단위에 불과한 지역으로 이러한 곳에다 대규모 시가지계획을 수립하는 것 자체가 특례 중의 특례였던 셈이다.

이와 관련하여 『매일신보』 1940년 8월 18일자에 수록된 「신도 부여(神都 扶餘) 시가지계획(市街地計畫), 구획정리 설계완성(區劃整理 設計完成), 17일부터 일반(一般)에게 종람허락(縱覽許諾)」 제하의 기사에는 이러한 내용이 정리되어 있다.

> [대전(大田)] 내선일체의 발상지인 성지 부여에 관폐대사(官幣大社)가 어조영됨을 따라 한적하던 옛 도읍이 근대적 도시로서의 새 면목을 나타내게 되었는데 지난 달 26일부로 충남도에서는 시가지 구획정리 시행계획을 세우고 관계서류와 도면을 충남도청, 부여군청, 부여면사무소에 비치하여 17일부터 26일까지 일반관계자에 종람시키기로 되었는데 이것이 끝난 뒤에는 곧 총독부의 승인을 얻어 구획정리공사에 착수할 터이다. 이것의 완성기간은 3개년이고 정리구역은 부여면 구교리(舊校里), 구아리(舊衙里), 관북리(官北里), 동남리(東南里), 쌍북리(雙北里)의 각부로 총 면적 372만 평에 달하는데 이것이 완성되는 때는 인구 7만을 포용할 터이나 이번 제1회에는 관청, 공원을 위시하여 약 2만 명을 포용할 계획인데 제1회에 들어갈 공비만도 70만 원의 거액에 달한다. 그리고 시가지의 건축물의 축조양식은 될 수 있는대로 고전적 정서가 농후하게

---

21) 이에 관한 자세한 내용은 『조선총독부관보』 1939년 10월 31일자에 게재된 '조선총독부 고시 제900호「부여시가지계획구역(扶餘市街地計畵區域), 동 가로(同街路) 및 동 토지구획정리지구(同土地區劃整理地區) 결정(決定)」을 참조할 수 있다.

할 방침이다.

이러한 부여신궁의 창립계획은 이른바 '근로봉사'라는 미명 하에 무수한 노동력을 동원하고, 심지어 경무국 발파연구소(發破研究所)를 통한 수차례의 대규모 발파작업이 진행되었음에도 불구하고 일제의 패망과 더불어 완성을 보지 못한 채로 막을 내렸다.[22] 하지만 이 와중에 신도 건설을 위한 시가지조성계획은 착착 진행되어 새로운 가로망축조와 택지조성 등은 상당한 진척을 보기에 이르렀다. 실제로 지금의 부여 시가지는 부여신궁 조성 당시의 그 모습 그대로 남아 있는 것을 확인할 수 있는데, 이를 테면 부여라는 도시 자체는 속살을 한꺼풀만 벗겨보더라도 부여신궁의 프레임 속에 여전히 갇혀 있는 지역이라는 사실을 실감할 수 있다.

그런데 부여신궁에 관한 이런저런 자료를 뒤지다 보니, 흥미롭게도 부여신궁과 조선신궁 두 지점을 연결하는 역전경주(驛傳競走, 릴레이 마라톤)가 떠들썩하게 벌어진 흔적들도 포착된다. 이름 하여 '조선신궁 부여신궁 간 역전경주대회'가 그것으로, 매일신보사가 주최하고 조선청년단과 조선체육진흥회가 후원한 이 대회는 일제패망기로 접어든 1942년과 1943년 두 해에 걸쳐 진행된 것으로 나타난다.

---

[22] 부여신궁의 조성과 관련한 발파연구소의 발파작업 관련기사는 『매일신보』 1941년 7월 27일자, 「봉사(奉仕)의 도미장식(掉尾裝飾)할 부여성지 폭파작업(扶餘聖地 爆破作業), 암반지대(岩盤地帶)에 발파연구소(發破研究所)의 과학진(科學陳)」; 『매일신보』 1941년 9월 2일자, 「점화일순(點火一瞬) 굉연(轟然), 성역 부소산(聖域 扶蘇山)에 감격(感激)의 발파작업(發破作業)」; 『매일신보』 1943년 10월 12일자, 「성(聖)스러운 땀의 봉사(奉仕), 부여신궁 어조영(扶餘神宮 御造營)에 동원(動員)된 11만(萬), 금월중(今月中)에 지정 완료(地整 完了)」 등이 남아 있다.

『매일신보』 1942년 4월 5일자에 수록된 '부여신궁 조선신궁 간 대역전경기'를 알리는 광고 문안이다. 4일간의 일정 가운데 처음 이틀은 수련과 근로봉사에, 나머지 이틀은 경기 진행에 할애되고 있다.

    이는 한 팀마다 16명의 선수가 참여하여 무려 250킬로미터에 달하는 먼 거리를 28개 구간으로 나눠 이틀에 걸쳐 주파하는 방식이었으며, 중간기착지인 천안(天安)에서는 1박(泊)을 하도록 했다. 이러한 행사가 느닷없이 치러진 연유는 당시 『매일신보』 1942년 4월 5일자에 게재된 '미영격멸 전첩기원(米英擊滅 戰捷祈願) 부여 조선신궁 간 대역전경기'의 행사 안내문을 통해 일부나마 엿볼 수 있다. 여기에는 매일신보사가 내건 이 대회의 취지문에 다음과 같은 내용이 담겨 있다.

    "[취지(趣旨)] 황군전첩(皇軍戰捷)을 축복(祝福)하며 반도청년 체력검사실시 (半島靑年 體力檢査實施)를 기념하여 반도청년에게 숭고한 조국정신(肇國精神)

을 앙양하고 미영격멸(米英擊滅)의 굳은 신념을 진기약여(振起躍如)케 함으로써 장기전(長期戰)에 대처할 의기와 강인(强靭)한 체력(體力)을 연성함에 이바지하고자 함."

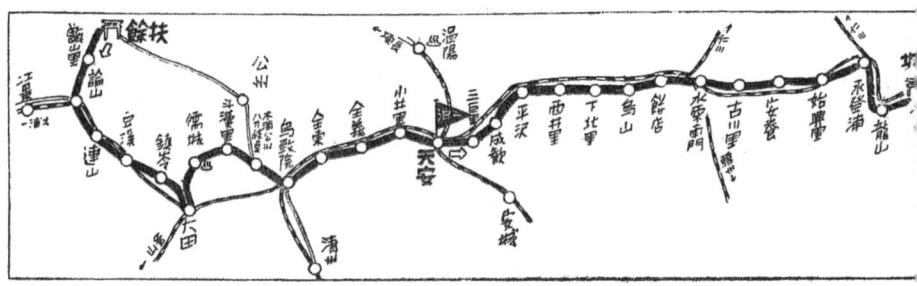

『매일신보』 1942년 4월 5일자에는 부여에서 서울을 잇는 역전경주대회의 구간별 노선약도가 수록되어 있다. 각 선수단은 중간 기착점인 천안(天安)에서 1박을 하도록 예정되었다.

여기에서 말하는 '반도청년체력검사'는 장차 징병제(徵兵制)를 공표할 것에 대비하여 조선총독부가 1942년 3월 1일을 기하여 만 18~19세에 해당하는 조선청년들에 대해 전면적인 신체검사를 실시한 것을 말한다. 요컨대 부여신궁 조선신궁 간 대역전경주는 이른바 '대동아전쟁'의 수행에 필요한 인적 자원을 효율적으로 관리하기 위한 방편의 하나로 추진된 것이었다.

『매일신보』 1942년 2월 22일자에 수록된 「고지서(告知書)는 벌써 배포(配布), 누락자(漏落者)는 자진계출(自進屆出)하라, 만(滿) 18세, 19세 청년(靑年)의 체력검사(體力檢査) 임박(臨迫)」 제하의 기사에는 이러한 체력검사의 의미를 이렇게 설명한 구절이 남아 있다.

…… 일반 민간에서는 총력연맹 지도 아래 각 애국반장이 총동원하여 각기 자기반 구역 내에 거주하는 사람으로 이 영예의 검사에 빠지는 사

람이 있어서야 될 말이냐고 그 자세한 내용을 조사하는 한편 그 취지를 널리 선전하고 있는 중이다. 이렇게 관민이 일체로 되어 반도 민중의 충성을 저울대질할 수 있게 될 이 사업을 위하여 총력을 바치고 활동한 결과 처음에는 일부 민중들에게서 볼 수 있던 근거 없는 오해와 유언도 일소되고 연령해당자는 물론이요 그 부형들도 전부 황국신민다운 충성으로 이에 협력하고 있다. 이로써 장차 조선이 지원병제도를 확충하고 또는 노무보국(勞務報國) 운동에 노력을 적절히 동원시키는데 필요한 기초자료를 얻으려는 획기적인 이 사업은 2천 4백 만의 적성으로 성공될 자신을 얻게 되었다. …… (하략)

1942년 4월 28일 부여에서 출발한 역전경기대회는 그 이튿날 조선신궁 참도 앞에 설치된 결승선을 통과하는 것으로 막을 내렸다. 경기의 결과 북선지구대(北鮮地區隊; 함남, 함북, 평남, 평북 연합선수단)가 15시간 7분 10초의 기록으로 우승하였다. 『매일신보』 1942년 4월 30일자에 수록된 「성은기하(聖恩旗下) 역전경주 대단원(驛傳競走 大團圓), 역전감투(力戰敢鬪) 2일간에 명예(名譽)의 우승(優勝)은 북선구(北鮮區), 천장가절(天長佳節) 신역(神域)

조선신궁 봉찬전 남쪽 광장에서 거행된 폐막식에서 우승기를 수여하는 장면이 수록된 『매일신보』 1942년 4월 30일자의 보도내용이다. 이 당시의 우승팀은 15시간 7분 10초의 기록을 세운 북선지구대(北鮮地區隊)였다.

『매신사진순보』 제287호(1942년 6월 1일자)에 수록된 '제1회 부여신궁 조선신궁 간 역전경주'의 행사관련 화보지면이다.

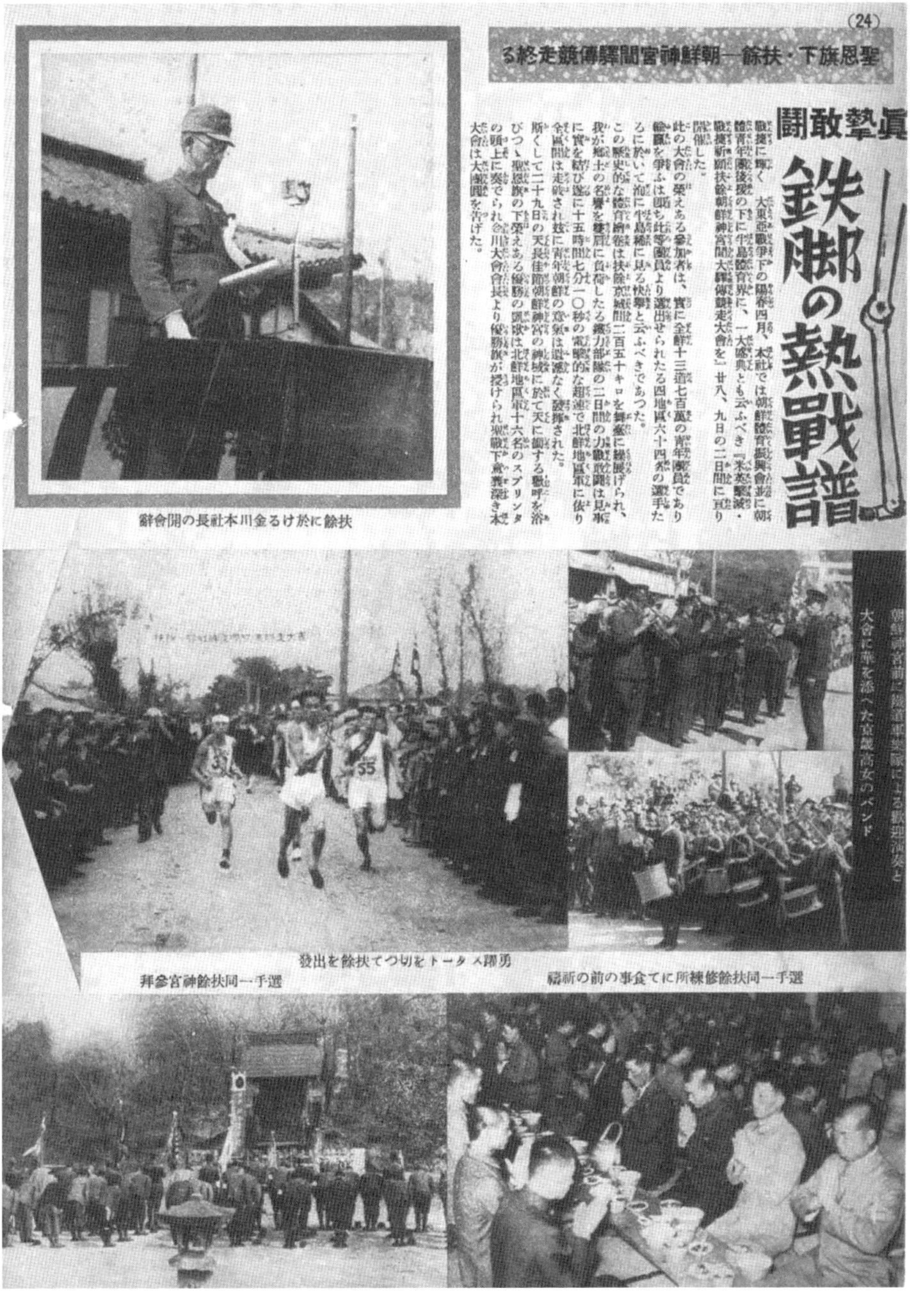
(24)

聖恩旗下・扶餘—朝鮮神宮間驛傳競走終る

眞摯敢闘

鐵脚の熱戰譜

戰捷に輝く大東亞戰爭下の陽春四月、本社では朝鮮體育振興會並に朝鮮青年團後援の下に半島體育界に、一大盛典とも云ふべき『米英擊滅・戰捷祈願扶餘朝鮮神宮間大驛傳競走大會』を廿八、九日の二日間に亘り開催した。

此の大會の榮えある參加者は、實に全鮮十三道七百萬の青年團員であり輸贏を爭ふは即ち此等團員より選出せられたる四地區六十四名の選手たるに於いて洵に半島稀に見る快擧と云ふべきであつた。

この歷史的な體育繪卷は扶餘京城間二百五十キロを舞臺に繰展げられ、我が郷土の名譽を雙肩に負荷したる鐵力部隊の二日間の力戰敢闘は見事に實を結び遂に十五時間七分一〇秒の驚嘆的な超速で北鮮地區軍に依り全區間は走破され茲に青年朝鮮の意氣は遺憾なく發揮された。

斯くして二十九日の天長佳節朝鮮神宮の神域に於て天に冲する歡呼を浴びつゝ聖恩旗の下榮えある優勝の凱歌は北鮮地區軍十六名のスプリンタの頭上に奏でられ金川大會會長より優勝旗が授けられ聖戰下意義深き本大會は大團圓を告げた。

扶餘に於ける金川本社長の開會辭

勇躍スタートを切つて扶餘を出發

朝鮮神宮前に[illegible]軍樂隊による歡迎演奏と大會に華を添へた京城高女のバンド

選手一同扶餘神宮參拜

選手一同扶餘修練所にて食事の前の祈禱

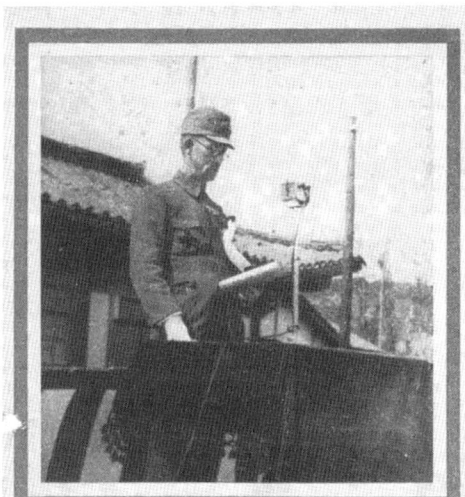

『매신사진순보』 제287호(1942년 6월 1일자)에 수록된 '제1회 부여신궁 조선신궁 간 역전경주'의 행사관련 화보지면이다.

에 충천(衝天)하는 환호(歡呼), 신전(神前)에 결의(決意)를 봉고(奉告), 전첩기원(戰捷祈願) 종료봉고제(終了奉告祭)로 폐막(閉幕)」 제하의 기사는 때마침 천장절(天長節)에 맞춰 진행된 이날의 행사 결과를 이렇게 요약하였다.

삼천리 산하의 힘과 뜻이 뭉치어 전첩 4월의 양춘을 장식한 본사 주최 미영격멸 및 전첩기원의 부여 조선신궁 간 대역전경주는 연 이틀 동안에 걸쳐 유서 깊은 성역으로부터 신역까지 250킬로의 성스러운 가도를 철각과 철각으로 연결하여 총후 남아의 씩씩한 기상과 늠름한 기백을 유감없이 발휘하고 29일 대동아전쟁 하에 처음 맞이하는 뜻 깊은 천장가절의 날씨도 좋은 날을 맞이하여 반도 2천 4백만 민중의 우뢰 같은 환호 속에 대단원을 지었다.

멀리 조선신궁에 뫼신 광영의 성은기(聖恩旗)를 우러르며 전후 나흘 동안 일사불란의 태세로 최후의 일각까지 전 선수는 내 고장의 전통, 내 도의 명예를 걸고 진지 감투하여 불꽃이 이는 성스러운 쟁패전 속에서도 아름답고 굳센 우정과 이기를 보이면서 달리고 달리며 뒤서거니 앞서거니 맹렬한 접전을 거듭하는 가운데 우리 청년정예부대 남선지구 선수 송촌(松村. 마츠무라) 군이 마침내 서울로 달려들어 신궁으로 신궁으로 감격의 분류를 헤치며 세기의 테프를 끊으니 때는 3시 55분. 뒤를 이어 전 선수도 철등색 미소를 걷잡지 못하며 달려들었다.

이리하여 조국의 정신을 높이고 성전완수의 결의를 더욱 굳세게 한 '철각의 제전'은 전 국민이 한 마음 한뜻으로 경축하여 마지않는 이날 최후의 결승점인 신역 조선신궁에서 다시금 성은기를 우러러 보며 전첩기원과 역전경주 종료봉고제를 집행한 다음 폐회식으로써 역사적인 막을 내리었다.

『매일신보』 1943년 4월 23일자에 수록된 '제2회 부여신궁 조선신궁 간 계주연성대회'의 안내 광고이다. 미영격멸(米英擊滅) 전첩기원(戰捷祈願)을 구호로 내건 것이나 천장절(天長節, 4월 30일)에 맞춘 전체 일정의 구성 자체가 제1회 때의 그것과 별다르지 않았다.

그리고 이 행사는 그 이듬해에도 그대로 재현되었다. 매일신보사 측에서는 이 행사가 나름의 반향이 있었다고 판단했던 것인지 1943년도 '신년호'에 수록된 '본사 신년도 사업계획'을 통해 '부여신궁 조선신궁 간 제2회 역전경주대회'를 개최할 예정이라고 진즉에 공지한 바 있었다. 실제로 1943년 4월 28일에는 '미영격멸과 필승기원'이라는 구호를 내걸고 다시 부여신궁에서 출발하는 역전경주가 개시되었고, 다음 날인 4월 29일(천장절)에 조선신궁에 당도하는 일정으로 릴레이 마라톤이 이어졌다. 그 결과 16시간 2분 19초의 기록을 세운 황강대(黃江隊: 황해도와 강원도의 연합선수단)가 우승을 차지하였다.

하지만 이때의 행사를 마지막으로 역전경주대회는 더 이상 진행되지

제1부 │ 혹독한 전시체제기의 나날들

않았다. 1943년 8월에 조선에 대한 징병제 실시가 확정되자 구태여 이러한 번거로운 행사를 지속할 필요가 없어졌다고 판단한 때문인지도 모를 일이다.²³⁾ 그 대신에 매일신보사의 경우, 1944년 이후에는 입영기일 이전에 각 도청 단위로 '입영축하장행회(入營祝賀壯行會)'를 개최하는 일정을 신설하여 연간사업목표의 하나로 포함시켰다.

부여신궁과 조선신궁을 잇는 먼 거리를 미영격멸을 외치며 달린 역전경주대회, 이 또한 일제가 전쟁수행을 독려하기 위해 벌인 참으로 별스러운 소행 가운데 하나였음을 꼭 기억해둘 필요가 있을 것이다.

• 이 글은 『민족사랑』 2017년 1월호에 게재하였던 것을 수정 보완하였다.

---

23) 식민지 조선에 대한 징병제 실시는 1942년 5월 8일 일본 각의(閣議)에서 "조선동포에 대하여 징병제를 시행하고 소화 19년도(1944년도)부터 이를 징집할 수 있도록 준비를 진행하기로 결정"된 데서 비롯되었다. 그 이후 1943년 3월 1일 법률 제4호 「병역법(개정)」 및 법률 제5호 「공통법(共通法, 개정)」을 통해 징병대상자(호적법의 적용을 받는 자)로 '조선민사령(朝鮮民事令) 중 호적(戶籍)에 관한 규정을 받는 자'를 추가하는 형태로 법제화하였고, 이 법률의 부칙에 따라 "소화 18년(1943년) 8월 1일부터 시행"하는 것으로 정해졌다.

05

일제패망기에 매달 8일이 특별한 의미를 지닌 까닭

이른바 '대조봉대일(大詔奉戴日)'은 전시체제를 다잡는 날

보라, 성전(聖戰) 이에 3년, 다시 겨울은
복수의 날, 해방의 아침, 잊을 수 없는 8일을 맞이하네.
그대 아는가, 아시아의 수호신은 무쇠가 아니라
아시아의 수호신은 일억(一億)의 피, 젊은이의 치솟는 혈기.
피는 쇠보다 강하며 아시아는 하나의 피
무엇인가 능히 깨뜨릴 수 있는 불괴(不壞)의 결속임을.
그렇다면 이날 우리들은 붓을 던져 검을 들고
내일은 또 그대와 저 넓은 하늘에 서로 마주하리라.
마음은 오로지 달려가네, 마유하(マユ河, 버마 인도 접경지)의 선혈에
혈관은 힘차게 뛰는 산호도(珊瑚島)의 총탄빗발.
용서하라 벗이여, 눈물을, 우리들의 두 뺨에
쏟아지게 잠시 흐르도록 내버려 두어라.
보아라 그대, 아시아의 수호신이야말로 참으로
무쇠가 아니라, 탄약더미가 아니라
실로, 그것은 오직 십억(十億)의 분노에 찬 눈물

젊은이의 치솟는 혈기와 뒤섞인 뜨거운 눈물인 것을.

뭐가 이런 정신 나간 글이 있나 싶지만, 이것은 『경성일보』 1943년 12월 8일자에 수록된 「12월 8일의 맹서」라는 시(詩)의 전문이다. 여기에 그려진 삽화는 에구치 케이시로(江口敬四郎)의 것이고, 글은 마츠무라 코이치(松村紘一)가 썼다. 이 이름은 다름 아닌 주요한(朱耀翰, 1900~1979)의 창씨명이다.

일제패망기의 12월 8일은 매우 특별한 의미를 갖는 날이다. 이른바 '대동아전쟁(大東亞戰爭, 태평양전쟁)'의 시작이 바로 이날에 이뤄졌기 때문이다.

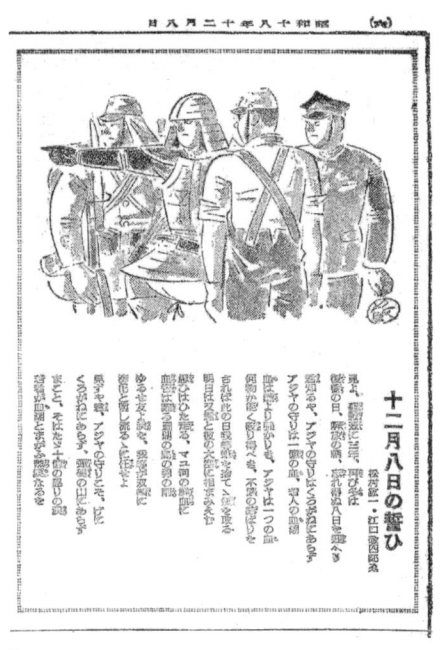

『경성일보』 1943년 12월 8일자에 수록된 마츠무라 코이치(松村紘一)의 '12월 8일의 맹서'라는 시이다. 마츠무라는 다름 아닌 주요한(朱耀翰)의 창씨명이다.

미국령 하와이 진주만 해군기지와 필리핀 클라크공군기지에 대한 기습공격과 영국령 말레이반도에 대한 상륙작전을 신호탄으로 하여 대미대영 선전포고(對美對英 宣戰布告)의 조서(詔書)가 내려진 것이 이날이고, 그 내용은 이렇게 이어진다.

천우(天佑)를 보유(保有)하야 만세일계(萬世一系)의 천조(天祚)를 천(踐)하는 대일본제국천황(大日本帝國天皇)은 소(昭)히 충성용무(忠誠勇武)한 여유중(汝

有衆)에 시(示)하노라. 짐(朕) 자(茲)에 미국 급 영국(米國 及 英國)에 대(對)하야 전(戰)을 선(宣)하노니 짐(朕)의 육해장병(陸海將兵)은 전력(全力)을 분(奮)하야 교전(交戰)에 종사(從事)하고 짐(朕)의 백료유사(百僚有司)는 여정직무(勵精職務)를 봉행(奉行)하고 짐(朕)의 중서(衆庶)는 각각(各各) 기본분(其本分)을 진(盡)하야 억조일심(億兆一心) 국가(國家)의 총력(總力)을 거(擧)하야 정전(征戰)의 목적(目的)을 달성(達成)하기에 유감(遺憾) 없기를 기(期)하라. …… (하략)

『매일신보』 1941년 12월 9일자에 수록된 '대미대영 선전포고 조서'의 내용과 관련보도이다.

이로써 '만주사변'과 '지나사변(중일전쟁)'을 거쳐 그 끝을 모르게 이어지던 일제의 침략전쟁은 마침내 세계대전으로 확대된 상황에 이르게 되었던 것이다. 이 와중에 전쟁물자와 병력을 끌어내기 위한 총력동원(總力動員)의 속도는 점차 빨라졌고, 그만큼 전시체제의 일상화는 그 강도

『매일신보』1942년 1월 3일자에 수록된 '대조봉대일' 설정 관련 내각고유의 내용과 관련보도이다. 이로써 일제 패망에 이르기까지 매달 8일은 특별한 의미를 갖는 날로 자리매김되었다.

가 훨씬 더해졌다. 여기에 덧붙여 '대조봉대일(大詔奉戴日)'이란 것이 설정되어 매달 8일마다 국운(國運)을 건 전쟁에 대한 마음가짐을 새로 다잡도록 강요되었다.

『매일신보』1942년 1월 3일자에는 각의결정(閣議決定)에 따라 '대조봉대일'이 새로 제정된 내용에 관한 '내각고유(內閣告諭)'가 다음과 같이 수록되어 있다.

> 소화(昭和) 16년(1941년) 12월 8일 황공(惶恐)하옵게도 대조(大詔)를 환발(渙發)하옵시어 미국(米國)과 영국(英國)에 대(對)하사 전(戰)을 선(宣)하야 황국(皇國)의 태도(態度)와 국민(國民)의 향(嚮)할 바를 소시(昭示)하옵시니 오직 공구감격(恐懼感激)에 불감(不堪)한다.
>
> 황국(皇國)의 융체(隆替)와 동아(東亞)의 흥폐(興廢)는 정(正)히 이 전쟁(戰爭)에 달려 있는 바 전국(全國)의 민초(民草)는 감격(感激) 오직 감격(感激)하야 받들고 추(醜)의 어순(御楯)으로서 분기(奮起)하여 극진극감(克盡克堪)하야 웅혼심원(雄渾深遠)한 황모(皇謨)의 익찬(翼贊)에 유감(遺憾)이 없기를 맹서(盟誓)치 않음이 없다.
>
> 실(實)로 8일(八日)이야말로 황국(皇國)에 생(生)을 향(享)할 자(者)는 다 같이

영원(永遠)히 망각(忘却)할 수 없는 날이다. 신질서건설(新秩序建設)의 대사명(大使命)을 부하(負荷)한 기념(記念)할 날이다. 따라서 이에 소화(昭和) 17년(1942년) 1월(月) 이강(以降) 대동아전쟁(大東亞戰爭)의 완수(完遂)에 이르기까지 매월 8일(每月 八日)을 대조봉대일(大詔奉戴日)로 정(定)한다. 즉(即) 전국민(全國民)은 이날을 상시실천(常時實踐)의 원천(源泉)으로 앙(仰)하고 순일무잡(純一無雜) 오로지 대어심(大御心)을 봉대(奉戴)하야 각각(各各) 그 본분(本分)에 정려봉행(精勵奉行)하고 더욱 국가총력(國家總力)을 확충발휘(擴充發揮)하야 대동아전쟁(大東亞戰爭) 종국(終局)의 목적완수(目的完遂)에 정신(挺身)하야써 성지(聖旨)에 봉응(奉應)하기를 기(期)하라.

그런데 이에 반(伴)하야 흥아봉공일(興亞奉公日)은 이를 폐지(廢止)하고 그 취지(趣旨)로 한 바는 대조봉대일(大詔奉戴日)로 발전귀일(發展歸一)케 하기로 되었다.

소화(昭和) 17년(1942년) 1월 2일.

내각총리대신(內閣總理大臣) 토죠 히데키(東條英機).

이에 따라 1942년 1월 8일이 제1회 대조봉대일이 되었고, 그 이후 매달 8일이 되면 각 신문의 제호(題號) 위에는 원색으로 인쇄된 일장기(日章旗)를 덧붙이는 한편 1면 상단에는 '선전포고조서'의 전문이 그대로 재수록되는 모습이 연출되었다. 또한 각 학교, 마을, 직장, 관청 등에서는 집회를 열고 결의(決意)를 새로 다지는 관련 행사를 진행하였으며, 이러한 상황은 일제가 패망하기 직전인 1945년 8월 8일의 제44회 대조봉대일에 이르기까지 거듭 반복되었다.

이른바 '대조봉대일'에 이뤄지는 행사에 대해서는 국민총력 조선연맹(國民總力 朝鮮聯盟)에서 제정한 「대조봉대일 운영에 관한 건」 제하의 문건

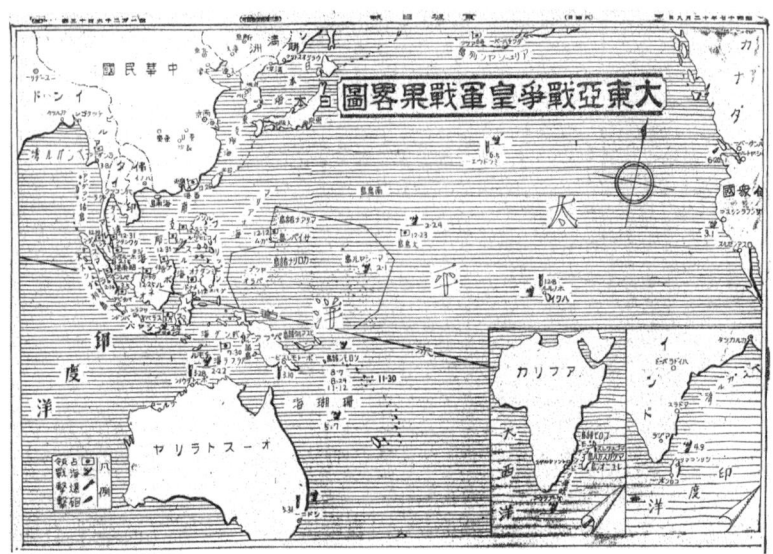

『경성일보』 1942년 12월 8일자에는 '대미대영 선전포고 조서'의 1주년을 맞이하는 상황에서 제작된 '대동아전쟁황군전과약도(大東亞戰爭皇軍戰果略圖)'가 수록되어 있다.

을 통해 살펴볼 수 있다. 이 가운데 '상회(常會)'의 진행 방식을 소개하면 그 내용은 다음과 같다.

(가) 매월 8일 조(朝) 반드시 정동리부락연맹(町洞里部落聯盟)에서 '대조봉대일 상회'를 개최할 것. 개최시각은 상회에 대한 방송시각에 합치되도록 할 것. (4월~10월 오전 6시 30분, 11월~3월 오전 7시 30분) 각종연맹(各種聯盟)은 전항과 다른 시각에 같은 상회를 가질 것. [당일 휴일일 때는 익일(翌日)에 조하(繰下)할 수 있음]

(나) 상회 개최 시간은 대개 30분을 한도로 할 것.

(다) 정동리부락연맹의 상회에는 반드시 일가(一家)의 주인(主人)이 출석하고 주인이 사고(事故)가 있을 시는 주부(主婦)가 이를 대신할 것.

(라) 참회자(參會者)의 정렬, 정돈, 동작 등은 정연(整然) 규율(規律) 있게 하

고 또한 지각 및 조퇴자가 없도록 할 것.

(마) 참회의 각 애국반(愛國班)은 반드시 반기(班旗)를 휴대할 것.

(바) 상회 회장(會場)에는 가급적 라디오 수신기(受信機)를 설비하고 라디오의 방송에 의하야 행사를 진행하고 또 방송강화(放送講話)를 청취하게 할 것.

(사) 상회행사의 순서는 좌(左)에 의할 것.

1. 국민총력(國民總力)의 노래 또는 애국반(愛國班)의 노래 (방송)
2. 개회, 국기게양[호령방송(號令放送)]
3. 국가합창(國歌合唱) [반주방송(伴奏放送)]
4. 궁성요배(宮城遙拜, 호령방송)
5. 묵도(默禱, 호령방송)
6. 강화(講和, 방송)
7. 신합사항(申合事項)
8. 전월(前月)의 보고
9. 황국신민(皇國臣民)의 서사(誓詞) 제송(齊頌)
10. 만세봉창(萬歲奉唱)
11. 국기강하(國旗降下)
12. 해산

(아) 관공아(官公衙), 학교, 회사, 은행, 공장 및 이에 준할 단체의 각종 연맹 상회에 있어서는 조서(詔書)를 봉독(奉讀)할 것.

(자) 관공서, 학교, 회사, 공장 등에 근무하는 자도 정동리부락연맹 상회에 출석할 것.

그런데 대조봉대일의 제정에 관한 '내각고유'의 내용을 살펴보면, 그 말미에 기존의 '흥아봉공일(興亞奉公日)'은 폐지하고 그 취지는 대조봉대일에 합쳐지도록 한다는 구절이 포함되어 있다. 이것은 대조봉대일이 등장하기 이전에도 이미 특정일을 정하여 결전(決戰)의 의지를 고취하는 방식이 존재했다는 사실을 말해준다. 이러한 행사일의 연원을 따라 거슬러 올라가 보았더니, 1937년 7월 7월에 발생한 이른바 '북지사변(北支事變, 노구교사건)' 직후에 총독부 학무국에서 제정한 '학교애국일(學校愛國日)'에서 이러한 흔적의 초기 형태가 포착된다.

'지나사변(중일전쟁)' 이후 애국일, 흥아봉공일, 대조봉대일의 제정 경위

날짜	내용
1937.7.7	북지사변(北支事變, 노구교사건) 개시
1937.8.19	총독부 학무국에서 학교애국일(學校愛國日) 제정 (9월 6일)
1937.9.2	각의 결정으로 '북지사변'의 명칭을 '지나사변(支那事變, 중일전쟁)'으로 변경
1937.9.16	총독부 학무국에서 '학교애국일'을 매달 실시 결정 (매월 6일)
1937.11.16	정무총감 통첩으로 각 지방의 사정에 따라 '애국일(愛國日)'을 정하여 시행 (매월 1일 또는 15일)
1937.12.11	정무총감 통첩으로 '학교애국일'은 매월 6일로 환원
1939.8.11	내각 고유(內閣 告諭)를 통해 매월 1일을 흥아봉공일(興亞奉公日)로 제정 (9월 1일부터 시행)
1939.11.1	국민정신총동원위원회 조선연맹 경성부연맹의 제창으로 경성부 전역에서 '애국일'에 맞춰 애국반 상회(愛國班 常會)를 최초 실시
1941.12.8	'미국 및 영국에 대한 선전포고' 조서(詔書)로 이른바 '대동아전쟁(大東亞戰爭, 태평양전쟁)' 개시
1942.1.2	내각 고유(內閣 告諭)를 통해 '대조봉대일(大詔奉戴日, 매월 8일)'을 제정하고 동시에 '흥아봉공일(興亞奉公日, 매월 1일)은 폐지

이에 관해서는 『매일신보』 1937년 8월 19일자에 수록된 「9월 6일을 애국일(愛國日)로, 전조선 대소학생층(大小學生層)에 시국인식의 강화기도, 이들을 통하여 각 가정에도 철저시킬 터」 제하의 기사에 다음과 같은 내용이 서술되어 있다.

국가 초비상시에 직면하여 국민은 애국의 적성을 발로하고 있는데 총독부에서는 이 기회에 시국을 인식시키어 참말 내선일체를 강화 철저시키려고 전조선 각종단체를 총동원하고 있다. 그런데 이때에 학생 아동으로부터 가정에 밎게 하고자 종래 관보부록으로 발행하고 있던 것을 전조선 120만의 학생아동을 통하여 각 가정에 배포시키게 되었다. 다시 오는 9월 6일에는 전조선 각 학교로 하여금 시국을 강조시키기 위하여 이날을 애국일(愛國日)로 정하고 국기의 게양(揭揚), 국가(國歌) 고창, 황거요배(皇居遙拜)를 하여 국민정신의 작흥 조서(詔書)를 봉독하며 교장 혹은 군인관계자 등이 강연을 하여 시국에 대한 인식을 충분히 철저시키며 신사에 참배시키어 국위선양(國威宣揚)을 기원케 하여 당일은 전조선을 애국의 적성을 가지고 휩쓸게 할 터로 방금 학무국에서 구체안을 작성하여 근일중에 각 도지사와 관계방면에 통첩을 발하게 되었다.

『매일신보』 1937년 8월 19일자에 수록된 '학교애국일' 제정 관련 보도이다. 이것은 이른바 '지나사변'의 확대를 앞두고 학생 아동을 통하여 총동원의 효과를 각 가정에 미치게 하려는 의도에서 시도된 것이었다.

제1부 | 혹독한 전시체제기의 나날들

일본제국의 각의(閣議) 결정에 따라 매월 1일이 '흥아봉공일'로 제정되었다는 사실을 알리는 『매일신보』 1939년 8월 9일자의 보도내용이다. 하지만 이미 조선에서는 매월 1일에 '애국일'이 시행되고 있었으므로 기존의 방식이 그대로 통용되었다.

　원래는 이러한 학교애국일이란 것이 1회성으로 계획된 것이었던 모양이었으나, 이내 총독부 학무국에서는 매달 6일에 정례적으로 실시하는 것으로 방침을 변경하였다. 이는 그해 9월 2일에 각의의 결정으로 '북지사변'의 명칭이 '지나사변(支那事變, 중일전쟁)'으로 변경될 만큼 중국 지역에서 전선이 계속 확대되는 상황이 급격히 전개되었기 때문이었다.

　곧이어 11월 16일에는 정무총감의 통첩(通牒)으로 각 지방의 사정에 따라 매월 1일 또는 15일에 '애국일(愛國日)'을 정하여 실시하도록 지시하였다. 이때 '학교애국일'도 역시 통상 매월 1일에 실시하는 '(일반) 애국일'과 통합하여 시행되도록 하였으나 이 둘은 실시주체가 다르다는 점을 고려하여 12월 11일에는 정무총감의 통첩으로 다시 '학교애국일'을 분리하여 매달 6일에 실시하는 것으로 환원하는 조치가 내려졌다.

　『매일신보』 1941년 11월 17일자에 소개된 카네무라 류사이(金村龍濟, 김용제의 창씨명)의 「애국일(愛國日)」이란 친일시(親日詩)를 보면, 이 당시에 매달 초하루에 일상적으로 벌어지던 행사의 풍경을 이렇게 그려놓고 있다.

지상(地上)의 오늘을 싸울 신호(信號) ― / 생명(生命)의 아침 부르는 이른 싸이렌 / 우렁찬 소리에 맑은 바람이 나서 / 별들이 꿈 자취 같이 남기고 간 / 흰 안개 선뜻 높이 개었다 / 상쾌(爽快)한 가슴 속까지 하늘 푸르다.
티끌 잦은 넓은 교정(校庭)에 / 그득 모인 수천(數千)의 애국반원(愛國班員)들 / 젊은 대밭 같이 들어선 반기(班旗)의 깃발 / 가을 짙은 단풍(丹楓)가지와 함구 / 황금색(黃金色) 가마귀 날개 살아 춤춘다.
동쪽 산(山) 위에 솟는 새로운 햇발에 / 게양탑(揭揚塔) 오르는 붉은 일장(日章)을 주목(注目)하면 / 희망(希望)의 상징(象徵) / 손속에 땀으로 되어 / 애국(愛國)하는 피 마음 전신(全身)에 타오른다.
지난 한 달의 발굽을 돌아보고 / 양심(良心)에 가시 없는 반원(班員)은 용사(勇士) / 이달 한 달을 다 같이 바라보고 / 새 계획(計畫)을 굳게 맹서(盟誓)하는 대열(隊列) 위에 / 초(初) 하루날 반기(班旗)가 일제(一齊)히 나부낀다.

 이러한 상황이 이어지다가 일본 내각의 결정에 따라 제국 전체가 매월 1일을 흥아봉공일(興亞奉公日)로 정하여 이를 실시하기 시작한 것은 1939년 9월 1일의 일이었다. 하지만 이러한 흥아봉공일은 이미 식민지 조선에서는 애국일이라는 이름으로 시행되고 있는 것과 크게 다르지 않았으므로 애국일로 통일하여 실시하는 것으로 정리되었다.
 다만, 애국일을 더욱 철저히 실시하는 방침이 강조되면서 총독부 애국반의 경우, 다음과 같은 실천항목을 설정하여 이를 준수하도록 했다. 이를 테면, 1. 조기여행(早起勵行), 2. 신사참배(神社參拜), 3. 궁성요배(宮城遙拜), 4. 도보운동(徒步運動)과 통학(通學), 5. 간이주식(簡易晝食, 주먹밥과 한

제3회 흥아봉공일(애국일)에 맞춰 처음으로 애국반 상회(愛國班 常會)가 함께 개최되었다는 사실을 알리는 『매일신보』 1939년 11월 2일자의 보도내용이다. 여기에는 애국일을 맞이하여 주먹밥으로 식사를 하는 미나미 조선총독의 모습도 곁들여 소개하고 있다.

가지 반찬), 6. 금주절연(禁酒節煙), 7. 연회폐지(宴會廢止), 8. 오락자제(娛樂自制), 9. 근로배가(勤勞倍加), 10. 출정군인(出征軍人)과 유가족 위문위자(遺家族 慰問慰藉) 등이 그것이었다.

이와 아울러 정신총동원 경기도연맹과 같은 곳에서는 사회풍조를 경장(更張)하는 방안으로 각 극장과 영화관은 물론이고 백화점과 요리점, 카페, 음식점도 애국일에 일제히 휴업을 하고 또 전발(電髮, 파마넨트)을 폐지하도록 했다. 여기에 더하여 1939년 11월 1일에는 제3회 흥아봉공일(애국일)에 맞춰 경성부 전역에서 처음으로 애국반 상회(愛國班 常會)가 함께 거행되었으며, 이때 미나미 총독(南總督)도 자신이 속한 경복정회(景福町會)의 행사장인 청운소학교 교정에 몸소 참석하는 장면을 연출했던 것으로 알려진다.

이러한 내력을 지닌 흥아봉공일은 다시 1942년 1월 8일 이후 대조봉대일로 변신을 거듭하여 전시체제의 결속과 결의를 다시 옥죄는 날로 자리매김되었으니 일제의 패망에 이르기까지 식민지 조선의 구석구석에서 그야말로 고단했던 나날들은 그렇게 지속되었던 것이다.

● 이 글은 『민족사랑』 2020년 12월호에 게재하였던 것을 수정 보완하였다.

06

거물면장(巨物面長), 말단행정을 옥죄는 전시체제의 비상수단

전직 도지사와 참여관들이 잇달아 면장 자리에 오른 까닭은?

다들 비슷한 시절을 겪었으리라 생각되지만, 소싯적에 "면장질도 알아야 하지"라는 표현을 무시로 내뱉는 동네어른들의 대화를 참으로 많이 귀동냥했던 경험이 있다. 이런 말이 언제부터 통용되었는지가 궁금하여 옛 자료를 확인해보았더니, 1960년대의 신문지상에 "알아야 면장(面長)"이라는 구절을 아예 속담(俗談)의 하나로 치부해놓은 기사들이 심심찮게 등장했던 것이 눈에 띈다.

한참 세월이 지나고 "알아야 면장"의 어원이 바로 그 시골 면장과는 전혀 무관하다는 것을 알게 되었을 때 그 순간 적잖이 당혹감과 허탈감을 감추지 못했던 기억도 새삼스럽다. 이는 『논어(論語)』 양화편(陽貨篇)에 "공자께서 아들 백어에게 이르기를 '너는 「시경(詩經)」의 주남과 소남을 배웠느냐? 사람으로서 주남과 소남을 배우지 않으면 담장을 바로 마주보고 선 것과 마찬가지니라'(子謂 伯魚曰 女爲周南召南矣乎 人而不爲周南召南 其猶正牆面而立也與)"고 한데서 나온 표현이라는 것이다.

이에 따라 고문헌 자료에 불학면장(不學面墻)이라거나 불면면장(不免面墻)이라거나 하는 구절도 곧잘 사용된 흔적이 발견되며, 특히 『중종실록(中

『황성신문』 1898년 12월 21일자에 수록된 기사 한 토막을 보면, "지난 병신(丙申) 이래 3년을 면장으로 행세했다"고 하였으므로, 즉, 최소한 1896년부터 면장의 호칭과 존재는 공식화되어 있었다는 것을 알 수 있다.

● (悖子每如) 黃海道松禾郡蓮花坊龍巖村居ᄒᆞᆫ玄德永이란者이本以悖類로去丙申以來三年에面長을擧行ᄒᆞ더니莫重公錢을酒色雜技에空費ᄒᆞ야爲逋者ㅣ五千兩이라立哥가右錢을其族三十餘寸에게移徵ᄒᆞ랴ᄒᆞᆫ다니此는自官으로別般嚴治홈이可ᄒᆞᆯ덧ᄒᆞ다더라

宗實錄)』중종 13년(1518년) 7월 2일 기사에는 평안도절도사 이장생(平安道節度使 李長生)의 서장(書狀)에 '면면장(免面墻)'이라는 용어가 직접 등장하는 것을 확인할 수 있다. 여기에 나오는 '면면장'은 문맥에 따라 면장면(免墻面)이나 면장벽(免墻壁)이라는 표현으로 대체되기도 한다.

> 각 진의 군관 등이 일이 없을 때에는 활쏘기와 말타기를 익히는 이외에 서로 모여 한가롭게 세월을 허비하고 있습니다. 비록 무사일지라도 학문을 전폐하면 면장(面墻)을 면치 못해 일에 임하여 그르칠 따름일 테니, 『장감박의』, 『무경』, 『소학』, 『병요』, 『손자』, 『오자』, 『진서』 등의 책을 본영과 각 진보에 나눠주어 늘 강습하고 시험을 치며 이를 권하게 하여 옛날 장수가 응변하여 행한 일의 사적을 알도록 하는 것이 매우 마땅합니다. (各鎭軍官等無事之時則調習弓馬外相聚偷閑坐費日月 雖武士專廢學問則未免面墻臨事而眩 如將鑑博議 武經 小學 兵要 孫子 吳子 陣書等冊 本營及各鎭堡分給常令講習考 講勸課俾知古將應變行事之跡 甚當)

그런데 가만히 생각해보면 면장(面長)이라는 존재 자체가 이 땅에 등

장한 것이 대략 120년 남짓한 세월이 흐르기 전의 일이었으므로, 근대시기 이후에나 생성된 신식용어(新式用語)가 금세 속담처럼 녹아들기도 쉽지 않았던 것이 아닌가 싶기도 하다. 아무튼 면(面) 제도와 관련한 자료들을 찾아보니, '면장'이라는 표현이 공식적으로 드러난 것은 갑오개혁(甲午改革) 직후의 시점인 것으로 드러난다.

갑오개혁 전후 시기의 면(面) 기관 조직 변천 대조표

구분	갑오 이전	갑오 당시	갑오 이후
(1) 면행정을 감시하고 풍교를 관장하는 자	도존위(都尊位), 도집강(都執綱), 도규헌(都糾憲), 별규헌(別糾憲), 상유사(上有司), 면수(面首)	-	-
(2) 면행정의 담당자	집강(執綱), 풍헌(風憲), 면임(面任), 도윤(都尹), 약정(約正), 검독(檢督), 방수(坊首), 방장(坊長)	집강(執綱)	면장(面長)
(3) 면내 조세징수 전속자	공유사(公有司), 도주비(都注比)	-	공전영수원(公錢領收員)
(4) 면행정의 집행을 보조하는 자	공유사(公有司), 도주비(都注比), 풍헌사수(風憲社首), 약정(約正), 부윤(副尹)	서기(書記)	(*) 다수의 면에서는 이들 보조기관이 없음
(5) 면의 잡역에 복무하는 자	권농(勸農), 유사(有司), 하유사(下有司), 하소임(下所任), 소임(所任), 소임(小任), 사환(使喚), 면예(面隷), 면고자(面庫子), 방자(房子)	하유사(下有司)	-
(6) 군아와 면 사이에 공문서의 송달을 맡은 자	면주인(面主人), 방주인(坊主人), 식주인(食主人)	면주인(面主人)	면주인(面主人), 방주인(坊主人), 식주인(食主人)

[*] 자료출처 : 「면(面) 및 동(洞)에 관한 제도구관조사(制度舊慣調査)」, 『조선총독부월보』 제1권 제4호(1911년 9월), 118쪽.

그 이전 시기에는 대개 집강(執綱)이니 풍헌(風憲)이니 약정(約正)이니 하는 식으로 부르다가 갑오개혁 때에 이를 '집강'으로 통일하였다. 실제로 1895년 10월 16일에 작성된 내부대신서리 유길준(俞吉濬)의 「향약판무규

『사진첩 조선』(1921)에 수록된 경기도 고양군 뚝도면사무소의 집무상황이다. 일제강점기 말단행정조직의 전형적인 모습을 담아낸 사진자료의 하나인 셈이다. (민족문제연구소 소장자료)

정(鄕辦務規程)」청의서를 보면, "…… 제2조 면(面, 坊社도 같음)에는 집강(執綱) 및 서기(書記), 하유사(下有司), 면주인(面主人) 각(各) 1인(人)을 치(置)하여 좌(左)같이 정(定)함"이라는 내용이 포착된다.

그러나 이 규정이 제대로 효력을 발휘하지는 못하였는지 종전의 관례가 우세한 형편이 지속되었던 것으로 알려진다. 갑오개혁 직후(1896년) 시점의 상황에 대해서는 『지방제도조사(地方制度調査)』(1906년 발행 추정)에 수록된 「면장면임 동장동임 직무권한(面長面任 洞長洞任 職務權限)」에 다음과 같은 내용이 정리되어 있다.

> 일(一). 면장(面長, 혹은 '면집강'이라 부름)은 해면내(該面內) 유성망 해사리(有聲望 解事理)하는 사족중 노성인(士族中 老成人)으로 본군수(本郡守)가 선정(選定)하고 해면내 각동민인(該面內 各洞民人)이 취회(聚會)하여 권점선정(圈點選定)도 함.
>
> 일(一). 면임(面任, 혹은 '풍헌'이라 부름)은 군수(郡守)의 명령(命令)을 승(承)하여 소관면내 각동장(所管面內 各洞長)에게 지휘(指揮)하며 범계(凡係) 요역 부세 등 사항(徭役 賦稅 等 事項)으로 각 동장 동임(各洞長 洞任)을 견솔 동칙(牽率 董飭)하며 …… (하략).

그러다가 1906년 10월 16일에 재가된 칙령(勅令) 제60호 「조세징수규정(租稅徵收規程)」에 "제7조 지세(地稅) 및 호세(戶稅)는 면장(面長)에게 납입고지서(納入告知書)를 발행(發行)함"이라는 구절이 포함되면서 '면장'이라는 존재는 비로소 제도화의 단계에 들어서게 되었다. 이때 '집강(執綱)', '존위(尊位)', '참수(站首)'와 같은 옛 명칭은 일체 혁거(一切 革袪)되고 모든 면(面)에는 '면장(面長)'을 두는 것으로 변경되었다.

하지만 이러한 변화라는 것도 이미 통감부(統監府)가 들어선 상태에서 일제의 위세가 최고조에 달한 때에 이뤄진 것이므로 면 제도의 정비와 면장의 기능과 위상은 태생적으로 그들의 식민지배전략과 고스란히 맥을 같이 하는 결과물이기도 했던 것이다. 경술국치 직후에는 조선총독부령 제8호 「면(面)에 관한 규정」(1910년 10월 1일 제정)이 만들어졌고, 곧이어 1914년 3월에 단행된 행정구역 통폐합 과정에서 '면'의 숫자 자체가 대폭감소하게 되면서 그만큼 면장 결원 지역이 줄어든 결과 자연스레 면장의 직위는 완전 충원 상태에 다다랐다.

일제강점기 면(面)과 면장(面長) 관련 법령의 주요 변천 연혁

일자	주요 내용
1910.9.29	칙령 제357호 「조선총독부 지방관관제」 제정(시행일 1910.10.1일); 면장은 판임관 대우(判任官 待遇)
1910.10.1	총독부령 제8호 「면(面)에 관한 규정」 제정; 면장은 도장관(道長官)이 임면(任免), 면장의 수당과 비용은 면의 부담
1911.2.1	총독부훈령 제12호 「면장협의회에 관한 건」 제정
1912.11.9	총독부훈령 제14호 「면장협의회규정」 제정
1913.12.29	총독부령 제111호 「도의 위치, 관할구역 및 부군의 명칭, 위치, 관할구역」 제정(시행일 1914.3.1일); 부군면(府郡面)의 통폐합으로 종래 12부, 317군, 4,351면이 12부, 220군, 2,521면으로 정리
1917.6.9	제령 제1호 「면제(面制)」 및 총독부령 제34호 「면제시행규칙」 제정(시행일은 별도 규정에 따라 1917.10.1일)

1917.7.11	총독부령 제40호 「면에 관한 규정」 개정(시행일 1917.10.1일); 면장의 수당액과 여비액 및 그 지급방법은 도장관이 결정
1917.9.19	총독부령 제67호 「면제 제4조에 의해 상담역(相談役)을 두는 면」 제정; 지정면(指定面)은 23개소
1920.7.29	제령 제13호 「면제」 개정(시행일은 별도 규정에 따라 1920.10.1일); 면협의회 설치, 단, 지정면은 협의회원을 선거, 나머지 지역은 군수(郡守) 또는 도사(島司)가 임명
1920.7.29	총독부령 제103호 「면제시행규칙」 개정(시행일은 별도 규정에 따라 1920.10.1일); 협의회원의 선거를 실시하는 지정면은 24개소
1922.8.10	칙령 제372호 「조선총독부 지방관관제」 개정; 면장은 50인에 한정하여 주임관 대우(奏任官 待遇) 가능
1922.9.4	총독부훈령 제43호 「대정원년 총독부훈령 제14호 면장협의회규정 폐지」
1930.11.29	칙령 제234호 「조선총독부 지방관관제」 개정(시행일 1931.4.1일); 읍면장 조항 추가, 판임관 대우, 단, 주임관 대우 가능인원은 65인 한정으로 확대
1930.12.1	제령 제12호 「면제」 전면개정(시행일 1931.4.1일); 명칭을 「읍면제」로 전환, 읍회(邑會)를 설치하고 면협의회도 전면 선거 선출제로 전환; 읍면은 법인(法人)으로 규정
1930.12.29	총독부령 제103호 「읍면 및 읍면장에 관한 규정」 제정(시행일 1931.4.1일); 41개 지정면이 읍(邑)으로 승격
1930.12.29	총독부령 제105호 「면제시행규칙」 전면개정(시행일 1931.4.1일); 명칭을 「읍면제시행규칙」으로 전환, 부읍장(副邑長) 신설
1941.6.10	칙령 제688호 「조선총독부 지방관관제」 개정; 주임관 대우 가능 읍면장의 인원은 100인 한정으로 확대
1943.4.1	코이소 총독(小磯 總督)의 제일선 행정기관 쇄신방침에 따라 거물면장(巨物面長) 5인 발령 개시
1943.6.17	총독부령 제170호 「읍면제시행규칙」 개정; 부면장(副面長) 신설
1943.8.26	총독부 사정국, '읍면행정강화 쇄신요강결정' 발표
1944.10.20	칙령 제599호 「조선총독부 지방관관제 및 대만총독부 지방관관제」 개정; 읍면장은 주임관 또는 판임관으로 대우(주임관 대우 인원제한폐지)

『조선총독부관보』 1911년 6월 8일자에 게재된 충청남도훈령 제1호 「면장임면(面長任免) 및 공전영수원 인허수속(公錢領收員 認許手續)」(1911년 6월 3일 제정)에는 이 당시 면장의 자격요건을 이렇게 적어두고 있다.[24]

---

24) 이밖에 면장 자격 요건에 대한 사례로는 『매일신보』 1915년 9월 26일자에 수록된 「경상남도 면장 임면 수속에 관한 규정」에 관한 기사와 『매일신보』 1936년 1월 18일자에

경기도 고양시 덕양구 고양동에 있는 벽제관 터 앞 비석군에 포함된 '신규선 벽제면장 치적비'(1941년 1월 25일 제막)의 모습이다. 외형상으로는 면장의 비석이지만, 그는 일찍이 춘천군수(1913), 원주군수(1921), 홍천군수(1922)를 두루 역임한 친일관료 출신의 한 사람이었다.

제1조 면장은 좌(左) 자격을 가진 자에 대해 후보자(候補者)를 선정하고 군수(郡守)가 이를 추천할 것.

  1. 그 면(面)에 주소(住所)를 두고 연령(年齡) 30세 이상(以上)인 자.

  2. 품행방정(品行方正)하며 그 면의 사정(事情)에 통효(通曉)하고 또 성망(聲望)이 있는 자.

  3. 상당 자산(相當 資産)을 갖춘 자.

  4. 문자(文字)를 해(解)하는 자.

전항(前項)의 자격을 가진 자가 없는 때는 군수는 적당하다고 인정되는 자를 선정하고 그 사유(事由)를 갖춰 이를 추천할 것.

제2조 좌(左)의 각호(各號)의 하나에 해당하는 자는 면장에 추천할 수 없음.

  1. 전과(前科)가 있었던 자.

  2. 궐포(闕逋: 궐액과 포흠)25)를 했던 적이 있는 자.

수록된 「경상북도 읍면장 및 읍면 이원의 임면 규정」에 관한 기사 등을 참고할 수 있다.

25) '궐액(闕額)'은 '빠진 액수' 즉, 국역(國役)에서 도망이나 사고 등으로 부족해진 인원수를 가리키는 표현이다. 그리고 '포흠(逋欠)'은 '사사로이 써버리는 것으로 인해 생겨난 결

1917년 10월에는 「면제(面制)」가 시행되면서 이에 동반하여 '상담역(相談役)'을 둘 수 있는 지정면(指定面) 제도가 등장하였고, 1920년 10월에는 다시 면협의회(面協議會: 임명제)가 설치되는 등의 변화가 뒤따랐다. 곧이어 1931년 4월에는 「읍면제(邑面制)」로 전면 개정됨에 따라 기존의 지정면은 대부분 읍(邑)으로 승격되었고, 이때 읍회(邑會)의 신설과 더불어 기존의 면협의회(面協議會)도 전면 선출제로 전환되었다.

이러한 과정에서 『매일신보』 1917년 8월 19일자에 수록된 「군수 후보자 추천(郡守 候補者 推薦)」 제하의 기사는 이러한 지정면 제도가 이른바 '내지인(內地人, 일본인) 출신'의 면장과 군수를 배출하는 통로가 되고 있었음을 잘 보여준다.

> 내(來) 10월 1일로부터 면제(面制)를 실시(實施)할 터인데 지정면(指定面)의 면장(面長)은 내지인(內地人)을 채용(採用)하기로 내정(內定)한 결과, 지정면을 관할내(管轄內)에 유(有)한 군(郡)의 군수(郡守)도 동시(同時)에 내지인(內地人)을 채용(採用)할 터인 바 시등인(是等人)의 선정(選定)은 본부(本府) 급(及) 도부군(道府郡)에 재직자중(在職者中) 판임관 고급(判任官 高級)으로부터 10명(名)을 선정(選定)할 터인데 각도(各道)에 공(共)히 후보자(候補者)를 본부(本府)에 추천(推薦)케 한다더라.

그런데 일제강점기의 면(面)과 면장(面長)에 관한 제도의 흔적을 따라가다 보면, 그 말미에 이르러 단연 두드러지게 포착되는 것은 이른바 '거

손을 가리킨다.

물면장(巨物面長)'의 존재이다. 이와 관련한 직접적인 내용은 『매일신보』 1943년 3월 27일자에 수록된 「면장(面長)의 지위(地位)를 중요시(重要視), 제일선 행정(第一線 行政)을 쇄신(刷新), '거물면장(巨物面長)'을 전선(全鮮)에 배치(配置)」 제하의 기사를 통해 확인할 수 있다.

국체본의(國體本義)에 투철하여 도의조선(道義朝鮮)을 건설하는 것을 조선통리(統理)의 최고 목표로 하여 결전하 생산전력(生産戰力)의 결정적 증강을 기하고 있는 코이소 총독(小磯總督)은 총독이 생각하고 있는 일이 그대로 제1선 행정기관에까지 침투하여야 되는 것을 기회 있을 때마다 강조하고 지방순시를 할 때에는 바쁜 시간임에도 불구하고 일정에도 들지 않은 면사무소와 주재소의 전격 시찰을 하는 것도 제1선 행정기관의 실정에 접하려는 열성에서 나온 것이다. 총독부의 모든 시책을 직접 백성에 전달하고 지도하는 기관은 실로 면직원과 주재소 순사이다. 면과 주재소가 표리일체가 되어 민중지도에 유감이 없다면 행정은 훌륭한 성과를 거둘 것이고 전력은 비약적으로 증강될 것이다. 총독이 면민의 지도자인 면장

도지사 출신 1인, 도 참여관 출신 3인, 중추원 통역관 출신 1인 등 이른바 '거물면장'의 일선배치 발령 사실을 알리는 『매일신보』 1943년 4월 1일자의 보도내용이다.

의 지위를 중요시하고 훌륭한 인물이 많이 면장이 되기를 바라는 것도 이 때문이다.

총독의 이와 같은 의도를 받아 총독부에서는 각도를 독려하여 면장의 인선은 특히 신중히 하기로 되었는데 이번 새로이 도지사, 참여관 등을 지낸 '거물면장'을 전선 5, 6개 면에 배치하여 그들의 진두지휘(陣頭指揮)에 의하여 면직원과 면민의 발분을 재촉하는 동시에 일반면장의 모범이 되어 제1선 행정에 청신한 기운을 넣기로 되어 지금 인선을 하고 있는데 내월 1일 소관 도지사로 하여금 발령케 할 예정이다.

이번의 '거물면장'에는 도지사를 지낸 사람이 1명, 참여관을 지낸 사람이 4, 5명 되는데, 군수를 지낸 면장은 과거에도 있으나 도지사급 면장은 시정 이래 처음 되는 일로서 그 출현은 코이소 통리의 결전적 의도를 말하여 성과가 지금부터 크게 기대되는 바이다.

이른바 '거물면장' 5인의 임명 내역(1943년 4월 1일자)

성명	창씨명	출신관직(퇴직시기)	면장 임명 지역
김시권(金時權)	菊山時權	강원도지사(1939.5)	경기도 시흥군 동면장
안종철(安鍾哲)	廣安鍾哲	충청북도 참여관(1936.5)	경기도 양주군 미금면장
홍종국(洪鍾國)	德山善彦	강원도 참여관(1938.6)	충청남도 공주군 우성면장
이종은(李鍾殷)	芝村鍾殷	전라북도 참여관(1938.1)	강원도 홍천군 홍천면장
김병욱(金秉旭)	永田種秀	중추원 통역관(1943.3)	경기도 고양군 숭인면장

이에 따라 1943년 4월 1일에는 실제로 강원도지사 출신의 김시권(金時權)을 비롯하여 안종철, 홍종국, 이종은, 김병욱 등 5인이 '거물면장' 최초의 사례로 면장에 임명되기에 이른다. 『매일신보』 1943년 4월 1일자에 수록된 "거물면장(巨物面長)" 발령(發令), 제일선 행정 쇄신(第一線 行政 刷新)에 우선(于先) 5씨(氏)를 배치(配置)" 제하의 기사에는 이러한 내용

이 소개되어 있다.

일찍부터 항간에 화제가 되어 있던 '거물면장'이 드디어 4월 1일부 발령으로 실현하였다. 도지사, 참여관의 전력을 가진 거물로 이 중요한 직책을 걸머지고 면장에 취임한 분은 전 강원도지사 기꾸야마 시권 씨(菊山時權; 김시권), 전 충북참여관 히로야스 종철 씨(廣安鍾哲; 안종철), 전 강원도참여관 도꾸야마 선언 씨(德山宣彦; 홍종국), 전 전북참여관 시바무라 종은 씨(芝村鍾殷; 이종은), 전 중추원통역관 낭아다 종수 씨(永田種秀; 김병욱)의 다섯 분으로 기꾸야마 씨는 경기도 시흥군 동면(始興郡 東面)에, 히로야스 씨는 경기도 양주군 미금면(楊州郡 渼金面)에, 도꾸야마 씨는 충남 공주군 우성면(公州郡 牛城面)에, 시바무라 씨는 강원도 홍천군 홍천면(洪川郡 洪川面)에, 낭아다 씨는 경기도 고양군 숭인면(高陽郡 崇仁面)에 각각 면장으로 취임하였다. 묵은 생각으로 하면 지사를 지낸 이가 면장이 될 말이냐고 상식에 벗어난 것 같이 생각하는 이가 있을 지도 모르나 여기에 코이소 통리(小磯 統理)의 청신하고 강력한 성격이 있다. 본부에서 아무리 좋은 정책과 계획을 세우더라도 말단(末端)인 면에 가서 실행되지 못하면 그 정책 그 계획은 헛것이 되고 만다. 면장의 지위는 그렇게 중요하다.
'거물면장'에 취임한 전기 5씨는 인격으로나 역량으로나 일류급의 인물들이다. 이 분들은 반드시 총독의 뜻을 받아 모범면을 만들어서 전선에 모범을 보일 것으로 각 방면의 기대는 크다. 그리고 총독부에서는 전기 거물면장 외에 현직관리로 면행정에 진력하기를 희망하는 독지가 있으면 우대해서 읍면장으로 채용할 터이며 읍면장 중에서 우수한 자는 군수로 간발할 방침이라 한다. (사진은 상으로부터 기꾸야마, 히로야스, 도꾸야마, 시바무라, 낭아다 제씨)

이른바 '거물면장'의 좌담회를 통해 일선행정쇄신의 필요성과 향후 이들의 역할을 역설하는 내용을 담은 『매일신보』 1943년 9월 9일자의 연재기사 첫회 분이다.

특히 이들의 동향에 대해서는 『매일신보』 지상을 통해 「거물면장 치적보고 탐방기」(1943.8.19~23일; 5회 연재)와 「거물면장 좌담회」(1943.9.9~15일; 6회 연재) 등의 형태로 세세하게 알려졌는데, 이처럼 이들의 존재는 전시체제기 일선행정의 모범 사례로서 일제의 선전 도구로 널리 활용되었다.

언젠가 친일관료 가운데 군수(郡守)였다가 퇴직 이후 직급이 훨씬 낮은 면장과 읍장 또는 부읍장을 지낸 이들이 전부 몇 명 성노나 되는지가 궁금하여 민족문제연구소가 펴낸 『친일인명사전』(2009)을 뒤져가며 하나씩 집계를 해보았더니, 모두 합쳐 100명 남짓한 숫자에 이른다는 결과가 나왔다. 그리고 이들 가운데 1912년 5월에 온양군수에서 물러난 강원로(姜元魯)가 그 이듬해 5월에 경남 진주군 진주면장이 된 것이 가장 빠른 사례인 것으로 확인된다.

또 한 가지 특이한 것으로 이른바 '조선귀족(朝鮮貴族)'으로 남작(男爵)의

『조선신문』 1925년 11월 6일자에는 가사 궁핍한 이완종 '남작'을 구제하기 위해 일본인 군수가 그를 경북 김천군 석현면장으로 추천한다는 내용이 담겨 있다. 이완종 남작은 이른바 '조선귀족'을 통틀어 가장 먼저 '창씨개명'한 인물이었던 것으로 확인된다.

신분이었던 이완종(李完鍾, 창씨명 宮村完一, 1884~1947)과 같은 이는 장기간에 걸쳐 경북 김천의 석현면장(1926.5~1934.3)과 지례면장(1934.4~1942.7)을 지낸 경력을 지녔던 것으로 드러난다. 그는 조부 이건하(李乾夏, 1835~1913)와 부친 이범팔(李範八, 1866~1919)에 이어 3대째 '남작'의 신분을 이어오고 있던 상황이었다.

이와 관련하여 『조선지방행정(朝鮮地方行政)』 제4권 제12호(1925년 12월호), 104쪽에 수록된 「남작 면장(男爵 面長)」 제하의 기사 한 토막에는 가사 궁핍한 그를 구제하기 위한 차원에서 일본인 군수의 배려로 면장 자리에 오를 수 있었던 과정이 이렇게 설명되어 있다.

경북 김천군 석현면(慶北 金泉郡 石峴面)은 한동안 면장이 결원(缺員)되어 동(同) 군청에서 적임자(適任者)를 물색중이던 바 때마침 동면(同面)에 거주하는 남작 이완종 씨(男爵 李完鍾氏)가 가산(家産)이 기울어 작금(昨今)에 일가(一家)의 생계(生計)조차 뜻과 같이 되질 않았던 것인데, 사토 동군 군수(佐藤 同郡 郡守)가 이를 알고 동씨(同氏)를 구제(救濟)하는 의미로 동 남작에게 면장 취임(面長 就任)을 내교섭(內交涉)했던 바, 즉시 쾌락(快諾)을 얻었으며 동 군수는 최근 사와다 지사(澤田 知事)에 대해 동 남작의 임명안을 신청했다고 전해지며, 아무리 신분은 남작(男爵)이더라도 면장에게는 봉급액(俸給額)에 범위가 있는지라 특별히 다액(多額)을 지급하는 것이 불가능하고 일반의 초임면장(初任面長)과 동일하게 월봉이 40원 내외(內外)라고 하는데, 전선(全鮮)은 물론이고 내지(內地)에서도 유작(有爵)의 정촌장(町村長)은 그 예를 볼 수 없을 것이라고.

여기에서 보듯이 전직 군수 노릇을 한 이가 면장으로 자리를 옮긴 사례가 워낙 수두룩했던 탓인지, 이들을 일컬어 '거물'이라고 지칭하지는 않았다. 이를 테면 '거물면장'은 그 자체가 전시체제로 접어든 일제가 물자와 인력의 강제동원을 포함한 전력증강(戰力增强)에 대비하는 한편 일선행정을 더욱 독려하고 옥죄기 위한 비상수단의 하나로 도입했던 특수한 시대적인 산물이었던 것이다.

이러한 와중에 일제의 패망기로 접어들게 되자 이번에는 '거물구장(巨物區長)'의 개념까지 등장하게 된다.[26] 『매일신보』 1944년 5월 24일자에 수록된 「부락(部落)의 지도자(指導者)로 구장(區長)에 거물(巨物)을 배치(配置),

---

[26] 예를 들어, 『매일신보』 1944년 6월 1일자에 수록된 「거물구장(巨物區長)에 선봉(先鋒), 전선(全鮮)에 솔선(奉先) 안성읍(安城邑)에서 발령(發令)」 제하의 기사를 보면, 경기도 안성지방에서 그곳의 유지들 가운데 중추원참의, 도회의원, 학교장, 회사전무, 지배인 등 거물급 인물을 물색하여 그해 5월 28일에 구장으로 임명한 소식이 수록되어 있다. 여기에 나열된 면면은 박필병(朴弼秉, 창씨명 松井英治; 중추원참의), 목욱상(睦項相, 창씨명 睦川項相; 도회의원), 김태영(金台榮, 창씨명 淸道金台榮; 안청학교장), 김노묵(金魯黙, 창씨명 大野繁; 안성흥업회사 지배인), 이치야마 나오에(市山直衛; 안성경방단장), 박숭병(朴嵩秉, 창씨명 朴原嵩秉; ○○감독), 윤현철(尹顯喆, 창씨명 鈴川顯世; 안성상회 전무), 이시모다 아츠시(石母田淳; 안성읍의원), 윤철주(尹喆周, 창씨명 大倉常義; 안성상공회사 지배인) 등이다.

총독부 사정국(司政局)에서 발표한 '읍면행정강화 쇄신요강결정' 내용이 수록된 『매일신보』 1943년 8월 26일자의 보도내용이다. 여기에는 부면장제와 구장 역할 강화 등 인적 기구의 정비 확충, 읍면사무소의 업무간소화를 통해 시국사무의 완수에 전념케 하려는 사무개선 쇄신책, 그리고 읍면행정 재정확립강화 방안 등이 포함되어 있다.

말단행정강화(末端行政強化)의 신포진(新布陣)」 제하의 기사는 그 배경을 이렇게 설명하고 있다.

> 말단행정의 발본색원적인 개선 없이 조선통리의 실적을 거둘 수 없다고까지 코이소(小磯) 총독은 제일선 관공리의 분기를 채찍질하는 중이거니와 이 같은 중대방침에 따라 총독부에서는 금년도부터 지방단체직원, 읍면장, 구장 등의 대우를 여러 가지 방면으로부터 개선하는 동시에 읍면장과 동시에 구장에도 거물(巨物)을 배치하기로 방침을 결정하고 각도에 통첩을 보냈다. 작년부터 시작된 군수와 면장의 거물배치는 일선행정수행에 큰 효과를 드러내고 있는 터이거니와 부락연맹이사장인

구장에도 거물을 배치하여 종래 잘못하면 '읍면장의 신바람군'으로 혼동되던 악폐를 일소하고 완전한 부락의 지도자로서 희망을 가지고 봉공할 수 있도록 하기로 된 것이다.

읍면조합을 포함하는 도, 부, 읍면의 국비(國費) 직원 이외의 이원(吏員)을 비롯하여 학교비(學校費), 학교조합, 직원 등 지방단체직원에 대하여는 지난 4월 28일 공포 실시된 자치공로표창령(自治功勞表彰令)과 5월 5일 부령(府令)으로 공포 실시된 그 시행규칙에 따라 특히 공로가 현저한 사람을 매년 기원절과 명치절에 지방표창(도지사표창)과 중앙표창(총독표창)을 하기로 되었다. 그리고 읍면장에 대하여는 주임(奏任) 대우자를 증원하는 동시에 지난 3월에 공포 실시된 '관리표창령(官吏表彰令)에 따라 일반 관리와 함께 표창하기로 될 터이다.

끝으로 구장의 대우개선은 이미 오래 전부터의 현안일 뿐 아니라 최근 그들의 국가적 사명으로 보아 근본적 방책을 단행하기로 되는 것이다. 즉, 소화 16년(1941년)까지에는 구장에 대한 보수로서 쌀, 보리 등을 부락민으로부터 거두어 주었지만 이것은 부락의 지도자를 대접하는 방법이 못 되므로 소화 17년도(1942년도)부터는 부락에서 1호 평균 2원 정도의 특별호세(特別戶稅)를 거두어 면에서 연말상여의 형식으로 구장에게 주었었는데 금년도부터는 1호 평균 2원의 특별호세를 그 배인 4원으로 늘이어 최소한도 240원씩을 구장상여로 연말에 줄 수 있도록 한 것이다. 또 구장에 대한 실비변상(實費辨償)은 종래에는 예산의 범위 안에서만 주었던 것을 금년도부터는 가령 면사무소에 공무로 가는 때 등에는 차삯과 식비 등 실비를 계산하여 일일이 면에서 지불하기로 된 것이다. 이렇게 물질적으로 대우를 개선하는 동시에 지방단체직원에 대한 자치공로 표창을 구장에게도 그대로 적용하기로 방침을 결정하였으며 이밖에도 적당한 기회에 별개로 군수 혹은 도지사가 우수한 구장을 표창하여 그들의 사기를 올려주도록 된 것이다. 뿐만 아니라 금후에는 거물면장의 예에 따라 명망가요 실제적인 인물을 전형하여 거물구장을 배치하는 동시에 이 거물구장 밑에는 부구장(副區長) 혹은 서기 등 보조역을 두어 최말단의 행정기구를 강화하기로 된 것이 이것이 코이소 통리의 성격이 완전히 반영되는 것으로 그 성과는 크게 주목되는 바이다. (하략)

일반적으로 일제강점기에 면장(面長)을 지낸 이들이 과연 친일파의 범주에 당연히 포함되는지에 대해서는 논란의 여지가 있는 것이 사실이다.[27] 이들이 식민지배체제의 말단하수인에 불과했다는 평가가 있는가 하면, 그렇다고 이들이 친일부역의 책임에서 전적으로 자유롭다고 보는 것도 역시 온당치 않다는 견해가 여전히 우세하기 때문이다.

이 대목에서 우리는 일찍이 해방 직후 입법의원(立法議院) 특별위원회에서 「부일협력자(附日協力者), 민족반역자(民族叛逆者), 전범(戰犯), 간상배(奸商

---

[27] 이에 관한 논란에 대해서는 이용창, 「『친일인명사전』 수록자 선정기준과 범주」, 『역사와 책임』 제5호(2013년 8월), 113~155쪽을 참조할 수 있다. 그리고 조세열, 「『친일인명사전』편찬의 쟁점과 의의」, 『역사비평』 통권 91호(2010년 여름), 287쪽에는 면장 등을 포함한 하위직급의 관공리에 대한 친일여부의 판단에 관하여 "한편 일제식민통치를 체험한 일반 민중에게는 하급관리나 순사들이 악질적인 친일파로 각인되어 있을 가능성이 높지만, 유의해야 할 점은 이들이 지배체제의 말단 하수인에 지나지 않는다는 이면의 현실이다. …… 그렇다고 해서 편찬위원회가, 말단의 집행자들 모두가 이 같은 책임에서 전적으로 자유롭다고 판단한 것은 아니었다. 고등관이 아니지만 고등경찰, 헌병오장, 밀정, 검열관 등은 직무상 당연범으로 수록되었으며, 촉탁이나 고등관 아래의 하급관리, 면장, 서기, 순사, 헌병(보조원) 등 최말단의 협력자라 할지라도 뚜렷한 친일행적이 있으면 수록함을 원칙으로 삼았다"고 설명하고 있다.

이른바 '거물면장'에 이어 '거물구장(巨物區長)'의 등장 사실을 알리는 『매일신보』 1944년 6월 1일자의 보도내용이다. 여기에는 경기도 안성지역에서 중추원참의, 도회의원, 학교장, 회사전무, 지배인 등의 유지들이 발탁되어 새로 구장의 역할을 맡게 되었다는 사실이 담겨 있다.

輩)에 대한 법률 초안」[28]을 제정할 때에 도출된 한 가지 사실을 상기할 필요가 있어 보인다. 여기에는 "행정부문의 모든 관공리(동장, 이장, 구장, 정회장, 정이사장 및 서기, 면장, 읍장, 면읍사무소의 일체직원, 군수, 부윤, 도사, 도지사 및 참여관, 군부읍도청의 일체 직원, 총독부 내의 일체 직원, 기타 일체 관공리 및 관속 등)"를 포괄하여 부일협력자로 규정한 바 있다는 사실이 진즉에 포함되어 있었던 것이다.

면장에 관한 얘기를 하노라면 가장 특징적으로 포착되는 부분의 하나는 각 지역마다 '면장' 및 '읍장'의 기념비나 송덕비 건립이 크게 유행하기 시작한 때가 바로 일제강점기라는 사실도 결코 빼놓을 수 없다. 개인별 행적마다 다소간 평가가 달라질 수도 있을 테지만, 그들 가운데 비석에 자신의 이름을 새겨도 좋을 만큼 친일의 굴레와는 무관했던 이는 과연 몇이나 될 것인가?

• 이 글은 『민족사랑』 2022년 2월호에 게재하였던 것을 수정 보완하였다.

---

28) 이에 관해서는 『동아일보』 1947년 3월 6일자에 수록된 관련기사를 참조할 수 있다.

제 2부   침략전쟁의 광풍이
휘몰아치던 시절

07

국세조사(國勢調査), 효율적인 식민통치와 전쟁수행을 위한 기초설계

전시체제기에는 병역법 실시와 배급통제를 위한 인구조사도 빈발

일본제국은 때때로 일반 관공리(官公吏)들의 충군애국(忠君愛國)을 이끌어내는 수단의 하나로 국가적인 축전이나 큰 행정사업을 치른 다음에는 이와 관련된 기념장(記念章)을 제정하여 이를 수행했거나 관여했던 모든 이들에게 수여하곤 했다. 이러한 종류의 기념장 발행 연혁표를 살피다 보면, 이른바 '국세조사(國勢調査; 인구총조사, 詮察斯, census)'라는 것이 눈에 띈다.

여기에 포함된 것으로 1921년 6월 16일에 제정된 '제1회 국세조사기념장(대정 9년 10월 1일)'과 1932년 7월 16일에 제정된 '조선 소화 5년 국세조사기념장(소화 5년 10월 1일)', 이렇게 두 가지가 있다. 거의 10년의 격차를

1920년에 예정된 '제1회 국세조사'가 이른바 '조선소요사태'의 여파로 무산된 이후 10년 만에 재개된 '제2회 국세조사' 때에 식민지 조선에서 처음 국세조사가 벌어진 것을 기려 만든 '조선 국세조사 기념장(소화 5년 10월 1일)'의 실물 모습이다. 앞면에는 "국화(菊花)의 윤곽 안에 호적(戶籍)의 권물(卷物, 두루마리)을 손에 든 대화(大化; 일본 최초의 연호) 연간의 국사(國司; 최고위 지방관리)의 입상(立像)"이 묘사되어 있다.
(민족문제연구소 소장자료)

두고 두 가지 다른 종류의 기념장이 존재하는 것은 무슨 까닭이었을까? 그것도 식민지 조선(朝鮮)만을 대상으로 한 별도의 기념장은 왜 만들어졌던 것일까?

1885년에 설립된 국제통계협회(國際統計協會, ISI)는 일찍이 구미 각국에서 근대적인 인구총조사가 확산되고 있는 추세를 반영하여 이에 대한 국제표준화의 필요하다는 취지에서 1900년의 같은 날을 정하여 일제히 총조사를 실시할 것을 결의하였다. 이를 계기로 대부분의 '문명국(文明國)'에서는 끝자리가 '0'인 해에 10년 주기로 국세조사를 벌이는 방식이 서서히 정착되기에 이르렀다.

이러한 흐름에 따라 일본제국에서도 1902년 12월 1일에 법률 제49호 「국세조사(國勢調査)에 관(關)한 법률(法律)」을 제정하였는데, 여기에는 "10개년에 매1회 국세조사를 시행하며, 제1회 국세조사는 1905년에 실시하고, 다만 제2회에 한하여 만 5개년에 해당하는 때에, 다시 그 이후에는 10년마다 시행"한다는 내용이 포함되어 있었다. 최초 국세조사 이후 5년 만에 다시 국세조사를 벌이려고 했던 까닭은 그것이 끝자리가 '0'인 해(즉, 1910년)에 주기를 맞추기 위한 방편이었기 때문이었다.

그러나 1905년은 그들 스스로 일으킨 러일전쟁이 한창 벌어지던 와중이었으므로 국세조사는 계획 자체가 취소되었고, 나중에 1918년에 이르러서야 칙령 제

1930년 10월 1일에 시행된 '제2회 국세조사'에 맞춰 조선총독부가 제작 배포한 『소화오년 조선국세조사(昭和五年 朝鮮國勢調査)』라는 소책자이다. 아래쪽에 '경상남도 하동군 양보면사무소'의 직인이 찍혀 있는 걸로 보아 일선행정관청에서 실제 사용된 업무편람의 일종인 것을 알 수 있다. (민족문제연구소 소장자료)

1920년 10월 1일에 일본 전역에서 벌어진 '제1회 국세조사 기념엽서'이다. 그러나 조선의 경우, 전년도에 일어난 이른바 '소요사태(삼일만세운동)'의 영향으로 이 계획에서 제외되었다. (민족문제연구소 소장자료)

358호 「국세조사시행령(國勢調査施行令)」에 따라 제1회 국세조사는 1920년 10월 1일 오전 0시 현재로 시행하기로 결정된 바 있다. 그 사이에 일제의 식민지로 전락한 조선에서도 당연히 국세조사가 이뤄지는 것으로 되어 있었으므로 이때 총독관방 총무국(總督官房 總務局)에 '통계과'와 '임시국세조사과'가 설치되고, 1919년 6월 5일에는 조선총독부령 제103호 「국세조사규칙」이 제정되는 과정이 이어졌다.

그러나 이 계획은 이른바 '불온사건(不穩事件)', 즉 '조선소요사태(朝鮮騷擾事態, 삼일독립만세사건)'의 여파에다 이러한 국세조사가 장차 세금을 할당한다거나 징병제를 실시하기 위한 기초준비과정이라는 풍설이 강하게 나돈 탓에 결국 민심(民心)이 크게 동요될 염려가 있다하여 1920년 8월 4일에 법률 제35호 「조선에 있어서 국세조사에 관한 법률」이 별도로 제정되면서 "제1회 국세조사는 조선에서 이를 시행하지 않는다"는 것으로 상황이 정리되었다.

이와 관련하여 『매일신보』 1920년 2월 20일자에 수록된 「국세조사 관제폐지(國勢調査 官制廢止), 조선(朝鮮)에 불시행(不施行)하게 되므로」 제하의 기사는 계획 취소의 사유를 이렇게 설명하고 있다.

본년(本年) 10월 1일로써 내지(內地, 일본)와 동시에 시행할 예정이었던 조선국세조사(朝鮮國勢調査)에 관하여는 조선(朝鮮)은 종종(種種) 특이(特異)한 사정(事情)이 유(有)하여 시행에 당(當)하여서도 보통(普通)의 수단으로써 함은 심(甚)히 곤란한 사정이 유(有)한데 조선인(朝鮮人)은 차(此)로써 조선에 징병제도(徵兵制度)를 시행하는 전제(前提)라고 오해(誤解)하고 의혹(疑惑)의 염(念)을 포(抱)하는 자(者) 유(有)하며 우(又) 작년(昨年) 이래 각지(各地)에 소요(騷擾)를 야기(惹起)하며 혹(或)은 국세조사가 차등(此等) 불령선인(不逞鮮人)에 의하여 악용(惡用)됨이 무(無)할 사(事)를 보(保)키 난(難)하며 일방(一方) 조선은 종종(種種) 국세조사에 대한 준비를 행(行)코자 하여 조사한 결과 일반문화(一般文化)의 정도가 아직 국세조사의 시행에 지장이 유(有)하며 특(特)히 여사(如斯)한 대사업(大事業)은 단시일(短時日)에 준비로는 행(行)키 불능(不能)하며 내지(內地)와 여(如)히 국세조사에 관한 법령(法令)이 출(出)한 후(后)에 10년의 세월을 준비에 비(費)하고 근(僅)히 본년(本年)에 시행코자 함에 감(鑑)하여 불철저(不徹底)한 조사는 차(此)를 시행치 아니함만 같지 못하다는 이유(理由)로써 총독부(總督府)에서 국세조사는 불시행(不施行)하기로 의결(議決)한 사(事)는 당시에 기(旣)히 보도(報道)함과 여(如)한데 우(右) 국세조사 불시행에 관한 법률안(法律案)은 금기(今期) 의회(議會)에 정부안(政府案)으로 제출되어 17일의 중의원(衆議院)에서 통과되고 귀족원(貴族院)도 별(別)로히 이론(異論)이 무(無)한즉 무론통과서(無論通過書)될 터인 고(故)로 그 후(後)는 칙령(勅令)으로써 국세조사에 종사(從事)케 하기 위하여 총독부에 임시직원(臨時職員) 통계관(統計官) 전임(專任) 1명, 속(屬) 5명을 치(置)한 관제(官制)를 폐지하고 국세조사과를 폐지하게 될 터인데 폐지의 이유에 관하여는 총독(總督)은 별(別)로히 취지(趣旨)를 발표(發表)한다더라.

일제강점기 국세조사(國勢調査)의 시행과 관련한 법령 제정 연혁

일자	관련 내용	비고사항
1902.12.1	법률 제49호 「국세조사에 관한 법률」 제정을 통해 10개년에 매1회 시행하는 것을 원칙으로 설정(제1회 국세조사는 1905년에 실시하고, 제2회에 한하여 만 5개년에, 다시 그 이후에는 10년마다 시행)	최초 법령
1905.2.15	법률 제13호 「국세조사에 관한 법률(개정)」로써 제1회 국세조사를 행할 시기는 칙령으로써 정하는 것으로 변경	러일전쟁 관련 계획취소
1918.5.13	칙령 제137호 「국세조사에 종사토록 하고자 조선총독부에 임시직원을 두는 건」 제정(조선총독부에 통계관 전임 1인(주임관)과 속(屬) 3인을 배치)	조선총독부
1918.5.27	조선총독부 훈령 제28호 「조선총독부 사무분장규정(개정)」에 따라 총독관방 총무국에 통계과와 임시국세조사과를 설치	조선총독부
1918.9.25	칙령 제358호 「국세조사시행령」에 따라 제1회 국세조사는 1920년 10월 1일 오전 0시 현재로 시행 결정	8개 항목 조사
1919.6.5	조선총독부령 제103호 「국세조사규칙」 제정	일본어 해독능력 조사항목에 포함
1920.8.4	법률 제35호 「조선에 있어서 국세조사에 관한 법률」 제정을 통해 조선에서는 제1회 국세조사를 시행하지 않는 것으로 결정/ 총인구 17,284,207인	조선소요사태
1921.6.16	칙령 제272호 「제1회 국세조사기념장 제정의 건」 공포	조선은 제외
1922.4.18	법률 제51호 「국세조사에 관한 법률(개정)」로써 국세조사후 5년에 해당하는 해에 간이국세조사 시행 결정	간이국세조사 조항 신설
1925.5.22	칙령 제201호 「대정 14년 국세조사시행령」에 따라 간이국세조사는 1925년 10월 1일 오전 0시 현재로 시행 결정	4개 항목 조사
1925.5.28	조선총독부령 제66호 「대정 14년 간이국세조사에 관한 건」에 따라 조선 간이국세조사는 1925년 10월 1일 오전 0시 현재로 시행(5개 항목 조사)/ 총인구 19,519,927인	조선 최초의 간이국세조사
1929.12.27	칙령 제396호 「소화 5년 국세조사시행령」에 따라 제2회 국세조사는 1930년 10월 1일 오전 0시 현재로 시행 결정	12개 항목 조사
1930.2.25	조선총독부령 제8호 「소화 5년 조선국세조사시행규칙」에 따라 조선 국세조사는 1930년 10월 1일 오전 0시 현재로 시행(9개 항목 조사)/ 총인구 21,058,305인	조선 최초의 국세조사
1932.7.16	칙령 제145호 「조선 소화 5년 국세조사기념장령」 제정	조선 관련
1935.4.12	칙령 제82호 「소화 10년 국세조사시행령」에 따라 간이국세조사는 1935년 10월 1일 오전 0시 현재로 시행 결정	5개 항목 조사
1935.5.25	조선총독부령 제75호 「조선 소화 10년 국세조사시행규칙」에 따라 조선 간이국세조사는 1935년 10월 1일 0시 현재로 시행 (6개 항목 조사)/ 총인구 22,899,038인	

1939.3.27	법률 제33호 「국세조사에 관한 법률(개정)」을 통해 "필요한 때는 임시로 국세조사를 시행할 수 있다"는 구절을 추가	임시국세조사 조항 신설
1939.4.17	칙령 제209호 「소화 14년 임시국세조사시행령」에 따라 임시국세조사는 1939년 8월 1일 현재로 시행 결정(물품판매업, 매매중개업, 여관, 요리점, 공장, 기숙사, 건축업 등 8개 업종을 조사대상으로 설정)	임시국세조사 최초 실시
1939.5.13	조선총독부령 제76호 「조선 소화 14년 임시국세조사시행규칙」에 따라 조선 임시국세조사는 1939년 8월 1일 현재로 시행(물품판매업, 매매중개업, 여관, 요리점 등 4개 업종을 조사 대상으로 설정)	조선 최초의 임시국세조사
1940.5.24	칙령 제343호 「소화 15년 국세조사시행령」에 따라 제3회 국세조사는 1940년 10월 1일 오전 0시 현재로 시행 결정	11개 항목 조사 (기능보유, 병역관계 포함)
1940.6.20	조선총독부령 제146호 「조선 소화 15년 국세조사시행규칙」에 따라 조선 국세조사는 1940년 10월 1일 오전 0시 현재로 시행/ 총인구 24,326,327인	11개 항목 조사 (기능보유, 병역관계 포함)
1944.2.19	조선총독부령 제56호 「자원조사법 제1조의 규정에 의한 조선 소화 19년 인구조사규칙」 제정에 따라 1944년 5월 1일 오전 0시 현재로 인구조사 실시 결정	9개 항목 조사
1945.2.8	법률 제1호 「국세조사에 관한 법률의 소화 20년에 있어서 특례에 관한 법률」 제정을 통해 "제1조 제2항의 규정에도 불구, 국세조사는 소화 20년에는 시행하지 않는다"고 결정	태평양전쟁 관련 계획취소
1947.7.5	총리청령 제9호 「소화 22년 임시국세조사규칙」에 따라 임시국세조사는 1947년 10월 1일 오전 0시 현재로 시행(9개 항목 조사; 해외인양자, 실업 여부 등 포함)	일본 패전 이후 최초 국세조사

1921년 6월에 발급된 '제1회 국세조사기념장'은 조선이 제외된 상태에서 일본 전역에서 진행된 1920년 최초의 국세조사를 기리기 위한 목적에서 발급된 것이었다. 이와는 달리 조선에서 실시된 최초의 국세조사는 1925년 10월 1일 현재를 기준으로 한 '간이국세조사'였다. 이것은 글자 그대로 '간이(簡易)'로 이뤄진 것이었기 때문에 별도의 기념장 같은 것이 만들어지지는 않았고, 그 이후 1930년에 이르러 제2회 국세조사 때가 조선으로서는 최초의 국세조사인 셈이기 때문에 이와 관련하여 발급된 것이 1932년 7월에 제정된 '조선 소화 5년 국세조사기념장'이었던

(왼쪽) 1930년 10월 1일에 실시되는 (제2회) 국세조사와 관련하여 조선총독부가 발행한 기념엽서이다. 왼쪽에는 "사실대로 써라 국세조사"라는 구호가, 오른쪽에는 "올바른 신고 모든 정사의 토대(正しい 申告 百政の 基)"라는 표어가 기재되어 있다. (민족문제연구소 소장자료)

(오른쪽) 1930년 10월 1일에 실시되는 (제2회) 국세조사와 관련하여 조선총독부가 발행한 기념엽서이다. 여기에는 "밝은 정치는 올바른 신고에서(明るい 政治は 正しい 申告から)"라는 문구가 적혀 있다. (민족문제연구소 소장자료)

것이다.

그 이후 시기에 이뤄진 국세조사의 연혁을 살펴보면, 1935년 10월 1일의 간이국세조사와 1939년 8월 1일의 임시국세조사(臨時國勢調查), 1940년 10월 1일의 제3회 국세조사 등이 잇달아 시행된 것으로 나타난다. 이 가운데 특히 1939년의 임시국세조사는 전시체제기가 지속되고 있었으므로 통상적인 인구조사가 아니라 물품판매업, 매매중개업, 여관, 요리점 등의 업종 실태를 조사대상으로 삼았다는 것이 특징이었다.

1945년으로 예정된 간이국세조사는 이른바 '대동아전쟁(大東亞戰爭, 태평양전쟁)' 탓에 일제패망을 앞둔 1945년 2월 8일에 이르러 법률 제1호

『매일신보』 1930년 10월 2일자에는 '제2회 국세조사'이자 조선에서는 최초로 시행되는 '조선국세조사' 당시 빗속을 뚫고 개별 가정을 방문하는 국세조사원의 활동장면이 수록되어 있다.

「국세조사에 관한 법률의 소화 20년에 있어서 특례에 관한 법률」 제정을 통해 "제1조 제2항의 규정에도 불구, 국세조사는 소화 20년에는 시행하지 않는다"고 결정함에 따라 결국 계획일정이 전면 취소되었다. 이를 제외하고 보니 식민지 조선에서 벌어진 최후의 국세조사는 1944년 5월 1일에 시행된 인구조사였던 것으로 확인된다.

그런데 왜 이때의 인구조사는 '0'이나 '5'로 끝나는 해가 아닌가 싶어 관련법령을 살펴보았더니, 1944년 2월 19일에 제정된 조선총독부령 제56호「자원조사법(資源調査法) 제1조의 규정에 의한 조선 소화 19년 인구조사규칙(人口調査規則)」이 그 근거규정이었다. 따라서 이때의 인구조사는 엄밀하게 말하면 통상적인 '국세조사'에 범주에 드는 것은 아니고 선시체제기의 특수상황에서 시행된 특별조치의 하나였던 것이다.

이에 대해 『매일신보』 1944년 2월 19일자에 수록된 「정확(正確)히 신고(申告)하라, 인구조사규칙(人口調査規則)과 당국담(當局談)」 제하의 기사는 이러한 인구조사의 필요성과 목적을 이렇게 강조하고 있다.

징병제도(徵兵制度)가 실시(實施)되는 데 따르는 여러 가지 중요한 계획과 전력증강(戰力增强), 생활필수품 배급계획(生活必需品 配給計劃)을 세우는 필요한 기초재료(基礎材料)를 얻고자 총독부(總督府)에서는 5월 1일 오전 0시를 기(期)하여 전선(全鮮) 일제(一齊)히 인구조사를 하기로 되어 19일에 '조선 소화 19년 인구조사규칙'과 관계규정, 그리고 당국담(當局談)을 별항(別項)과 같이 발표하여 조사규칙내용을 자세히 설명하여 일반(一般)의 협력(協力)을 구하였다.

…… 본 조사의 주요목적(主要目的)은 조선(朝鮮)에 있어서의 징병제도(徵兵制度)의 실시에 따르는 각종(各種) 중요계획수립에 필요한 기초자료(基礎資料)와 총후생산전력(銃後生産戰力)의 급속한 증강을 획책(劃策)함에 필요한 인구통계자료(人口統計資料)를 정비함에 있으며, 부대적(附帶的)으로는 식량(食量) 등 국민생활용품(國民生活用品)의 공정원활(公正圓滑)한 배급계획수립의 인구통계자료도 정비함에 있다. 이에 관하여 국민각위(國民各位)의 오해(誤解)를 초래하지 않도록 특히 한 마디 하고자 하는 바는 본 인구조사의 결과가 식량 등의 국민생활용품의 배급계획수립에도 자(資)한다고는 하나 그는 단순히 전선(全鮮) 기타 지역적 배급계획수립에 이용됨에 그치고 직접 각 개인(個人) 또는 각 세대(世帶)를 대상으로 한 물자의 배급에는 물론(勿論)이어니와 기타 공출(供出)이나 징용(徵用) 등에는 절대로 이를 이용하지 않을 방침이다. (하략)

전시체제기가 지속되는 와중에 긴박하게 이뤄진 이러한 인구조사는 무엇보다도 식민통치자들에게는 병역법 시행에 따른 기초자료를 확보하는 수단이기도 했지만, 이에 곁들여 쌀배급을 포함한 물자배급의 암적인 존재를 인식되던 유령인구(幽靈人口)를 색출하는 것에도 상당한 주안점이 주어졌다. 실제로 경성부(京城府)와 같은 곳에서는 거의 10만 인

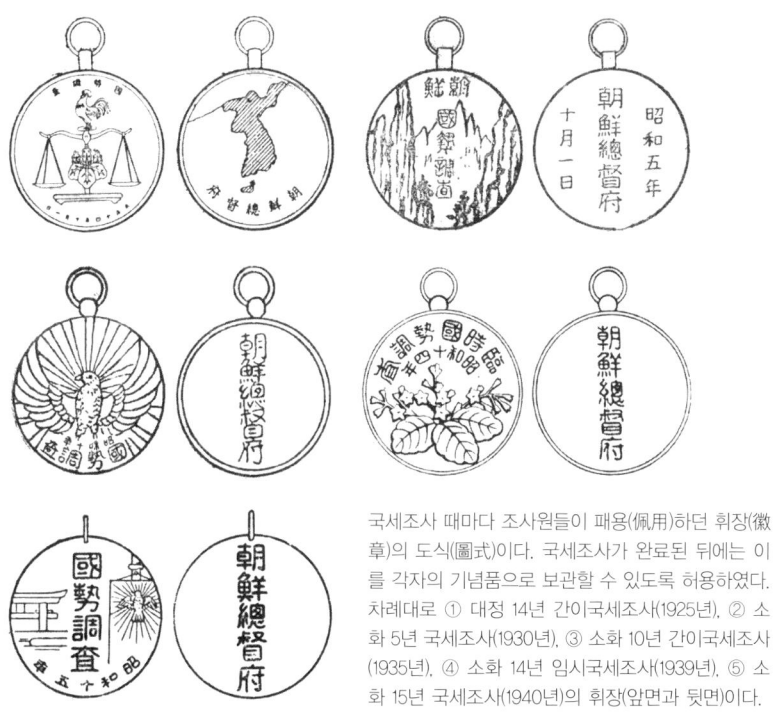

국세조사 때마다 조사원들이 패용(佩用)하던 휘장(徽章)의 도식(圖式)이다. 국세조사가 완료된 뒤에는 이를 각자의 기념품으로 보관할 수 있도록 허용하였다. 차례대로 ① 대정 14년 간이국세조사(1925년), ② 소화 5년 국세조사(1930년), ③ 소화 10년 간이국세조사(1935년), ④ 소화 14년 임시국세조사(1939년), ⑤ 소화 15년 국세조사(1940년)의 휘장(앞면과 뒷면)이다.

(人)을 상회하는 것으로 알려진 유령인구를 박멸(撲滅)한다는 명분으로 애국반장(愛國班長)을 통한 '임시인구조사'가 수시로 벌어졌던 흔적이 완연하다.

예를 들어, 『매일신보』 1944년 8월 13일자에 수록된 「유령인구 절저박멸(幽靈人口 徹底撲滅), 불일중(不日中) 경성부(京城府)에서 임시인구조사(臨時人口調査)」 제하의 기사는 전시 상황에서 빈번하게 이뤄지던 인구조사의 배경을 이렇게 알리고 있다.

> 물자배급의 암이 되어 있는 유령인구를 박멸하고자 경성부에서는 불일간 임시인구조사를 하고자 12일 오전 10시부터 부회의실에서 관계계원

『경성일보』 1930년 5월 1일자에는 조선국세조사 관련 표어 모집(標語募集)의 입선자 발표내역이 수록되어 있다. 이때 경상북도 김천에 사는 후루카와 에츠지(古川悅二)라는 일본인이 응모한 "국세조사는 모든 정사의 토대(國勢調査は百政の基)"가 제1등으로 선정되었다.

이 참집하여 인구조사에 대한 최후적 협의를 하였는데 방법은 종로구, 서대문구, 용산구의 3구를 제1반, 중구, 성동구, 영등포구를 제2반으로 나누어 각반에 5일간씩 10일간에 걸쳐 일제조사를 하는데 이른 아침에 가택인원을 조사하여 쌀표 수대로 인원이 부족하면 부족한 수는 유령으로 인정하고 그날부터 쌀을 정지하고 부재의 원인을 당국과 연락하여 엄중처벌하기로 되었다.

임시인구조사에 대하여 센다 부총부부장(千田 府總務部長)은 다음과 같이 말한다.

"유령인구는 실로 용서치 못할 이적행위다. 이 유령이 부내에 15만 이상이나 된다. 1세대 평균 0.7인이라는 놀라운 숫자다. 1억 전원이 전투배치에 서서 싸우고 있는 이때 전열을 문란케 하고 총후를 교란하는 이적행위는 도저히 용서할 수 없다. 철저히 조사를 하여 적당한 조치를 강구할 터이다."

일찍이 1930년에 조선을 대상으로 한 최초의 국세조사가 벌어질 당시 조선총독부가 표어모집(標語募集)의 결과로 제1등으로 선정한 작품이 "국세조사(國稅調查)는 백정(百政; 모든 정사)의 기(基, 기본)"라는 것이었다. 결국 5년 주기마다 꼬박꼬박 벌어진 국세조사에다, 되려 일제패망기에 이르러 더욱 기승을 부렸던 잦은 인구조사는 효율적인 식민통치와 침략전쟁의 수행을 지속하기 위한 밑그림 그리기의 일환이었던 것으로 이해할 수밖에 없다.

• 이 글은 『민족사랑』 2022년 4월호에 '소장자료 톺아보기'로 게재하였던 것을 수정 보완하였다.

08

"금을 나라에 팔자", 황금광 시대에도 금모으기 운동이 있었다

일제는 왜 금헌납과 금매각 독려에 그렇게 열을 올렸나?

흔히 '금 모으기 운동'이라고 하면 1997년 외환위기와 관련한 국제통화기금(IMF) 구제금융신청 때의 그 시절을 퍼뜩 떠올리는 이들이 당연히 많을 줄로 안다. 그런데 알고 보니 일찍이 80여 년 전쯤에도 이 땅에서 이러한 금 모으기 운동이 대대적으로 벌어진 적이 있었다. 이에 관해서는 『매일신보』 1939년 6월 13일자에 수록된 「전선 관공리(全鮮 官公吏)의 적성(赤誠), '금헌(金獻)' 10만 원(萬圓) 돌파(突破), 민중(民衆)의 선두(先頭)에서 시범성적양호(示範成績良好)」 제하의 기사를 통해 당시의 상황을 엿볼 수 있다.

"금을 나라에 바치자!"고 한 헌금운동(獻金運動)은 시국의 장기화와 함께 전국적으로 요원의 불길처럼 일어나고 있는데 조선서는 이 헌금운동의 시범(示範)을 하자고 하여 지난 3월 15일부 정무총감(政務總監)의 명의로 전조선 관공리들의 헌금운동을 통첩(通牒)하였다.
이 통첩에 대하여 총독부 각국과장과 직원들은 물론 각 도청, 군청, 영림서(營林署), 각 지방법원, 복심법원, 보호관찰소, 각 학교 등 '관리'라는 이름을 가진 이들은 전부 금을 바치는 적성을 표하였는데 이 헌금 운동의 보고서가 요즈음에야 총독부 문서과로 모이기 시작하고 있다. 이 보고에 대하여 문서과에서는 숫자적으로 집계를 하는 중인데 의외에도 각 관공청에서 표한 헌금운동의 적성은 상당히 좋은 성적으로 드러내고 있으며 전라남도 같은 곳의 보고를 보면 금을 판 돈만 8천여 원의 다수에 달한 것 외에 웬만한 관청이면 3, 4천 원 어치는 의례히 되어 전선 관공리들의 이렇듯 열렬한 헌금적성은 놀라운 숫자를 보이고 있다는 것이다. 이것이 숫자적으로 전부 계산이 끝난다면 적어도 10만 원 이상은 훨씬 초과할 것으로 일반민중이 가진 금제품은 과연 얼마나 많을 것이라는 것을 암시하고 있다 한다.

그리고 아직 보고가 들어오지 않은 곳에 대하여는 재차 독촉을 발하여 숫자적 집계를 빨리 할 터이며 이 결과에 대하여 다시 이재과(理財課)와 협의해서 일반 민중으로 하여금 "금은 나라에 팔아 국책에 협력"한다는 운동을 대대적으로 일으킬 터이라고 한다.

여기에서 보듯이 일제는 만주사변과 중일전쟁으로 이어지는 침략전쟁의 와중에 이른바 '시국(時局)의 장기화'에 따른 국가총동원체제(國家總動員體制)를 지속 유지하기 위한 방편으로 1939년 3월 이후 해외지불(海外支拂)에 충당하기 위한 목적의 '제1차 금매각운동'을 본격적으로 전개하였다.[29] 다만, 이 당시에는 정무총감 통첩을 통해 조선 전역의 관공

---

29) 조선총독부의 기관잡지인 『조선(朝鮮)』 1939년 5월호, 104쪽에 수록된 「휘보(彙報); 각 청직원(各廳職員)의 소유금 매각(所有金 賣却)」 제하의 기사에는 관공서직원과 그 가족을 대상으로 한 금매각운동을 전개하는 목적이 "국제수지(國際收支)의 현상(現狀)을 낙

『매일신보』 1939년 4월 28일자에 수록된 '제1차 금매각 운동' 당시 조선은행 지금계 창구의 모습이다. 여기에는 장롱 속에 깊이 간직하고 있는 이른바 '퇴장금(退藏金)'을 팔기위해 사람들이 몰려든 광경이 포착되어 있다.

리(官公吏)와 그 가족을 대상으로 하여 금헌납의 방침을 하달하고 그 매각대금으로는 다시 솔선수범하여 저축채권(貯蓄債券)을 사도록 독려하였던 것이다. 이때까지만 하더라도 "관공리 이외의 일반인에게는 따로 금매각을 권장하지는 않지만 자진방매(自進放賣)는 크게 환영한다"는 방침을 함께 밝히기도 하였다.

그러다가 결국 "금을 나라에 팔자"는 표어 아래 일반 민중을 대상으로 하여 대대적으로 금붙이 수집 정책이 시도된 것은 해가 바뀌어 1940년 11월 1일부터 '금매각운동 강조주간(金賣却運動 强調週間)'이 실시되던 때의 일이었다. 이에 대해서는 『매일신보』 1940년 11월 15일자에 수록된 「금매각(金賣却)의 적성 고조(赤誠 高潮), 하루 10만 원(萬圓)을 돌파(突

관할 수 없으므로 이러한 현상을 고려하여 대외결제력(對外決濟力)의 충실(充實)에 이바지하려는 것"에 있다는 설명이 포함되어 있다.

『매일신보』 1940년 11월 15일자에는 '금(金)의 국세조사일(國勢調査日)'을 계기로 '금매각운동 강조주간'을 실시한 여파로 연일 조선은행 금매입 창구 앞에 장사진을 이룬 장면이 소개되어 있다. 이러한 금매각운동은 국가총동원체제 아래 전쟁을 원활히 수행하기 위해 가장 확실한 대외결제수단이 되는 '금(金)'을 최대한 확보하고자 하는 의도에서 시행된 것이었다.

破), 잊지 마라 신고(申告)를, 오늘은 금(金)의 국세조사일(國勢調査日)」 제하의 기사에 당시의 상황이 채록되어 있다.

> "한 사람도 빠짐없이 신고합시다"라는 표어 아래 조선서 처음 되는 금의 국세조사는 드디어 오는 15일 오전 0시를 기하여 전조선 일제히 실시하기로 되었다. 전시 아래 있어 금은 장식품이 아니라 사변을 처리하는 데 중요한 국가적 재산이 되는 것이므로 모름지기 총후국민은 국책에 순응하는 의미에서 가지고 있는 금을 바르게 신고하는 동시에 나라에 팔고 바침으로서 총후봉공의 아름다운 성과를 거두는데 총력을 발휘하기로 되었다.

그런데 "금을 나라에 팔자"는 힘찬 외침은 마침내 금매각 강조주간(金賣却 强調週間)으로 되어 지난 1일부터 7일까지 일주일 동안 실시되었던 바 조선은행 지금계(朝鮮銀行 地金係)의 창구(窓口)에는 총후국민의 적성을 여실히 말하는 듯 금반지, 금비녀, 금'컵' 등 금제품이란 이름이 붙은 것은 무엇이나 물결과 같이 휩쓸려 들어와 상당히 좋은 성적을 거두고 끝났다.

그런데 이 주간 중에 동 은행에서 접수한 것은 도합 약 1만 건으로 하루에 5백 건씩이나 들어왔는데 그곳에서 평상시에 접수하여 오던 2백 건에 견주어보면 실로 2배반에나 달한다. 그리고 한편 각 지방에서 소포(小包)로 부쳐온 것도 약 2천 건에 달하나 부내에서 밀려들어오는 것에도 채 손을 대지 못하고 있는 형편이므로 그것은 아직 처리하지 못하였다고 한다.

그런데 금매각 강조주간이 지난 지 일주일이나 남짓한 요즘도 동 은행에 들어오는 건수는 날로 늘어만 가고 있어 지난 13일 하루 동안에는 결국 10만 원대 돌파라는 새로운 기록을 지었다고 한다. 즉 이날 접수된 것을 1,350건에 30'키로', 이것을 금액으로 따지면 약 10만 5천 원에 달하는데 일반의 이와 같이 들끓는 금매각열로 말미암아 요즘 지금계 앞은 온 종일 금을 팔려오는 사람들로 법석거리고 계원들은 오후 3시가 막을 시간인데도 불구하고 오후 6시가 지나도록 접수하느라고 눈코 뜰 새 없이 바쁜 형편이다.

그런데 금은 조선은행 지금계에서 직접 사들일 뿐 아니라 부내 각 금융기관과 동척(東拓)에서도 취차(取次)하므로 일반은 금을 파는데 총력을 들여 사장(死藏)하지 말고 속히 그곳에 팔아야 할 것이다. (사진은 금을 팔고자 조선은행에 밖까지 몰려드는 군중)

더구나 이 당시의 '금매각 강조주간'은 1940년 11월 15일로 예정된 '금(金)의 국세조사(國勢調查)'와 맞물려 진행된 것이었다. 1940년 9월 30일에 조선총독부령 제204호로 제정된 「조선산금령(朝鮮産金令) 제13조의 규정에 의한 금보유상황 조사규칙(金保有狀況 調査規則)」에 따르면, 소화 15년(1940년) 11월 15일 오전 0시 현재로 금을 사용한 제품(금가락지, 비녀, 시곗줄, 안경테, 단추, 화병, 잔, 나이프, 기타 장신구 및 휴대품과 가구집기 등), 고금화폐(古金貨幣), 외국금화, 금지금(金地金)30) 또는 금화폐를 소유한 자는 그 소유고(所有高)를 11월 20일까지 그 주소지를 관할하는 부윤(府尹) 또는 읍면장(邑面長)을 거쳐 조선총독에게 신고토록 의무화하였다.

금지금(金地金, 금괴)의 매도 가격 고시 연혁

일자	매도가격 및 비용 지불(순금 1그램당)	관련 고시
1937.9.15	3원 77전(비용 2전 별도 지불)	조선총독부고시 제682호
1938.5.2	3원 85전(비용 2전 별도 지불)	조선총독부고시 제390호
1938.5.21	3원 85전(비용 1전 4리 별도 지불)	조선총독부고시 제430호
1939.1.6	3원 85전(비용 1전 별도 지불)	조선총독부고시 제4호
1939.4.1	3원 85전(수수료 철폐)	조선총독부고시 제294호
1939.12.29	3원 89전(수수료 철폐)	조선총독부고시 제1072호

이렇게 소재가 파악된 이른바 '퇴장금(退藏金)'에 대해서는 ─ 비록 강제매상(强制買上)이라는 표현은 애써 피하긴 하였으나 ─ "가지고 있더라도 결국 끼지도 못하고 꽂지도 못할 것이니까 자진해서 나라에 팔기를 바랄 뿐이다"라는 이유를 들어 이를 헌납 또는 매각토록 노골적으로 채

---

30) '금지금(金地金, 금괴)'은 "금(金)의 품위(品位) 1000분(分) 중 990이상의 것"을 말하며, 통칭 '24금(二十四金, 24K)'에 해당하는 순금(純金)을 가리킨다.

근하기 시작했다. 일제가 이토록 금의 확보에 광분했던 까닭은 『매일신보』 1940년 11월 1일에 수록된 「금매각운동 강조좌담회(金賣却運動 强調座談會) ⑴ 금(金)의 중요성(重要性)을 인식(認識), 군비강화(軍備强化)와 생산력 확충(生産力 擴充)의 초석(礎石)」 제하의 기사에 잘 드러나 있다. 이 당시 1937년 10월 30일 이후 총독부 재무국장의 자리를 지키고 있던 미즈타 나오마사(水田直昌, 1897~1985)는 그 이유를 이렇게 설파하였다.

우리나라 정부에서 지금 금을 모아야만 된다는 필요는 기회 있을 때마다 이야기되는 것인데 특히 이번 체결된 일독이(日獨伊) 삼국조약으로 그 이유가 더욱 명백히 된 것입니다. 구주(歐洲)에서는 독일, 이태리가, 동양에서는 일본이 중심이 되어 신질서를 건설하게 되었는데 일본이 동양에서 이 같이 큰 사명을 다하여 나가자면 무엇보다도 고도국방국가(高度國防國家)의 건설이라는 것이 절대로 필요한 조건이 되는 것입니다. 그러므로 외국을 꺼리지 않을만한 충실한 군비를 갖추고 국민생활을 확보하며 특히 생산력을 확충하는 것이 절대로 필요한 일입니다.
그런데 이에 필요한 물자가 일본의 현재 세력권 내에서 전부 대일 수 있다면 별 문제없는 일이지만은 오늘의 형편으로서는 매우 어려운 문제입니다. 국방의 충실이나 생산력의 확충에 필요한 물건은 외국 즉 제3국으로부터 들여와야만 되는 것인데 일본에서 물건을 외국으로 수출하여 그 대금을 받거나 또는 일본배가 외국물품을 운반하는 등 외국에서 버는 수입 즉 무역관계와 무역의 수입으로 외국물건을 사들여오는 것은 보통 때이면 관계없지만은 현재 상태를 종합하여 볼 적에 소화 13년(1938년)과 14년(1939년)에는 상당한 수입초과(輸入超過)로 되어 있어 '금'으로 결제하는 이외에 다른 도리가 없게 된 것입니다. 일본의 세력권 내가 아닌 제3국에서는 이쪽 물건을 내어팔고 그 돈으로 필요한 물건을 사든지 또는 '금'을 가지고 가서 물건을 사오는 외에 다른 길은 없는 것입니다.

이러한 관계에 있으므로 고도국방계획의 건설을 위하는 군비의 충실과 생산력 확충의 목적을 달성하는 데는 절대적으로 금이 필요하게 되는 것입니다. 일본은 다행히 상당한 금의 생산이 있기는 하지만은 이것만 가지고는 도저히 완전하다고 할 수 없는 처지이므로 민간에서 가지고 있는 금을 정부로 집중시키어 가지고 외국으로부터 필요한 물건을 살 때에 그 값으로 치르자는 것입니다. 이것이 즉 오늘의 금매상운동이요 민간으로서는 나라에 금을 팔자는 운동인 것입니다.

일찍이 일본제국은 이른바 '검은 목요일(Black Thursday, 1929년 10월 24일)'로 일컬어지는 미국 뉴욕증권거래소의 주가 대폭락으로 촉발된 세계적인 경제대공황(經濟大恐慌) 국면이 막 시작되려던 그 찰나에, 경기호황에 대한 기대와 함께 금수출 해금지(金輸出 解禁止) 및 긴축정책(緊縮政策)의 조치를 시행하면서 1930년 1월 11일을 기하여 금본위제(金本位制)로의 복귀를 선언했다. 하지만 당초의 기대와는 크게 어긋나는 경제상황이 전개되었고, 여기에 더하여 내각총리대신 하마구치 오사치(濱口雄幸, 1870~1931)에 대한 테러사건(1930년 11월 14일)이 발생하는 등 여러 가지 국내외의 정치적 경제적 혼란이 빚어지게 되었다.

이러한 결과로 하마구치의 후임 총리인 와카츠키 레이지로(若槻禮次郎, 1866~1949)가 이끄는 내각이 총사퇴하고 이누카이 츠요시(犬養毅, 1855~1932)가 새로운 내각을 꾸리던 1931년 12월 13일 바로 그날에 '금수출 금지령'이 내려지면서 '금본위제'에서 다시 이탈하는 과정이 이어졌다. 특히 이

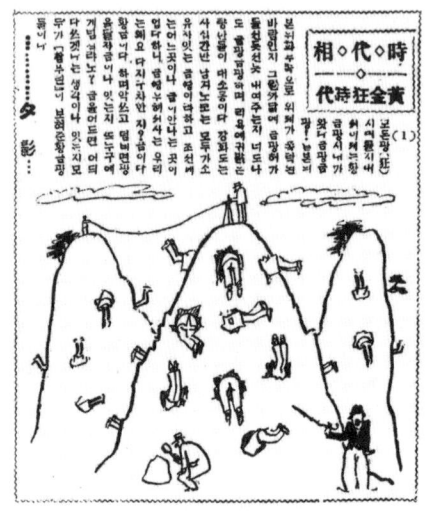

『조선일보』 1932년 11월 29일자에 수록된 '황금광시대' 만평이다. 안석영(安夕影)이 그린 이 그림에는 금광허가를 선뜻선뜻 내어주는 탓에 금땅을 찾아 온 산하를 파헤치면서 큰 소동을 일으키는 장면이 묘사되어 있다.

당시는 이미 통제불능상태로 치달고 있던 관동군(關東軍)의 독단적인 군사행동으로 1931년 9월 18일에 이른바 '만주사변(滿洲事變)'이 불거진 상태였다는 점을 기억할 필요가 있다.

그들로서는 금본위제의 복귀에 따른 금수출 허용으로 인해 금의 급속한 해외유출이 진행되고 있었고, 여기에다 전시상황을 수습하기 위한 후속조치로서 가장 확실한 대외결제수단인 금의 확보가 무엇보다도 긴요한 상태였다는 것이 불과 2년 만에 금본위제를 폐기하게 된 결정적인 이유가 되었다. 이에 따라 1932년 3월 4일에는 일본 각의(閣議)에서 일본은행 본점과 오사카지점을 창구로 하는 금지금 시가 매상(金地金 時價 買上)이 결정되었고, 연쇄적으로 그해 4월 2일에 이르러서는 조선은행에 대해서도 산금시가매매(産金時價賣買)의 인가가 이뤄졌다.[31]

---

31) 『동아일보』 1932년 3월 9일자에 수록된 「금매입(金買入)을 일은(日銀)에서 개시(開始)」 제하의 기사를 보면, 이 당시 일본은행에서 금매입 가격으로 발표한 금액은 1돈(匁, 몸메)에 '7원 25전'이었던 것으로 표시되어 있다. 이를 그램(g) 단위로 환산하면 1그램(瓦)

『동아일보』 1932년 3월 8일자에 수록된 「금지금(金地金)의 매상(買上)을 결정(決定), 정부(政府) 해외지불(海外支拂)에 충당(充當), 시세(時勢)로 매상(買上)한다」 제하의 기사에는 이 당시의 결정내용을 이렇게 알리고 있다.

> 대장성(大藏省)에서는 고구중(考究中)이던 산금장려대책(産金獎勵對策)을 지난 4일 각의(閣議)에 부의(附議)하고 아래와 같이 결정(決定)하였다.
> (1) 정부(政府)는 해외지불(海外支拂)에 충당(充當)키 위하여 금지금(金地金)을 시가(時價)에 의하여 매상(買上).
> (2) 매상할 지금(地金)은 품위(品位) 1000분중(分中) 990이상으로 조폐국(造幣局)의 품위증명(品位證明)이 있고 또 일본은행(日本銀行)의 지정(指定)하는 형태(形態)를 비(備)하기를 요(要)함.
> (3) 매상의 사무(事務)는 일은 본점(日銀 本店)과 오사카지점(大阪支店)에서 차(此)를 행(行)함.
> (4) 매상시세(買上時勢)는 대장성이 인(認)하는 대미전신매 위체시세(對米電信賣 爲替時勢)에 법정평가(法定平價)와 해(該) 위체시세의 10분 1을 가(加)한 것을 표준(標準)으로 함[우(右) 차액(差額)의 10분 1을 가(加)함은 현송비(現送費) 기타(其他)에 충용(充用)하려는 것이다].
> (5) 매상시세는 매주 일회(每週 一回)에 차(此)를 정(定)하고 일본은행(日本銀行)에 통지(通知)함.

에 '1원 93전'에 해당하는 금액이 된다. 참고로, 금매입 가격의 표시는 종래 '돈(匁, 몸메)' 단위로 하였으나 1933년 9월 8일 이후에는 '미터법(米突法)'에 따라 이를 '그램(瓦)' 단위로 변경하여 공표하였다.

주요 금생산지로서 식민지 조선에 주목하여 실시한 '산금(産金) 5개년계획'의 대강이 서술되어 있는 『매일신보』 1937년 10월 13일자의 보도내용이다. 여기에는 5개년에 해마다 3억 원의 금생산을 목표로 하여 설비보조금과 자금융통을 주선하는 정책을 추진하는 한편 금의 퇴장(退藏)을 방지하고자 국가관리를 더욱 강화한다는 내용이 포함되어 있다.

(6) 매상지금(買上地金)은 외국(外國)에 현송(現送)하고 외화(外貨)로 교환(交換)하여 정부(政府)의 해외지불(海外支拂)에 사용(使用)함.

산금장려(産金獎勵)에 초점을 둔 이러한 일련의 정책변화가 가져온 결과물이 곧 한때 식민지 조선 전역을 휩쓸고 간 '광산열(鑛山熱)', '금광열(金鑛熱)', '채금열(採金熱)', '골드 러쉬(Gold Rush)' 등으로 표현되는 '황금광 시대(黃金狂 時代)'의 도래였다.

금을 캐내는 족족 조선은행의 창구에 안정적으로 팔 수 있는 여건이 마련되어 있었던 데다가 무엇보다도 금 시세가 계속 오름세를 타고 있었으므로 너나 할 것 없이 금맥 찾기와 광업권 등록에 앞뒤를 가리지 않고 뛰어들고 있었던 것이다.

산금(産金) 독려와 관련한 주요 정책의 변천 연혁

일자	주요 내용
1929.11.21	대장성령 제27호 「금수출 해금지(金輸出 解禁止)의 건(件)」(1930년 1월 11일 시행)에 의해 1917년 9월 12일의 대장성령 제28호 「금화폐 또는 금지금 수출취체 등에 관한 건」을 폐지; 금본위제(金本位制) 복귀
1931.12.13	대장성령 제36호 「금화폐 또는 금지금의 수출 등 취체에 관한 건」에 의한 금수출 금지령; 금본위제 이탈
1931.12.17	칙령 제291호 「은행권의 금화태환에 관한 건」 공포: 일본은행 태환은행권, 조선은행권, 대만은행권에 대해 당분간 금화태환 및 금화인환을 금지
1931.12.23	조선총독부령 제153호 「금을 주재료로 하는 제품 혹은 금의 합금의 수출 등 취체에 관한 건」 제정
1932.1.29	칙령 제4호 「은행권의 금화태환에 관한 건」 공포: 일본은행 태환은행권, 조선은행권, 대만은행권에 대해 당분간 금화태환 및 금화인환을 금지
1932.3.4	일본 각의(閣議)에서 금지금 시가 매상(金地金 時價 買上) 결정(일본은행 본점과 오사카지점)
1932.4.2	대장성에서 조선은행에 대해 금지금 매상 인가; 산금시가매매(産金時價賣買) 허용
1932.8.29	조선총독부령 제78호 「금탐광 장려금 교부규칙」 제정
1933.6.5	조선총독부령 제59호 「저품위 금광석 매광장려금 교부규칙」 제정(1933년 6월 16일 시행)
1937.5.15	조선총독부령 제62호 「금탐광 장려금 교부규칙」을 개정하여 「탐광 장려금 교부규칙」으로 변경
1937.8.18	조선총독부령 제122호 「금광업 설비장려금 교부규칙」 제정
1937.9.7	제령 제16호 「조선산금령(朝鮮産金令)」 제정(1937년 9월 15일 시행)
1937.9.15	조선총독부고시 제683호 「조선산금령 제1조 제1항의 규정에 의한 제련업자 지정」; 일본광업주식회사 진남포제련소, 조선광업개발주식회사 흥남제련소, 조선제련주식회사 장항제련소
1937.9.15	조선총독부고시 제684호 「조선산금령 제1조 제1항의 규정에 의한 산금광산물 매입업 면허발급자 지정」; 조선은행(조금, 은지금의 매입)
1937.10.13	"산금오개년계획(産金五個年計畫)" 대강 방침 발표
1938.1.4	조선총독부령 제1호 「조선광업경찰규칙」 제정(1938년 9월 1일 시행)
1938.1.4	조선총독부령 제2호 「조선산금령 제12조의 규정에 의한 금의 사용에 관한 건」 제정: 금품위(金品位) 1000분중 376을 초과, 즉 9금(九金) 이상의 것에 대한 금사용 제한령
1938.1.4	조선총독부령 제3호 「소화 12년 법률 제92호 제2조 및 제3조의 규정에 의한 백금의 사용제한에 관한 건」 제정(1938년 1월 7일 시행)
1938.2.4	내훈 제2호 「조선총독부 산금자금심사위원회규정」 제정

1939.3.15	정무총감 통첩 '전조선 관공리의 금헌운동(金獻運動)에 관한 건'에 따라 금헌납 운동 착수; 제1차 금매각 운동(관공리 대상 위주) 개시
1939.4.7	조선총독부훈령 제17호 「조선총독부 산금협의회규정」 제정
1939.12.29	제령 제24호 「조선산금령」 개정; 금화폐, 금지금, 금합금 또는 금을 주재료로 하는 물건의 취득 또는 처분에 관해 금지 또는 제한
1939.12.29	조선총독부령 제232호 「조선산금령 제12조, 제12조의 2 및 제13조의 규정에 의한 금사용규칙」 제정; 금을 사용하는 제품을 제한할 수 있다는 근거규정을 마련하는 동시에 부칙(附則)에 따라 1938년 1월 4일의 조선총독부령 제2호 「조선산금령 제12조의 규정에 의한 금의 사용에 관한 건」은 폐지
1940.6.1	조선총독부령 제137호 「외국위체관리법, 조선산금령 등 위반신고자 상여에 관한 건」 제정; 신고포상금 지급
1940.9.30	조선총독부령 제204호 「조선산금령 제13조의 규정에 의한 금보유상황 조사규칙」 제정; '금의 국세조사' 실시(1940년 11월 15일 오전 0시 현재 기준으로 신고)
1940.11.1	"금매각운동 강조주간(金賣却運動 強調週間)" 실시
1940.11.29	조선총독부훈령 제73호 「조선총독부 산금자금심사위원회규정 폐지」
1943.4.22	조선총독부훈령 제29호 「조선총독부 광업평가위원회규정」 제정
1943.4.22	조선총독부훈령 제30호 「조선총독부 산금협의회규정 폐지」

이러한 상황에서 1937년 7월 7일에 개시된 이른바 '지나사변(支那事變, 중일전쟁)'은 산금국책(産金國策)과 퇴장금 회수운동의 기조를 더욱 강화하는 계기가 되었다. 1937년 9월 7일에 공포된 「조선산금령(朝鮮産金令)」도 이처럼 전시체제기가 본격적으로 전개되는 국면에서 등장한 것이었다.[32]

곧이어 그해 10월 13일에는 '산금오개년계획(産金五個年計畫)'의 대강(大綱)

---

32) 1937년 9월 7일에 제령 제16호로 제정된 「조선산금령(朝鮮産金令)」(1937년 9월 15일 시행)의 제1조에는 "함금광물(含金鑛物), 사금(砂金) 또는 제련과정에 있는 함금물(含金物)을 취득한 자는 조선총독(朝鮮總督)이 정하는 바에 의해 이를 금지금(金地金)으로 제련하여 조선은행(朝鮮銀行)에 매각하거나 이를 조선총독이 지정하는 금제련업자(金製鍊業者) 또는 함금광산물의 매입 면허를 받은 자에게 매각할 것"과 "전항의 규정에 의해 금지금의 매각 신청이 있는 경우에는 조선은행은 그 매입을 거부할 수 없음"이라는 내용을 담고 있다.

금의 사용에 대한 통제를 강화하고자 금의 사용금지령이 내려진 사실을 알리고 있는 『동아일보』 1937년 12월 28일자의 보도내용이다. 이 당시의 조치에 따라 금품위(金品位) 1000분의 376(즉, 9금=9K) 이상의 것은 전면 사용이 금지되기에 이른다.

방침[33]이 발표되고, 해를 바꿔 1938년 1월 4일에는 금품위(金品位) 1000분(分) 중 376을 초과, 즉 9금(九金)[34] 이상의 것에 대한 '금사용 제한령'과 백금(白金)의 사용을 전면 금지한 '백금사용 제한령'이 동시에 발표되기도 했다. 이는 모두 총동원체제를 유지하기 위한 목적에서 금의 생산을 독려하는 동시에 이에 대한 통제를 한층 더 옥죄는 수단으로 고안

---

33) 『매일신보』 1937년 10월 13일자에 수록된 「5개년계획 대방침(五個年計劃 大方針)과 아반도(我半島)의 중요지위(重要地位), 중앙정부대상(中央政府對像)도 역시(亦是) 조선(朝鮮), 확립(確立)된 조성대강(助成大綱), 일로(一路) 산금국책(産金國策)에」 제하의 기사에는 '산금 5개년 계획'은 "조선총독부가 산금증가의 적극적 시설을 촉진시켜 5개년 째가 되면 연산액(年産額) 3억 원(圓)이 되도록 광산의 개발을 하는 것을 목표로 하며, 이를 위해 이 기간에 국고(國庫)로 광산의 설비, 기타에 보조할 금액이 약 5천만 원, 총독부 알선으로 광산개발에 필요한 자금을 민간에 융통할 것이 2억 원에 달하는 것"으로 되어 있었다. 여기에는 정부 보조의 방법으로서 "탐광보조, 착암기 설비보조, 중소광산의 공동경영과 그 기술적 지도를 위한 조합의 결성촉진, 광산도로의 개설, 광산 현지에 기사를 파견하여 기술적 지도, 광산의 전화(電化) 촉진, 제련설비의 확충 등"의 항목이 포함되었다.

34) '9금(九金, 9K)'은 "금(金)의 품위(品位) 1000분(分) 중 375인 것"을 말하며, 금함유량이 통칭 '18금(十八金, 18K)'의 절반 수준인 것을 가리킨다.

된 것들이었다.

산금(産金) 관련 총독부 주관 부서의 기구 개편 연혁

▲ 식산국 광산과(1933.6.30; 광무과 개칭 전환) → 식산국 산금과(1938.5.20; 분리 신설) → 식산국 광업정비과(1943.5.1; 개칭 전환) → 광공국 광산과(1943.12.1; 흡수 폐지) → 광공국 생산제3과(1945.4.17; 조직 개편)
▲ 조선총독부 착암공양성소(1938.5.27; 식산국 소관 신설) → 폐지(1945.3.31)
▲ 조선총독부 발파기술원양성소(1940.7.19; 경무국 소관 신설)

일제패망기에 야단법석을 이루며 진행되었던 금헌납 및 금매각운동에 관한 얘기를 늘어놓고 보니, 또 한 가지 빼놓을 수 없는 것은 바로 윤덕영 자작(尹德榮 子爵)의 처 김복수(金福綏, 1872~1950)가 회장으로 있던 '애국금차회(愛國金釵會)'의 존재이다.[35] 1937년 8월 20일에 경성여자고등보통학교 대강당에서 발회식이 거행된 애국금차회는 조선귀족부인, 고위관료의 처, 여류명사들로 조직되었으며, 원래 '황군원호(皇軍援護)'를 주된 목적으로 한 군사후원단체였다.[36]

이들은 발회식 당일 총후(銃後)의 성의(誠意)를 피력한다는 이유로 즉석

---

[35] 『동아일보』 1937년 8월 14일자에 수록된 「유언비어(流言蜚語)의 진원(震源)」 제하의 기사를 보면, "12일 오후 조선중앙정보위원회 정례간사회에서 조선부인 중심으로써 애국금차회를 조직활동케 하도록 결정"하였다는 내용이 담겨 있다. 그리고 『조선일보』 1937년 8월 15일자에 수록된 「조선유력자 가정부인(朝鮮有力者 家庭婦人) 애국금차회(愛國金釵會) 조직(組織), 16일 부청(府廳)서 발회식(發會式)」 제하의 기사에는 애국금차회(가칭)가 "비녀라도 국방의 도움이 되도록 바치자는 취지"에서 붙여진 이름이라고 소개한 구절이 보인다.

[36] 이들이 정한 규약(規約)에 따르면 애국금차회(愛國金釵會)는 황군원호(皇軍援護)의 목적(目的)으로 하며 다음의 사업을 행한다고 적고 있다. "1. 황군(皇軍)의 환송영(歡送迎), 2. 총후가정(銃後家庭)의 위문격려(慰問激勵), 3. 총후가정(銃後家庭)의 조문(吊問), 4. 전각항(前各項)의 외(外) 일반조선부인(一般朝鮮婦人)에 대(對)한 황군원호(皇軍援護)의 강화(强化)와 국방비(國防費)의 헌납(獻納)."

『매일신보』 1938년 1월 5일자에 소개된 '금차헌납도(金釵獻納圖)'이다. 김은호(金殷鎬)가 그린 이 그림에는 군사후원단체인 '애국금차회'가 1937년 8월 20일 발회식 당일에 즉석 모집한 금비녀, 금가락지, 금귀고리 등을 용산 주둔 제20사단장인 후카자와 토모히코 육군중장(深澤友彦 陸軍中將)을 찾아 그에게 헌납하는 장면이 묘사되어 있다.

에서 금비녀 11개, 금가락지 3개, 금귀고리 2개, 은비녀 1개 등을 비롯하여 현금(現金) 889원 90전을 걷어서 즉시 이를 용산 주둔 제20사단장인 후카자와 토모히코 육군중장(深澤友彦 陸軍中將)에게 직접 헌납했던 것으로 확인된다.[37] 특히 이 장면은 김은호(金殷鎬, 1892~1979)에 의해 '금차헌납도(金釵獻納圖, 높이 6척 5촌, 폭 4척)'로 제작되어 그해 11월 20일에 조선총독 미나미 지로(南次郎)에게 증정되었으며, 조선총독부에서는 이를 그림엽서로 만들어 황군위문대(皇軍慰問袋)에 넣어 보내기로 되었다고 전해진다.[38]

---

37) 이 당시의 금차헌납 장면은 한국영상자료원이 운영하는 '한국영화 데이터베이스(www.kmdb.or.kr)'에 공개되어 있는 「총후의 조선(銃後の朝鮮)」(1938년, 조선총독부 제작)이라는 제목의 필름자료에도 잘 채록되어 있다.

38) '금차헌납도'의 제작과정에 대해서는 『매일신보』 1937년 11월 5일자, 「천람(天覽)에 공(供)할 애국금차회(愛國金釵會) 총후적성(銃後赤誠), 채필(彩筆)의 기록(記錄), 광영(光榮)의 김은호 화백(金殷鎬 畫伯)」; 『매일신보』 1937년 11월 21일자, 「김은호 화백(金殷鎬 畫伯)의 역작(力作) 애국금차(愛國金釵) 완성(完成), 20일 금차회의 간부로부터 미나미 총독(南總督)에게 진정(進呈)」; 『경성일보』 1937년 11월 21일자, 「반도부인(半島婦人) 총후(銃後)의 모습, 완성(完成)된 "금차(金釵)의 헌납식(獻納式)", 김은호 화백(金殷鎬 畫伯)의 단정(丹精)으로 이뤄 오늘 총독부(總督府)에 증정(贈呈)」; 『동아일보』 1937년 11월

이러한 활약 탓인지 총독부 재무국 이재과장이던 야마지 야스유키(山地靖之)와 같은 이는 "애국금차회의 활동 같은 것은 물론 금액상으로는 얼마 되지 않으나 내지(內地, 일본)에도 큰 충동을 주었는데 이러한 운동도 민간에 퇴장(退藏)되어 있는 금의 정부집중책(政府集中策)으로는 좋은 것이다"라는 평가를 내린 바가 있다.[39] 또한 『매일신보』 1938년 1월 16일자에 수록된 「산금증산계획(産金增産計劃)과 상사(相俟) 민간사장 금매상(民間死藏 金買上), 국제수지(國際收支)의 조정(調整)을 위(爲)하여, 근근(近近) 법령(法令)으로 발포(發布)」 제하의 기사에는 애국금차회와 같은 조직의 필요성을 이렇게 강조하고 있다.

…… 조선에 있어서는 금의 퇴장이라 하면 부인들의 금비녀, 금가락지, 귀걸이, 기타 장신구(裝身具) 등 종류도 많을 뿐 아니라 이것을 금의 수량으로 추산(推算)하여도 상당히 거량(巨量)에 달하는 모양이라는 바 이것을 정부에서 매상함에 있어서는 물론 일반 민중이 국책에 순응하는 국민적 도의적 자각에 의할 것이다. 정부에서는 이와 같은 순금제 장신구 등을 순금가격 외에 공전을 합산하여 상당한 금액으로 매상하게 되리라 한다. 일방 이와 같은 퇴장금의 정부집중책에 있어서는 종래에 퇴장되어 있는 금을 상당한 가격으로 사들이는 것은 물론이나 또 애

21일자, 「금차헌납(金釵獻納)의 실황(實況)을 화폭(畵幅)에 올려 헌상(獻上), 김은호 화백(金殷鎬 畵伯)의 작품(作品)」; 『조선일보』 1937년 11월 21일자, 「화폭(畵幅)에 재현(再現)된 금차헌납 광경(金釵獻納 光景), 김은호 씨(金殷鎬氏) 집필(執筆), 총독(總督)에게 진정(進呈)」 제하의 기사 등을 참조할 수 있다.
[39] 이 내용은 『매일신보』 1938년 1월 16일자, 「국민일치협력(國民一致協力)으로 국책(國策)을 달성(達成)토록, 금차회(金釵會) 같은 단체의 탄생 희망, 야마지 이재과장 담(山地 理財課長 談)」 제하의 기사에 수록되어 있다.

국금차회(愛國金釵會) 같은 단체에 의한 특지가의 국방비 기부에 의할 것도 고려하고 있다는데 이것을 함에는 상당히 일반 부인들에게 대규모의 시국인식활동을 하여야 될 터라 하여 방금 본부 이재과(理財課)에서는 여러 가지 방책을 강구하고 있다 한다.

그렇다면 이 시기에 조선은행 지금계 창구를 통해 수집된 막대한 수량의 금붙이는 모두 어디로 사라진 것일까? 금광에서 캐낸 것이건 장롱에서 꺼내온 것이건 이곳에 끌어 모은 금은 그때그때마다 일본 쪽으로 송출되어 일본은행의 금고 속으로 옮겨졌으므로 이 땅에는 이렇다 할 금괴더미 하나가 남아 있을 리가 없었다. 이렇게 집중된 금은 결국 '패망'으로 막을 내릴 그네들의 '성전완수(聖戰完遂)'를 위한 무기조달의 재원으로 허비되고 말았을 테니, 요컨대 여러 벼락부자들을 속출하게 만든 것을 제외하면 이른바 '황금광 시대'는 실상 '전쟁광 시대'에 장단을 맞춘 허울뿐인 놀음이었는지도 모를 일이다.

● 이 글은 『민족사랑』 2023년 6월호에 게재하였던 것을 수정 보완하였다.

09

총독부박물관이 오후 4시만 되면 문을 닫는 까닭은?

전쟁 따라 출렁이는 총독부 관리들의 출퇴근 시간 변천사

주5일 근무제가 정착된 요즘에는 거의 사용할 일이 사라졌지만, 아직도 기성세대의 머릿속에 제법 남아 있는 언어습성의 하나로 '반공일(半空日)'이란 것이 있다. 이를테면 반만 쉬는 휴일, 즉 '토요일'을 일컫는 말이다. 이러한 표현의 초기 용례가 궁금하여 관련 자료를 뒤져봤더니, 『독립신문』 1898년 11월 29일에 공일과 반공일에 관한 다음과 같은 내용의 기사가 눈에 띈다.

[통상회 일자 개정] 돌아간 일요일에 독립협회 회원들이 통상회를 하는데 공의하여 가로되 일요일은 7일 만에 한 번씩 돌아오는 공일인데 공일은 세계 각국에서 사람마다 쓰지 않고 의례히 쉬는 날이어늘 독립협회 통상회를 항상 공일에 하는 것이 대단히 불가하니 이 다음부터는 공일 전날 토요 반공일에 통상회를 하기로 영위 작정이 되었다더라.

이것 말고도 일요일을 가리켜 '예배일(禮拜日)'이라고 한 표현들도 곧잘 보이는데, 1880년대 서양 각국과 맺은 수호통상조약을 보면 그 말미에 붙은 '통상장정(通商章程)'에 조선의 항구에 입항한 선박이 24시간 이내에 해관(海關)에 신고하는 규정과 관련하여 이때 "예배일과 정공일(停公日; 공무를 정지하는 휴일)은 계산에 넣지 않는다"는 구절이 으레 포함된 것을 확인할 수 있다.

그렇다면 우리나라에서 일요일이 공일로 정착된 것은 언제부터의 일이었을까?

이에 관한 자료를 세밀하게 살펴보지는 못했으나, 『관보』 1895년 윤5월 12일자에 수록된 각령(閣令) 제7호 「각 관청 집무시한」 제4조에 "일요일은 전일(全日) 휴가를 작(作)하고 토요일은 정오(正午) 12시로부터 휴가를 작함"이라고 한 구절이 있었던 것으로 드러난다. 아직은 태양력(太陽曆)이 정식 채택되기 이전의 시절이었지만 이 당시에도 이미 쉬는 날로서 일요일의 존재가 널리 받아들여지고 있던 상황이었음을 짐작할 수 있는 대목이다.[40]

그런데 각령 제7호 「각 관청 집무시한」에 포함된 내용으로 무엇보다 눈길을 끄는 것은 관리들의 출퇴근시간이다. 조선시대에는 흔히 『경국대전(經國大典)』의 규정에 따라 '묘사유파법[卯仕酉罷法; 묘시(卯時, 오전 5~7시)에 출사하고 유시(酉時, 오후 5~7시)에 퇴청하는 방식]'이 통용되었다고 하는데, 이 원칙이 더 이상 지켜지지 않는 상황이 도래했던 것으로 보인다.

---

40) 일본의 경우에는 명치 9년(1876년) 3월의 태정관달(太政官達) 제27호에 의해 "종전 16일 휴가이던 것은 오는 4월부터 일요일(日曜日)로써 휴가(休暇)로 피정(被定)하였다"는 것이 최초의 관련 규정인 듯하다.

『관보』 1895년 윤5월 12일자에 수록된 '각령 제7호 각 관청 집무시한'이다. 여기에는 일요일에 종일 휴가, 토요일에 반나절 휴가를 한다는 취지가 담겨 있다.

개국 504년(1895년) 윤5월 10일 각령 제7호의 각 관청 집무시한

기간구분	집무시한
곡우(穀雨; 양력 4월 20일경)로 소서 전일(小暑 前日)까지	오전 9시 ~ 오후 3시
소서(小暑; 양력 7월 7, 8일경)로 백로 전일(白露 前日)까지	오전 8시 ~ 정오 12시
백로(白露; 양력 9월 9일경)로 곡우 전일(穀雨 前日)까지	오전 10시 ~ 오후 4시

여길 보면 계절마다 약간의 차이가 있지만 대개 아침 9시 또는 10시에 출근하여 오후 3시 또는 4시에 퇴근하는 방식으로 점심시간을 빼면 하루 5시간 근무에 지나지 않았다는 것을 알 수 있다. 특히 재미난 것은 여름철 근무시간으로, 정오가 되면 퇴근을 하게 되어 반나절만 일했다는 사실이다. 또한 이 시기에는 직무에 방해가 없는 한 대개 여름휴가를 즐겼던 것으로 나타난다.

대한제국 시절의 관리들은 이 규정의 적용을 받았으며 1908년 7월에는 각령 제6호로 '개국 504년 각령 제7호'의 개정이 이뤄졌다. 하지만 이때에도 몇 가지 세부사항의 조정에도 불구하고 7월 1일부터 8월 31일까지의 하절기에 오후 1시에 퇴근하는 반나절 근무방식은 변함없이 지켜지고 있었던 것이다.

『조선총독부관보』 1910년 12월 12일에 수록된 '총독부령 제59호 조선총독부 및 소속 관서 집무시간'이다. 평일은 대개 오후 4시에 퇴근하고, 하절기에는 정오까지만 근무한다는 내용이 포함되어 있다.

이왕 말이 난 김에, 일제가 설치한 통감부(統監府)에 속한 관리들의 근무형태도 함께 살펴보았더니 1906년 7월 14일에 제정된 통감부령 제22호 「통감부 및 소속관서의 집무시간」이란 자료가 눈에 띈다. 여길 보면 6월초에서 9월말까지는 오전 8시부터 정오 12시까지이고, 나머지 기간은 오전 10시부터 오후 5시까지(단, 토요일은 오후 1시까지) 근무하는 것으로 나타나 있다. 이 규정은 1907년 10월 27일에 통감부령 제40호로 개정되었으나, 계절별로 근무시간의 재조정과 더불어 여름철 반나절 근무기간이 7월 1일에서 9월 20일 사이로 축소되었을 뿐 대체적인 윤곽은 종전의 것과 크게 다르지 않았다.

1910년 강제병합 이후 조선총독부와 소속관서의 집무시간에 관한 규정은 새로 제정되었는데, 그 내용은 1910년 12월 12일의 총독부령 제59호에 담겨 있다. 이때 하절기를 제외한 나머지 시기에는 평일 퇴근시간이 오후 4시로 일괄 단축 조정되었고, 그 이후 1911년 12월과 1912년 3월에 걸쳐 관련 규정이 잇달아 부분 개정된 적이 있었다.

요컨대 일제강점기의 총독부 관리들은 통상 오후 4시에 퇴근하며 여

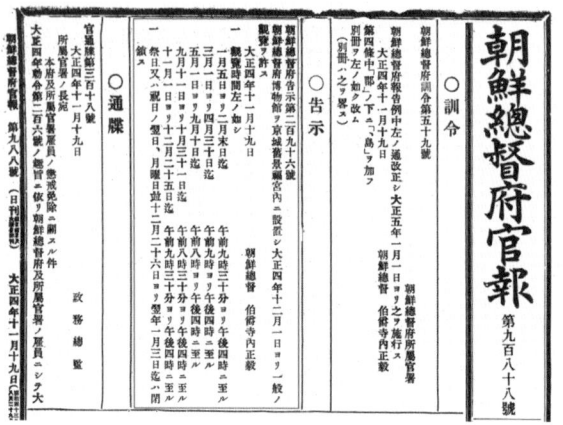

『조선총독부관보』 1915년 11월 19일에 수록된 '총독부고시 제296호 조선총독부박물관 설치' 관련 규정이다. 여길 보면 관람마감시간이 총독부와 소속관서 집무시간에 맞춰 오후 4시로 정해진 것을 알 수 있다.

름철에는 반나절만 일을 하는 것이 일반적인 근무형태였다. 예를 들어 1915년 12월에 경복궁 안에 개설된 총독부박물관(總督府博物館)의 경우 열람마감시간은 오후 4시로 정해졌는데, 이는 총독부령에서 정한 총독부 및 소속관서의 집무시간에 그대로 맞춘 탓이라고 풀이된다.

조선총독부 및 소속관서의 집무시간 개정 연혁

일자	총독부령	시행일	주요 변경 내역
1910.12.12	제59호	–	총독부령 제정(오후 4시 퇴근, 토요일은 오후 1시)
1911.12.27	제154호	1.1	근무시간 변경전환일 전면 조정, 토요일 퇴근 오후 1시에서 정오 12시로 단축
1912.3.23	제39호	3.25	근무시간 일부변경 및 전환기준일 부분 조정
1922.7.8	제103호	7.11	토요일 퇴근 오후 3시로 연장, 하절기 퇴근 오후 3시로 연장, 1년 통산 20일 이내 휴가 부여 신설
1924.6.28	제37호	7.1	토요일 퇴근 정오 12시로 단축 환원, 하절기 반휴근무 환원, 하절기에 20일 이내 휴가 부여
1937.11.20	제183호	12.1	동절기 출근 오전 10시에서 9시로 조정
1942.11.1	제275호	–	전시중 퇴근 1시간씩 연장(평일은 오후 5시로, 토요일은 오후 1시로 연장 퇴근)
1942.11.28	제296호	–	지참(遲參) 및 조퇴(早退) 관련 규정 신설

1943.7.20	제210호	7.21	전시중 하절기 반휴 근무제 폐지
1943.9.30	제301호	10.2	전시중 토요일 반휴 근무제 폐지
1944.3.6	제72호	3.1	전시중 하절기 20일 휴가제 정지
1944.3.18	제81호	–	전시중 일요일에도 개청 실시

중일전쟁으로 인해 총독부 소관 관청이 일제히 여름철 반휴(半休)를 폐지하게 되었다는 소식을 알리는 『매일신보』 1937년 7월 18일자 보도내용이다.

이 와중에 1922년 7월에는 조선총독부와 소속관서의 집무시간에 관한 총독부령이 전면 개정됨에 따라 여름철 및 토요일 반나절 근무제가 폐지되고 그 대신에 1년 통산 20일 이내 휴가를 부여하는 조항이 추가되는 상황으로 바뀌게 되었다. 하지만 곧이어 1924년 6월 28일에는 총독부령 제37호가 생겨나 토요일과 하절기(7.21~8.31 사이)에 정오 12시까지 근무하는 형태가 부활되었으며, 이 시기에 20일 이내의 여름휴가도 함께 주어졌다.

이때 정비된 집무시간에 관한 내용은 적어도 규정상으로는 일제 패망에 이르는 시기까지 유효했다. 그러나 실제에 있어서는 규정과 같이 적용되지 못하였는데, 문제는 역시 전쟁(戰爭)이었다. 만주사변에 이어 중일전쟁으로 일제가 벌인 침략전쟁이 확산되자 전시동원체제가 본격적으로 가동되기에 이르렀던 것이다. 이러한 변화의 조짐은 『매일신보』 1938년 7월 10일자에 수록된 「하기 반휴제 폐지(夏期 半休制 廢止)」 제하의 기사를 통해 살펴볼 수 있다.

사변이 발발 이후로 작년 여름에는 조선 안의 각 관청에서 반나절씩 휴식하던 것을 시국관계 사무방면에 종무하는 인원만은 폐지하고 평상시와 같이 사무를 보았는데 사변 1주년을 맞이하여 다시 장기전을 각오하고 있는 총독부에서는 사변 관계 사무뿐만 아니라 전반적으로 사무가 분망하므로 금년 여름에는 반휴(半休)를 총독부 부령으로써 전폐할 방침을 결정하고 오는 21일부터 실시할 터이라 한다.

여기에서 보듯이 1937년 중일전쟁을 계기로 총독부 소속관원들은 더 이상 여름철 반나절 근무제라는 호사 아닌 호사를 누리지 못하였다. 이때 하절기 반휴제의 철폐는 총독부령의 개정으로 명문화하지는 않았고, 다만 정무총감(政務總監)이 해마다 관통첩(官通牒)을 내리는 형태를 취하였다. 이러한 시국 변화에 맞물려 1937년 12월에는 겨울철 출근시간을 종전의 오전 10시에서 9시로 한 시간 당기는 조치가 내려지기도 했다.

1941년 12월 태평양전쟁으로 다시 한번 전쟁의 소용돌이가 휘몰아

『조선총독부관보』 1942년 7월 18일자에 수록된 정무총감 발신 관통첩(官通牒) 내용이다. 여기에는 "작년과 마찬가지로" 여름철 집무시간은 단축 없이 평상시처럼 실시한다는 구절이 포함되어 있다.

『매일신보』1944년 3월 3일자에는 '결전비상조치(決戰非常措置)'의 일환으로 관공서의 일요 휴무제 폐지, 관공리 출장제한, 관공서 문서물품 재활용, 고급향락정지 등의 항목이 일제히 실시된다는 소식이 수록되어 있다.

치게 되자 1942년 11월 1일 총독부령 제275호 「전시중(戰時中)의 조선총독부 및 소속관서의 집무시간에 관한 건」이 제정되어 평일 퇴근 시간이 오후 4시에서 5시로 물려졌고, 토요일의 경우에도 정오 12시에서 오후 1시로 각각 조정되었다. 그 이듬해인 1943년 7월에는 하절기 반휴제도가 공식적으로 폐지되었고, 두 달 후인 9월에는 토요일 반나절근무제도가 사라졌다.

일제 패망의 조짐이 완연해진 1944년으로 접어들어 총독부 관리들은 전시중 하절기 20일 휴가제도의 철폐를 맞이한 데 이어 일요일에도 출근해야하는 처지로 전락하였다. 이에 관해서는『매일신보』1944년 3월 1일자에 수록된 「관청집무(官廳執務)를 상시화(常時化), 금일(今日)부터 일요공휴제 폐지(日曜公休制 廢止)」 제하의 기사에 다음과 같은 내용이 표시되어 있다.

[도쿄전화(東京電話)] 정보국 발표(情報局 發表)

▲ 관청(官廳)의 상시집무(常時執務)에 관(關)한 건(件)

일(一), 대동아전쟁중(大東亞戰爭中) 각 관청(各官廳)에서는 일요일(日曜日)의 휴일(休日)을 폐지(廢止)하고 상시집무(常時執務)의 실(實)을 거둘 것.

일(一), 각 관청원(各官廳員)에 대(對)해서는 2주간(二週間)에 1회(一回) 일요일(日曜日)에 교대(交代)하여 휴일(休日)을 줄 것.

일(一), 본건(本件)은 금년(今年) 3월(月) 1일(日)부터 실시(實施)할 것.

일(一), 본건(本件)에 관(關)하여 필요(必要) 있는 경우에는 필요(必要)한 법제상(法制上)의 조치(措置)를 취(取)할 것.

▲ 관리(官吏)의 출장제한(出張制限)에 관(關)한 건(件)

차제(此際) 관리(官吏), 위원(委員) 등의 출장(出張)은 참으로 필요부득이(必要不得已)한 경우 이외(以外)에는 이를 중지(中止)할 것.

외곽단체(外廓團體), 통제회(統制會), 통제회사(統制會社) 등에 관(關)해서도 이와 동양(同樣)의 조치(措置)를 취(取)하게 할 것.

해방 이후 시기에는 1949년 6월 4일에 제정된 대통령령 제125호 「공무원 집무시간 규칙」에 따라 '오전 9시 출근, 오후 5시 퇴근'의 대원칙이 확립되었고, 그 이후 여러 차례 규정개정에도 불구하고 대체적으로 이러한 근무형태가 정착된 것으로 나타난다. 부질없는 상상이지만 일제의 침략전쟁이 없었더라면, 나아가 일제에 의한 식민지배 자체가 애당초 없었더라면 이 땅의 관공서 관리들은 적어도 출퇴근시간에 관한 한 "오후 4시 퇴근에, 여름철 반나절 근무"와 같은 태평성대를 여전히 누리고 있었을는지도 모를 일이다.

• 이 글은 『민족사랑』 2017년 7월호에 게재하였던 것을 수정 보완하였다.

10

현수막(懸垂幕), 결전체제를 다잡는 또 하나의 전쟁무기

건물 외벽마다 시국표어들이 주렁주렁 매달렸던 시절

흔히 '모던 경성'이 어쩌고저쩌고 하는 식의 얘기를 하노라면 이럴 때마다 빠지지 않고 함께 등장하는 것이 바로 '경성(京城) 5대 백화점(百貨店)'의 존재이다. 이를 테면, 삼월(三越, 미츠코시; 1930년 10월 신축), 정자옥(丁子屋, 쵸지야; 1939년 9월 신축), 삼중정(三中井, 미나카이; 1933년 9월 신축), 평전(平田, 히라타; 1926년 2월 개축)과 아울러 유일한 조선인 백화점 화신(和信, 1937년 10월 신축)이 바로 그것들이다.

아니나 다를까 일제강점기에 제작 배포된 경성의 거리풍경을 담은 무수한 사진엽서에는 이들 신식 건물의 빼어난 외관(外觀)을 담은 모습이 곧잘 등장하는 것을 쉽게 확인할 수 있다. 그런데 이들 백화점 사진엽서들을 모아놓고 가만히 살펴보면, 부지불식간에 확연히 분간되는 두 가지 유형으로 가려내는 것이 가능하다는 사실을 금세 간파하게 된다. 이때 이러한 분류의 잣대는 건물의 외벽에 주렁주렁 매달린 '현수막(懸垂幕, 걸개, placard)'이 있고 없고의 차이이다.

예를 들어, 여기에 미츠코시 경성지점(본정 1정목 52번지)의 모습을 담은 한 장의 엽서사진이 있다. 건물 외벽에는 여러 개의 현수막이 걸려 있

건물의 외벽에 현수막이 여럿 내걸린 미츠코시 경성지점(三越 京城支店)의 모습이 담긴 사진엽서이다. 여기에는 '국민정신총동원, 애마의 날'과 '제30회 기념식수'라는 내용이 있고, 건물 출입구 위쪽에는 '일억일심', '백억저축'이란 구호간판도 부착되어 있다. (민족문제연구소 소장자료)

는데, 보아하니 백화점 본연의 영업과 관련한 무슨 '바겐세일'이나 하다 못해 '전시회' 안내와 같은 것이 아니라 생뚱맞게도 "국민정신총동원(國民精神總動員), 애마의 날(愛馬の日)"과 "제30회 기념식수(記念植樹)"라는 내용이다.

우선 '애마의 날(애마일, 애마데이)'은 전장터에서 꼭 필요한 군마(軍馬)에 대한 감사의 뜻을 표하고자 일제가 새로 제정한 것으로 1939년 4월 7일에 '제1회 애마일'의 기념행사가 거행된 바 있다.[41] 그리고 '기념식수'

---

41) 『매일신보』 1939년 3월 30일자에 수록된 「1년 1차(一年 一次), 4월 7일, 이날을 '애마일(愛馬日)', 전선적(全鮮的)으로 제정 실시(制定 實施)」 제하의 기사에는 "전선에서 많은 공을 세우고 있는 군마(軍馬)에 대한 감사의 뜻을 표하고자 내지(內地, 일본 본토)에서 매년 4월 7일을 정하여 애마일로 한 것에 발맞춰 조선(朝鮮)에서도 함께 이를 시행하기로 했다"는 취지의 내용이 서술되어 있다. 그리고 같은 날짜 신문에 수록된 「애마

『소화 15년판 조선사정』(1939)에 수록된 동일은행 본점(東一銀行 本店, 남대문통 1정목 1번지)의 외관이다. 이곳에도 전면 외벽에 '일본정신발양', '국민정신총동원 저축보국', '국민정신총동원연맹 가맹, 동일은행' 등 전시체제기의 구호와 시국표어가 적힌 현수막이 가득 자리한 것을 확인할 수 있다. (민족문제연구소 소장자료)

는 조선총독부가 한국병합의 대업을 영구히 기린다는 뜻으로 1911년 4월 3일(신무천황 제일)부터 시작한 연례적인 식목행사이며, 그러니까 제30회 기념식수일은 1940년 4월 3일에 해당한다. 이렇게만 놓고 보면 이 사진엽서에 담긴 거리풍경은 정확하게는 1940년 4월을 코앞에 둔 시점에서 촬영된 것이 틀림없다.

일(愛馬日)'의 유래(由來)」 제하의 기사에는 "명치천황(明治天皇)께옵서는 산마(産馬)의 개량(改良)에 대어심(大御心)을 어경주(御傾注)하셨는데 특(特)히 일청(日淸), 일로(日露) 양 전역(兩戰役)에서 아(我) 국산마(國産馬)가 기대(期待)에 부(副)함에 적고 또 군역(軍役)에 적당(適當)함이 근소(僅少)한 것에 대(對)하여 성려(聖慮)하옵서 명치 37년(1904년) 4월 7일 추밀원고문관(樞密院顧問官), 내각 제공(內閣 諸公) 급(及) 원수(元帥) 등에 어배식(御陪食)을 하사(下賜)하옵셨을 제(際) 당시의 이토 추밀원의장(伊藤 樞密院議長), 카츠라 내각총리대신(桂 內閣總理大臣), 야마가타 원수(山縣 元帥), 마츠카타 공(松方公) 등에 마필(馬匹)의 개량(改良)을 기도(企圖)하도록 어분부(御吩咐)하옵시고 다시 그때 아카사카이궁(赤坂離宮)에서 황태자전하(皇太子殿下, 대정천황)께 어마술(御馬術)을 배워드리던 후지나미 주마두(藤波 主馬頭)를 소(召)하옵서 금후(今後) 마필개량(馬匹改良)에 관(關)한 일국(一局)을 설(設)할 터이므로 속(速)히 이 개량(改良)에 대한 조사(調査)를 하여 야마가타, 마츠카타와 협의(協議)하라는 칙명(勅命)을 어강하(御降下)하옵셨다. …… (하략)"고 하여 그 날짜를 '4월 7일'로 정한 까닭에 대해 설명하고 있다.

『매일신보』 1939년 6월 15일자에는 백억저축장려 강조주간을 맞이하여 '일억일심'과 '백억저축'의 표어를 담아 내건 현수막의 모습이 소개되어 있다.

더구나 건물의 중앙 출입구 위쪽에도 양쪽으로 "일억일심(一億一心)"과 "백억저축(百億貯蓄)"이라고 쓴 구호판이 또렷이 드러나 있다. 이러한 구호의 등장 시기에 대해서는 『매일신보』 1939년 6월 15일자에 수록된 「일억일심 백억저축(一億一心 百億貯蓄)', 오늘부터 저축강조주간(貯蓄强調週間) 실시(實施)」 제하의 기사를 통해 확인할 수 있다.

'일억일심 백억저축'을 표어로 한 백억 원 저축장려의 강조주간은 오늘부터 시작하여 오는 21일까지의 일주일 간 계속하기로 하였다. 전시 아래 긴장은 저축에 있으므로 이번 전국적으로 백억 원을 저축하게 되었으며 조선서는 3억 원을 저축하게 되었는데 오늘부터 큰 회사와 공장, 기타 각 방면에서 상여금이 쏟아질 것을 계기로 하여 각 금융기관에서는 저축장려의 깃발을 높이 들고 거리로 나서게 되었고 은행과 우편국소에서는 사변국채(事變國債)를 사라고 외치고 있다.

그래서 각 우편국소에서는 오후 5시까지 예금시간을 늦추는 외에 금융조합, 저축은행 같은 데서는 토요일에도 집무시간을 늦추어 저축장려에 철저한 '써비스'를 하기로 된 만큼 총후봉공의 적성을 드러내는 마음으로 이번 주간에 채권 사는 것과 예금하는 것을 명심하고 실천해야 할 것이다.

 요컨대 이러한 구호나 표어는 그 자체가 전시체제의 직접적인 산물이므로, 건물 외벽에 주렁주렁 매달린 현수막의 존재는 바로 이 시기 전형적인 거리풍경을 나타내는 특징의 하나이기도 한 것이다. 따라서 현수막의 모습이 함께 등장하는 사진엽서는 대개 일제패망기의 막바지에 제작 배포된 것들이라고 간주해도 무방하다.

 그렇다면 이러한 종류의 현수막이 크게 성행한 것은 언제부터였을까? 이에 관해서는 『매일신보』 1941년 12월 18일자에 수록된 「현수막(懸垂幕)에도 이 의기(意氣) 보이자」 제하의 기사를 통해 어느 정도 그 단서를 포착할 수 있다.

> 관청, 학교를 비롯하여 은행, 회사, 공장 같은 큰 건물 정면에는 지나사변 이래 시국에 관한 표어를 대서한 현수막(懸垂幕)이 걸려 있어 보는 사람으로 하여금 시국의 긴장을 감득케 하고 있는데 총독부의 현수막에 나타나는 표어는 그때그때 미나미 총독의 뜻을 받아서 시국에 적절한 문자로 전선에 모범을 보이고 있는 터이다. 지난 8일 개전의 쾌보가 들어오자 총독부 현수막은 곧 '임전체제(臨戰體制)의 완성(完成)', '총력발휘 총진군(總力發揮 總進軍)' 대신에 '정의필승(正義必勝)', '단호매진(斷乎邁進)'으로 바뀌어 대동아전쟁이 정의에서 시작된 전쟁이니 승리는 틀림없는 일이다. 총후 국민은 어떠한 난관에 부딪치더라도 단호매진할 뿐이라는 총력전의 골자를 단적으로 표시하였는데 거리에는 아직도 예전 것을 그대로 달고 있어 개전 후의 현 정세에서는 기운 빠진 감을 주는 표어가 있으므로 총독부에서는 곧 현 정세에 맞는 표어로 고쳐서 달기

를 요망하고 있다.

『매일신보』 1941년 12월 18일자에는 이른바 '대동아전쟁(大東亞戰爭, 태평양전쟁)'이 개시되자 조선총독부 청사의 외벽에 걸린 현수막이 '정의필승'과 '단호매진' 등의 시국구호로 바뀐 사실이 보도되고 있다. 또한 이 기사에는 이러한 종류의 현수막이 "지나사변(즉, 중일전쟁) 이래"로 걸리게 되었다는 사실도 함께 알려주고 있다.

여기에는 이러한 대형 현수막이 길거리의 큰 건물에 내걸린 것이 1937년 7월 7일에 개시된 '지나사변(支那事變, 중일전쟁)' 이래의 일이라고 적고 있다. 이러한 판국에 1941년 12월 8일 이른바 '대동아전쟁(大東亞戰爭, 태평양전쟁)'으로 침략전쟁의 양상이 확산되면서 전시총동원체제의 골이 한층 깊어지게 되자, 전쟁수행을 독려하기 위해 훨씬 더 노골적인 구호와 표어가 쏟아졌던 것이다.[42] 따라서 이때야말로 가히 현수막의 전성시대로 표현해도 좋을 만한 그러한 시절이 아니었나 싶기도 하다.

---

42) 『매일신보』 1941년 12월 13일자에 수록된 「대동아전쟁(大東亞戰爭)으로, 작일(昨日) 각의(閣議) 금차 전쟁(今次 戰爭)의 명칭(名稱)을 결정(決定)」 제하의 기사에 따르면, 1941년 12월 12일의 각의에서 협의한 결과 지나사변(支那事變)까지도 포함하여 이를 일괄 '대동아전쟁'으로 호칭하기로 결정되었으며, 이는 '대동아신질서건설(大東亞新秩序建設)을 목적으로 하는 전쟁이라는 의미에서 명명된 것이라고 그 까닭을 설명하고 있다.

이른바 '시국표어(時局標語)'에 관한 흔적을 뒤져보니, 일찍이 만주사변(滿洲事變)과 만주국(滿洲國) 성립의 여파가 한창 진행중이던 당시에도 이러한 표어의 활용이 있었던 것으로 드러난다. 이와 관련하여『경성일보』1932년 12월 18일에 수록된「시국표어모집(時局標語募集), 총독부(總督府)에서」제하의 기사에는 다음과 같은 내용이 서술되어 있다.

> 본부(本府)에서는 금회(今回) 좌기(左記)의 요령(要領)으로 시국(時局)에 관한 표어(標語)를 일반(一般)에게서 모집(募集)하기로 되어, 이번에 경성부(京城府)에도 그 뜻의 통첩(通牒)이 있었다.
> 하나, 난국타개(難局打開), 자력갱생(自力更生), 정신작흥(精神作興) 등에 관한 것.
> 하나, 한 사람이 몇 문항이라도 차지(差支) 없음.
> 하나, 국어(國語. 일본어), 언문(諺文. 한글)을 가리지 않음.
> 하나, 체절기일(締切期日. 마감일자)은 소화(昭和) 8년(1933년) 1월 20일.
> 하나, 응모표어(應募標語)는 주소(住所) 및 직업(職業), 씨명(氏名)을 붙여 학무국 사회과(學務局 社會課) 앞으로 송부(送付)할 것.
> 하나, 입선(入選)의 표어는 작자명(作者名)과 함께 적당(適當)한 방법(方法)으로 발표(發表)하고, 표어는 제1항 취지(趣旨)의 철저상(徹底上) 본부(本府)에서 이를 이용(利用)함.
> 하나, 입상자(入賞者)에게는 1등 1인 30원(圓), 2등 2인 각 10원, 3등 3인 기념품(記念品)을 증정(贈呈)함.

그 결과 "서라! 자력(自力), 펴라! 국력(國力)", "자력(自力)보다 더 좋은 재물(財物)은 없다", "나라에 의지 말고 나라를 겨라", "의기(義氣)다. 힘이다.

『매일신보』 1937년 12월 14일자에는 중일전쟁 당시 '남경 함락'을 계기로 기존의 '황군만세'와 '생업보국'이라는 표어를 '국위선양'과 '견인지구'로 변경하여 시국인식(時局認識)을 강화하는 방편으로 삼는다는 소식이 수록되어 있다.

팔뚝이다!", "땅 파는 괭이 끝에 빛나는 일본(日本)", "일하는 사람에 걱정이 없다"와 같은 응모작품이 '시국표어 당선작'으로 뽑혔다.43) 그 이후 '지나사변(支那事變, 중일전쟁)'의 시대로 접어들어서는 '견인지구(堅引持久)', '협심육력(協心戮力)', '시간극복(時艱克服)', '국체명징(國體明徵)', '황도선양(皇道宣揚)' 따위의 구호들이 판을 치기 시작했다.44)

---

43) 이 당시 '시국표어모집'의 결과에 대해서는 『매일신보』 1933년 3월 25일자에 수록된 「자력갱생(自力更生), 정신작흥(精神作興), 표어모집결과(標語募集結果) 응모한 인원 3천 8백 명에 2만여 구(句)에 달하여」 제하의 기사에 소개되어 있다. 이때 입선작은 1등에 일본어 구호인 "起テ! 自力, 伸セ! 國力", 2등에 "自力ニ 優ル 資源ナシ"와 "國ニ 縋ルナ 國ヲ 負ヘ", 3등에 "意氣ダ, 力ダ, 此ノ腕ダ", "掘ル 鍬先ニ 輝ク 日本", "働ク 人ニ 不安ナシ" 등이었다. 이와 관련하여 『매일신보』 1933년 4월 13일자에 수록된 「본부(本府)에서 모집한 자력갱생표어(自力更生標語), 부윤(府尹) 군수(郡守)에게 통첩(通牒)」 제하의 기사에도 조선어로 옮겨진 이들 시국표어 당선작의 내용들이 함께 소개되어 있다.

44) 예를 들어, 『매일신보』 1937년 10월 14일자 이후 10월 20일자에 이르기까지 1주일 동안 연재된 '국민정신총동원주간(國民精神總動員週間)' 관련기사에 의하면, 이 당시 '견인지구', '협심육력', '시간극복', '황도선양' 등 네 가지 구호가 주된 표어로 사용된 흔적을 확인할 수 있다. 또한 『매일신보』 1938년 1월 27일자에 수록된 '국민정신총동강조주간(國民精神總動員強調週間)' 관련기사에는 이때 '국체명징'과 '황도선양'이 주요한 모토(motto)로 사용된 사실이 드러난다.

또한 『매일신보』 1937년 12월 13일자에 수록된 「국위선양(國威宣揚) 견인지구(堅引持久), 제2단계(第二段階)에 들어간 시국표어(時局標語), 민중인식(民衆認識)을 일층강화(一層强化)」 제하의 기사를 보면, 그 동안 사용해왔던 '황군만세(皇軍萬歲)'와 '생업보국(生業報國)'이란 것을 바꿔 새롭게 '국위선양(國威宣揚)'과 '견인지구(堅忍持久)'라는 구호로 변경한 사실도 확인할 수 있다.

> 본부에서는 남경(南京, 난징) 함락을 계기(契機)로 하여 시국은 일전하여 제2단계에 발전하였으므로 반도 총후국민의 대시국 인식도 더욱 철저시킬 필요가 있다 하여 본부에서는 이것을 강화하는 의미에서 지금까지의 표어(標語) '황군만세(皇軍萬歲)', '생업보국(生業報國)'을 12일부터 '국위선양(國威宣揚)'과 '견인지구(堅忍持久)'의 표어를 내걸기로 되었는데 동시에 각도에 대하여도 이와 같이 하도록 통첩을 발표하였다.

또 한 가지 흥미로운 것은 이러한 시국표어들이 비단 '현수막'의 형태로만 등장한 것이 아니라 그 시절로서는 최첨단 기술이었던 '전광속보대(電光速報臺)'도 유용한 선전수단의 하나로 적극 활용했다는 사실이었다. 이에 관해서는 『매일신보』 1941년 11월 12일자에 수록된 「총력전광신문(總力電光新聞), 연맹(聯盟)에서 화신 옥상(和信屋上)에 설치(設置)」 제하의 기사에 다음과 같은 내용이 채록되어 있다.

> 장안 도심의 한복판 밤의 거리에 총력연맹의 전광신문(電光新聞)이 등장하게 되었다. 밤의 종로 일각에 우뚝 솟은 화신(和信) 백화점 옥상에서 현란히 움직이던 전광 뉴스가 전기절약이란 국책에 순응하여 자취를 감춘 이래 밤의 종로거리는 일종의 적막감을 느끼어 왔는데 다시 시국

선의 각광을 입고 등장, 백만 부민의 눈을 집중시키게 된 것이다. 이것은 화신에서 총력연맹 선전부의 띄을 받아 부민들의 좌우명이 될 만한 시국적 표어 혹은 뉴쓰를 전광문자로서 알리기로 된 것으로 이번은 "민나 하다라께(ミンナハタラケ; 모두 일하자)"라는 국민개로운동(國民皆勞運動)의 좌우명이다. '밤의 하늘' 종로에서 현란히 발산하는 전광의 표어, 이것은 백만 부민에게 보내는 진군령(進軍令)과도 같다. (사진은 전광 뉴스)

종로네거리 화신백화점 옥상에 등장한 '전광속보대(電光速報臺)'의 모습이 소개된 『매일신보』 1937년 12월 7일자의 보도내용이다. 이 장치는 그 직후 물자절약시책에 따라 폐쇄되었다가 1941년 11월에 이르러 시국표어와 뉴스를 전광문자로 내보내는 기능이 부활되었다.

화신백화점 옥상의 전광속보대는 일찍이 1937년에도 이미 선을 보였던 시설이었는데, 전시체제기 물자절약시책과 맞물려 사용중단조치가 내려진 상태였다. 참고로 『매일신보』 1937년 12월 7일자에 수록된 「종로 화신 누상(鍾路和信 樓上)에 본사(本社) 전광속보대(電光速報臺)」 제하의 기사를 소개하면, 그 내용은 다음과 같다.

본사에서는 일찍부터 시내 각처 요소에 속보대(速報臺)를 설치하고 각각으로 변하여 가는 정세(情勢)와 특히 지나사변(支那事變, 중일전쟁)의 새로운 '뉴-스'를 시내 독자 대중에게 신속히 제공하였으며 일편 조선 안에서 발행하는 신문사로서 아직 보지 못한 세계 각국의 정보와 지나사변으로 발성영화(發聲映畵)로서 산[生] '뉴-스'를 각처에 공개하여 적지 않은 호평을 받고 있다.

그런데 이번에 본사에서는 다시 서울의 은좌통(銀座通, 긴자거리)이라는 종로의 한복판에 전광뉴스[電光速報臺]를 설치하게 되었다. 즉 화신(和信) 백화점 6층 위 옥상(屋上)에 특설한 전등판(電燈板)을 이용하여 그 속에 움직이는 글자로서 새로운 '뉴-스[消息]'을 보도하게 되는 것이다. 이 전광속보대에서 매일 밤 여섯 시부터 동 열 시까지 '매신(每申) 뉴스'가 쉴 사이 없이 움직이는 글자 전등빛으로 조명(照明)될 때에는 독자는 물론 오로지 종로를 통행하는 시민에게 산[生] '뉴-스'를 제공케 될 것이다. 그리고 이 전광속보대는 구아(歐亞) 선진도시에는 거리마다 설치되어 있으나 조선에서는 처음 되는 시설인 만큼 그 참신한 바이 크다. (사진은 통칭 '스카이 싸인'이라는 전광속보대이니 이것에 움직이는 전깃불 글자로 통행하는 인사에게 경이와 새 지식을 드릴 것이다.)

이러한 상황에서 전시구호와 표어의 중요성이 크게 부각되자 이런 종류의 것들을 집대성하여 하나의 연감(年鑑)으로 묶어내고, 이것을 참고하여 향후 효율적인 표어 제작에 활용하려는 움직임이 있었던 사실도 포착된다. 예를 들어, 『매일신보』 1941년 10월 31일자에 수록된 「국책표어연감(國策標語年鑑) 정보국(情報局)서 출판(出版)」 제하의 기사에는 다음과 같은 사실이 담겨 있다.

[도쿄전화(東京電話)] 간단명료한 표어를 사용한다는 것은 계발선전에 적지 않은 효과가 있음에 비추어 정보국에서는 지금까지 각 방면에서 만들어진 6만의 국책표어 중에서 우수한 것으로 4천 구(句)를 선출하여 필요에 따라서 조석으로 사용할 수 있도록 국책표어연감을 편찬하여 3천 책을 인쇄하고서 각 관청, 공공단체, 신문잡지사, 백화점 등에서 이용하도록 30일 각기 발송하였다.

그 내용은 "입헌(立憲)의 금수(錦繡)는 자치(自治)의 기(機)로 짠다"(대정 11년 내무성 선정)는 것으로부터 "국방(國防)으로 보라, 생산(生産)의 철진(鐵陣)"(소화 16년 정보국 선정)에 이르기까지 변천무쌍한 세태를 반영하면서 국민정신작흥, 경제강화, 국력진흥 등에 몇 마디로서 잘 효력을 발휘한 각종 표어를 모은 것이다. 이 표어연감의 출현으로서 국책표어의 산일과 유사표어의 난출방지를 할 수 있는 외에 표어의 '만네리즘(매너리즘)'을 타파할 수 있다는 것이다.

『매일신보』 1940년 5월 1일자에는 숭례문(崇禮門, 남대문) 문루에 내걸린 '국민건강주간' 현수막과 '건강보국', '아동애호' 등 구호판의 모습이 포착되어 있다. 이를 통해 대형건물이건 고적유물이건 간에 많은 사람들이 오가는 곳이라면 어김없이 일제에 의해 이러한 종류의 시국 선전물이 부착되는 공간으로 활용되었다는 사실을 엿볼 수 있다.

태평양전쟁(太平洋戰爭) 시기의 막바지에 이르러 이른바 '결전체제(決戰體制)'의 형태로 전환하면서 그 동안 사용해왔던 구호와 표어 역시 한층 더 전투적이고 선동적인 내용으로 탈바꿈하기 시작했다. 특히, 이 국면에서는 전쟁물자의 부족을 해소하기 위한 생산력 증강이나 노무동원(勞務動員)에 초점을 둔 어휘들이 애용되었다. 『매일신보』 1943년 12월 25일자에 수록된 「결전표어(決戰標語) 결정(決定)」 제하의 기사도 이러한 흔적의 하나이다.

> [도쿄전화(東京電話)] "전쟁 제3년을 결승(決勝)의 해로 하자"라고 말한 토죠(東條) 수상의 선언에 기하여 정보국과 대정익찬회가 협의한 결과 19년도(1944년도) 벽두를 당하여 1억 국민 전부가 전투배치에 서서 금년이야말로 기필코 적을 격멸하겠다는 결의를 더 한층 굳게 하기 위하여 다음과 같은 표어를 만들어 신문잡지 등 모든 선전기관을 통하여 널리 선전하여 국민의 각오를 일층 철저히 하기로 되었다.
>
> 일(一), 決戰の 年と 誓はん 今年こそ. [결전의 해라고 맹서하자, 금년이야말로.]
>
> 일(一), 決戰へ 全一億の 體當り. [결전에 전 1억의 육탄공격.]
>
> 일(一), 作れ, 送れ, 擊て. [만들어라, 보내라, 쳐부숴라.]
>
> 일(一), 第三年 行くぞ 今度は 俺の番. [제3년 가자, 이번에는 내 차례.]
>
> 일(一), 作るぞ, 擊つぞ, 勝ち拔くぞ. [만들자, 쳐부수자, 이기자.]
>
> 일(一), 決戰へ 持場, 職場で 突擊だ. [결전에 맡은 직분, 직장에서 돌격이다.]
>
> 일(一), 決戰へ 今ぞ 一億 總突擊. [결전으로 이제 1억 총돌격.]

『경성일보』 1943년 12월 17일자에는 다양한 종류의 결전구호와 선전물이 포함된 현수막이 줄줄이 걸려 있는 경성부청 청사의 외관이 수록되어 있다. 여기에는 '결전저축총궐기운동', '후생사업강조주간', '특별호별세 등 납부'와 아울러 전쟁물자조달을 위한 '금속공출일'과 같은 전시동원체제의 일상사와 관련한 내용들이 두루 포함된 것이 눈에 띈다.

이 가운데 "작, 송, 격(作, 送, 擊)"이라는 표현은 종종 "조, 송, 승(造, 送, 勝)"이라는 것으로 대체되기도 했는데, 『조광(朝光)』 1944년 6월호에 게재된 이건혁(李建赫)의 수필 「조, 송, 승(造, 送, 勝)」에는 이 글자에 대해 "만들자, 보내자, 이기자"도 되고 "만들어서 보내면 이긴다"는 말도 된다고 설명한 구절이 있다.45) 그리고 이러한 표어가 나타나게 된 진의(眞意)는 '비행기(飛行機)'를 얼른 많이 만들어 보내자는 말인 것 같다고 하면서, 결전(決戰)의 결전(決戰)인 지금에 가장 급(急)하고 긴(緊)한 것이 비행기 생산이기 때문이라는 이유를 덧붙이기도 했다.

거듭된 침략전쟁의 뒤끝에 마주하게 되는 물자부족과 인력부족이라

---

45) 이 글의 필자로 표기된 이건혁(李建赫)은 조선일보 경제부장 출신의 이건혁(李健赫, 1901~1979)을 잘못 인쇄한 것 듯하다. 그는 해방 이후 공보처 공보국장(公報處 公報局長, 1949.7.26~1952.4.22)을 지냈다.

는 사태가 단순히 시국표어나 전시구호와 같은 몇 마디 말로 해결될 리는 없겠지만, 그것이 식민지 조선인들을 훨씬 더 효율적으로 수탈하고 속박하는 강력한 효과가 있었다는 점은 부인하기 어려울 듯하다. 그러자니 대형 건물의 외벽마다 주렁주렁 매달려 있는 현수막(懸垂幕), 확실히 그것은 결전체제를 다잡는 또 하나의 전쟁무기였던 셈이다.

● 이 글은 『민족사랑』 2022년 5월호에 게재하였던 것을 수정 보완하였다.

11

병참기지 조선반도를 관통하여 달린 성화(聖火) 계주행렬의 정체는?

이세신궁에서 조선신궁으로 옮겨진 기원 2600년 봉축 불꽃

흔히 성화봉송(聖火奉送)이라고 하면 무엇보다도 올림픽 대회의 사전행사 또는 개막식의 한 장면이 퍼뜩 그려지는 것이 보통이다. 언젠가 이것의 영어식 표현이 궁금하여 뒤져보았더니, 'Olympic flame', 'Olympic fire', 'Olympic torch relay' 등으로 사용된다는 것이다. 근데 암만 봐도 여기에 '성스럽다(holy)'거나 '신성하다(sacred)'거나 하는 부가적인 뜻이 담긴 것 같지는 않고 이건 단지 화염(flame), 불꽃(fire), 햇불(torch)이라거나 하는 단어로 읽혀질 뿐인데 어쩐 일로 이것의 번역어는 애당초 '성화(聖火)'로 둔갑하여

『동아일보』 1934년 12월 2일자에는 1936년 베를린 올림픽 대회를 앞두고 처음으로 그리스 올림피아에서 채화한 햇불을 옮겨오는 이른바 '성화계주(聖火繼走)'에 관한 시행계획과 이동행로에 대한 약도가 묘사되어 있다.

황기 2600년의 기원절(紀元節, 2월 11일)을 맞이하여 이세신궁에서 성화(聖火)을 얻어 조선신궁까지 옮겨오는 행사계획을 알리는 『매일신보』 1940년 2월 9일자의 보도내용이다. 원래는 불을 일으키는 도구인 '화찬구(火鑽具)'를 받아오면 되는 일이지만, 확실하게 신화(神火)를 받아오는 뜻을 드러내기 위해 직접 횃불에 불을 붙여 옮겨오는 행사를 진행하는 것이라는 내용도 함께 서술되어 있다.

정착된 것인지는 알다가도 모를 일이다.

아무튼 올림픽 성화의 유래는 1928년 제9회 암스테르담 대회에서 마라톤 타워(Marathon Tower)를 설치하고 이곳에 불을 밝히기 시작한 데서 비롯되었으며, 그 이후 1932년 제10회 로스엔젤레스 대회에서도 동일한 방식의 점화가 이뤄졌다고 알려진다.[46] 그러다가 1936년 제11회 베를린 대회 때 그리스에서 채화한 불꽃을 직접 계주 방식으로 옮겨와 경기장 성화대를 밝히도록 한 것이 성화봉송 릴레이의 첫 사례가 되었다.

---

46) 예를 들어, 『매일신보』 1932년 8월 17일자에 수록된 「반공(半空)에 날린 올림픽기(旗)도 내리고 회기중(會期中)의 마라손탑(塔) 성화(聖火)도 꺼져, 엄숙리(嚴肅裡)에 폐막(閉幕)」 제하의 운동경기 관련기사에는 "…… 회기중 계속하여 타던 마라손탑상(塔上)의 성화(聖火)도 점점 희미하여 6시 반에는 전혀 사라지고 16일간에 궁(亘)한 제10회 올림픽 대회는 빛나는 기록과 스포츠맨쉽에 장식되어 원만한 가운데 막을 내리게 되었다"는 구절이 포함되어 있다.

이에 따라 1940년으로 예정된 제12회 도쿄 올림픽 당시에도 성화봉송에 대한 논의가 제기되었는데, 이에 관해서는 『매일신보』 1937년 6월 9일자에 수록된 「동경(東京)의 오륜대회(五輪大會)에 성화계주(聖火繼走)를 제창(提唱), 해로는 일본군함이 옮기라고, 희랍측 위원(希臘側 委員)의 소론(所論)」 제하의 기사를 통해 다음과 같은 흔적을 확인할 수 있다.[47]

[와루소 6일 발] 올림픽 백림대회에서 각국에 가장 감명을 준 성화(聖火) '리레-'는 동경대회에서는 거리 '코-스'의 문제로 일단 중지가 되었는데 그 전부터 성화 '리레-'의 거행을 열망하여 일본조직위원회에까지 그 안을 제시하고 있던 희랍 IOC '호라낫치' 씨 등은 이 희망을 버리지 않고 금회의 총회 벽두에 이 문제를 제시하여 올림픽 발상지인 '아젠스'와 대회 개최지를 연결하여 올림픽 정신의 교양을 기한다고 성명하여 주목을 이끌고 있다. 동 씨의 제안에 의하면 성화는 남방 '코-스'를 취하고 올림피야 동경까지 19,286'키로', 이 사이 해로가 17,876'키로', 육로 1,410'키로'로 해로는 일본군함을 출동시켜서 이에 충당하여 달라고 하는 것이다.

그런데 이러한 성화(聖火)라는 단어가 올림픽과는 전혀 무관하게 여러 날에 거쳐 온통 신문지면을 장식하던 시절도 있었다. 예를 들어, 『매일

---

47) 1940년으로 예정되어 있던 제12회 도쿄올림픽 대회는 1937년 7월 7일 중일전쟁 발발의 여파로 1938년 7월 15일에 일본각의의 결정에 따라 개최권을 반납하는 것으로 최종 정리되었고, 그 대신에 국제올림픽위원회(IOC)가 핀란드 헬싱키를 새로운 개최지로 선정하였지만 이마저도 제2차 세계대전으로 인하여 결국 1940년 올림픽은 대회 자체가 취소되고 말았다.

『경성일보』 1940년 1월 28일자에는 이세신궁에 조선신궁으로 옮겨오는 '성화봉천(聖火奉遷)'의 일정과 코스가 자세히 그려져 있다. 여기에는 모두 7일간에 걸쳐 조선연합청년단의 각도 대표자들이 구간을 맡아 계주 형식으로 옮겨지는 성화봉송의 행로에 대해 이를 "내선일체의 발자국 소리"라는 찬사를 덧붙여 묘사하고 있다.

신보』 1940년 2월 2일자에 수록된 「반도발전(半島發展)을 기원(祈願), 화찬구(火鑽具) 성화(聖火)를 배수(拜受), 3일 부산(釜山)을 출발(出發)」 제하의 기사에는 이러한 내용이 들어 있다.

> 광휘 있는 황기 2600년의 축전을 앞두고 조선신궁에서는 국조황대신궁(國祖皇大神宮)으로부터 존귀한 화찬구(火鑽具, 히키리구)를 배하고 동업(同業) 경성일보(京城日報)와 조선연합청년단(朝鮮聯合靑年團)에서는 성화(聖火)를 배수하여 병참기지 반도의 비약적인 발전을 기원하기로 되었다고 함은 기보한 바이어니와 배수한 화찬구와 싱화는 3일 오전 7시 부산에 상륙하여 용두산신사(龍頭山神社)에서 구화(篝火, 카가리비)에 점화하여 가지고 정선수(正選手) 2명에게 봉지되어 조선신궁까지 계주(繼走)를 할 터인데 조선신궁 도착은 9일 오후 2시라고 한다.

여기에 나오는 '황대신궁(皇大神宮, 코타이진구)'는 일본 미에현(三重縣)에 있는 이세신궁(伊勢神宮)의 내궁(內宮)을 가리키는 표현이며, 이곳의 주된 제

『매일신보』 1940년 2월 8일자에 소개된 '성화봉천'의 한 장면이다. 여기에는 충청북도 대표단이 담당했던 4일째 행로의 옥천(沃川) 도착 광경이 포착되어 있으며, 기사 본문에는 5일째 행로로서 대전을 떠나 천안까지 이어지는 구간에 대한 설명이 등장한다.

신(祭神)은 천조대신(天照大神, 아마테라스 오미카미)이다. 그러니까 바로 이곳에서 화찬구(火鑽具, 나무를 비벼 불을 일으키는 도구)와 성화(聖火)를 받아 조선신궁(朝鮮神宮)까지 계주 형식으로 옮겨온다는 얘기인데, 황기(皇紀) 2600년이 되는 해를 맞이하여 병참기지로 활용되는 식민지 조선의 비약적인 발전을 기원하기 위한 뜻을 담고 있다는 것이다.

달리 '기원(紀元)'이라고도 하는 '황기'는 초대 천황인 '신무천황(神武天皇, 진무천황)'의 즉위년인 서력기원전(西曆紀元前) 660년을 원년(元年)으로 정한 것이며, 이를 기준으로 환산하면 기원 2600년은 곧 1940년에 해당한다.[48] 흔히 '제로센(ゼロ戰)' 또는 '레이센(零戰)'이라고 했던 일본 해군의 주력기인 '영식함상전투기(零式艦上戰鬪機)'의 경우, 이러한 약칭(略稱)은 바로 당시의 군용기 명칭채용법

---

[48] 신무천황 즉위일에 관한 제정연혁을 살펴보면 우선 1872년(명치 5년) 11월 15일 태정관포고(太政官布告) 제342호에 따라 신무천황의 즉위년을 원년으로 삼아 '기원(紀元)'이라 정하였고, 동일자(同日字)의 태정관포고 제344호에 따라 신무천황 즉위일은 '1월 29일'로 정해진 바 있다. 또한 그 이듬해인 1873년(명치 6년) 3월 7일에는 태정관포고 제91호에 따라 신무천황즉위일을 '기원절(紀元節)'로 호칭하도록 했고, 다시 1873년 10월 14일에는 태정관포고 제344호에 따라 새로이 신무천황즉위일을 양력(陽曆)으로 환산하여 이를 '2월 11일(기원절)'로 변경하는 과정이 이어졌다.

『매일신보』 1940년 2월 10일자에 수록된 이세신궁 성화(聖火)의 경성 도착 관련 기사이다. 사진의 위쪽은 성화봉납식이 거행되고 있는 조선신궁의 모습이고, 아래쪽은 성화봉천 행렬이 남대문 구간을 막 지나는 장면이다.

에 따라 황기 2600년에서 끝 두 자리 숫자를 따온 표현이다.

『매일신보』 1940년 2월 9일자에 수록된 「성화(聖火)는 무엇인가? 조선신궁(朝鮮神宮) 구화(篝火)에 옮길 이세황대신궁(伊勢皇大神宮)의 신화(神火), 획기적 행사(劃期的 行事)에 반도산하 감격(半島山河 感激)」 제하의 기사는 신궁에서 불의 존재를 신성하게 여기는 뜻과 구태여 이른바 '성화봉천(聖火奉遷)'의 행사를 벌이는 까닭을 이렇게 설명하고 있다.

역사에 빛나는 황기 2600년의 뜻 깊은 기원(紀元) 가절을 맞이하여 동업 경성일보사(京日)와 조선연합청년단에서 봉사하는 성화봉천계주(聖火奉遷繼走)는 마침내 부산(釜山) 경성(京城) 사이 560'키로'의 장도를 엿새 동안에 달려 성화는 9일 오후 4시 반 대망하던 조선신궁에 어도착하기로 된 바 이에 이세황대신궁에서 봉천되는 성화(聖火)의 뜻과 또한 봉지되어 오는 화찬구(火鑽具)에 대하여 일반 국민 가운데 아직 체득하지 못한 사람이 있을 듯하므로 조선신궁 아치와 궁사(阿知和宮司)는 8일 그에 대한 설명을 다음과 같이 하였다.

조선신궁에서는 빛나는 황기 2600년의 기원절을 맞이하여 이세황대신궁(伊勢皇大神宮)으로부터 성화를 봉천계주로 받들어 기원대제의 어료화(御料火)로 쓰기로 되었다. 불은 신도(神道)에 있어서 물이나 소금과 함께 신성한 것으로 존중히 여기는 바인데 이세황대신궁에서는 신사(神事)에 사용하는 불은 언제나 기화전(忌火殿)이란 신찬조리소(神饌調理所)에서 새로이 찬화(鑽火)하는 불만을 사용한다. 그런데 이번에는 이세황대신궁에서 불을 횃불에 붙여가지고 봉천계주하여 조선신궁의 구화(篝火)에 옮기기로 된 것이다. 또 이번에 이세로부터 받들어오는 화찬구(火鑽具)는 순전히 고대식(古代式)의 것으로 이즈모대사(出雲大社)의 것보다는 얼마간 진보된 것인데 이것은 비파나무로 만든 대(心棒)가 홰나무 절구에 엇갈려서 불을 일으키는 것이다.

그리하여 조선신궁에서는 이번에 받는 화찬구로 어공병(御供餠)과 신찬(神饌)을 만들고 한편 뜻 깊은 기원대제의 어료(御料)에 쓰며 또 정료(庭燎)에 이를 쓰게 된 것이니 이는 실로 획기적인 것이다. 이리하여 이번에 받는 것은 화찬구이나 따로이 봉천할 때에 이 신구(神具)의 둘레를 깨끗이 하고 또 확실히 신화를 옮겨온다는 표징(表徵)을 하기 위하여 따로이 이세로부터 불을 받아 횃불에 붙여 가지고 오게 된 것이다.

이 당시 기원 2600년과 시정(始政) 30주년을 널리 기념하고자 이세신

일본의 신도(神道)에서 불을 신성하게 여겨 이를 성화(聖火)라고 지칭하는 내력에 대한 글을 담고 있는 『매일신보』 1940년 2월 11일자의 기사 한 토막이다. 여기에 곁들여진 사진자료는 이세신궁에서 옮겨온 '성화봉천'의 행렬이 조선신궁에 막 도착하고 있는 장면을 담고 있다.

궁에서 조선신궁을 '성화'를 옮겨오는 일은 경성일보사와 조선연합청년단이 주관하여 이를 맡았고, 이것이 이뤄지는 전 과정의 동선과 일정은 신문지상을 통해 세세하게 중계된 흔적을 확인할 수 있다. 경성일보사의 사장 미타라이 다츠오(御手洗辰雄)와 조선신궁의 주전(主典) 이케다 료하치(池田良八) 등이 포함된 대표단 일행이 그해 1월 31일 이세신궁에 들어가 하룻밤을 지샌 뒤에 2월 1일 날이 밝자 그곳에서 성화를 수령하였고, 이들이 관부연락선 금강환(金剛丸)에 올라 현해(玄海; 대한해협)를 건너 마침내 부산잔교(釜山棧橋)에 도착한 것은 2월 3일 오전 6시였다.

그 이후 성화봉천행렬은 부산을 출발한 이래 7일간에 걸쳐 동래, 양산, 언양, 경주, 영천, 대구, 왜관, 김천, 황간, 청산, 옥천, 대전, 조치원, 천안, 평택, 수원으로 이어지는 행로를 따라 이동하였고, 2월 9일에 이르러 최종 목적지인 경성에 당도하였다. 이와 관련하여 『매일신보』

1940년 2월 10일자에 수록된 「어성화(御聖火), 서기(瑞氣)어린 조선신궁(朝鮮神宮)에 황황(煌煌), 금일(今日) 오후(午後) 어안착(御安着)」 제하의 기사는 이들 행로의 마지막 이동상황을 이렇게 전하고 있다.

지난 3일 이세황대신궁(伊勢皇大神宮)의 존엄한 신기(神氣)를 다붓이 안고 물결도 세인 달빛 어린 현해(玄海)를 건너 흥아(興亞)의 봄을 맞이한 황국반도의 첫째 관문인 부산(釜山)에 어상륙한 성화(聖火)와 성화기(聖火器)는 남부와 중부 조선 각도 시민중의 열렬한 환영과 환송을 받으며 이레 동안에 경성까지 560'키로'의 장도를 조선연합청년단 각도 대표와 및 경성 대표의 손에 받들리어 봉천계주하여 9일 오전 9시 성화대는 최후 숙박지인 수원(水原)을 떠나 37'키로'의 최종 '코-스'를 달려 마침내 오후 4시 반에는 대망하던 서기(瑞氣) 어린 조선신궁의 배전 앞에 어안착하였다. 향토의 영광을 두 어깨에 지니고 선발된 경성부 대표 하마다 토시카츠(濱田利勝), 전문규(田文奎) 두 선수의 손에 받들린 성화와 성화기는 수원을 떠난 지 일곱 시간만인 오후 2시 45분 경성에 들어오는 첫째 관문인 영등포(永登浦) 기린맥주 공장 앞으로 꽃불이 일어나는 가운데 발걸음도 씩씩하게 지났고, 동 3시 34분에는 마침내 한강교(漢江橋)파출소 앞을, 그리고 동 4시 12분에는 남대문통(南大門通) '세브란스' 앞을 지나게 된 바 집집에서는 국기를 달고 그리고 연도에는 성화대를 충심으로 받들어 맞는 학생청년단 그리고 수 만의 민중들로 꽉 들어차서 일대 성관을 이루었는데 성화대는 '세브란스' 병원 앞을 지나 동 4시 30분 정각 마침내 대망하던 조선신궁에 어안착하였다.

이들이 가져온 성화에 대해서는 즉시 봉납식(奉納式)을 거행하고 경내에

『경성일보』 1940년 1월 26일자에는 이세신궁에서 받아오는 불로써 기원 2600년을 상징하는 2,600개의 성화병(聖火餠, 성화떡)을 지어 이를 조선신궁 참배자들에게 나눠줄 예정이라는 내용이 기사가 수록되어 있다.

마련된 구화(篝火, 카가리비)에 옮기어 기원절제(紀元節祭)까지 계속하여 태우는 것으로 예정되어 있었다. 이와 함께 재화병도식(齋火餠搗式)을 통해 이 불로써 2,600개의 '성화병(聖火餠, 성화떡)'을 만들어 대전(大殿)에 헌상함과 동시에 참배자들에게 각각 나눠주는 행사도 거행했다고 알려진다.

이로부터 이틀이 지난 1940년 2월 11일은 이른바 '황기 2600년의 기원절'이었으므로 이날을 맞아 조선신궁에서는 팔굉일우(八紘一宇)와 내선일체(內鮮一體)의 정신을 내세운 성대한 봉축행사가 거행되기에 이른다. 이 대목에서 한 가지 더 지석하자면, 바로 이날이 또한 일제가 이 땅의 사람들에게 창씨개명(創氏改名)을 강요한 이른바 '씨제도(氏制度)'의 개시일이기도 했다는 사실을 기억해둘 필요가 있다.[49]

---

49) 일제가 창씨개명(創氏改名)에 관한 법령으로서 처음 제정 공포한 것은 1939년 11월 10일 제령 제19호「조선민사령(朝鮮民事令) 중 개정(改正)의 건(件)」과 제령 제20호「조선인(朝鮮人)의 씨명(氏名)에 관한 건(件)」이다. 이에 따르면 씨(氏)는 조선인 호주(朝鮮人戶主)가 이를 정하고, 부칙(附則)에 따라 본령(本令) 시행 후 6월 이내에 새로운 씨를 정하여 부윤(府尹) 또는 읍면장(邑面長)에게 계출(屆出)하도록 했으며, 만약 이 이 기간 내

『매일신보』 1940년 2월 11일자에 수록된 '씨제도(氏制度; 창씨개명)' 실시에 관한 보도내용이다. 이 날은 이른바 '황기 2600년'을 맞이하는 기원절(紀元節, 초대천황즉위일)'이기도 했지만, 일제는 하필이면 이때에 맞춰 창씨제도의 시행일로 설정하였다.

그런데 가만히 생각해 보면 '성화'라는 말 자체가 이처럼 불을 신성한 존재로 여기는 일본 신도(神道) 쪽의 언어습성에서 파생된 것이 아닌가 하는 의구심을 떨쳐버리기는 어려운 듯하다. 그렇다면 올림픽 대회의 '불꽃'을 일컬어 '성화'라는 번역어로 대입시킨 것은 의심할 바 없이 이러

에 계출하지 않으면 호주의 성(姓)으로써 씨를 삼도록 했다. 그 이후 1939년 12월 26일 조선총독부령 제219호 「소화 14년 제령 제19호 및 제령 제20호의 시행일에 관한 건(件)」에 따라 창씨명에 관한 계출은 "소화 15년(1940년) 2월 11일부터 시행"하는 것으로 정해졌다. 이와 함께 같은 날짜에 창씨개명 계출에 관한 부속절차와 관련하여 조선총독부령 제220호 「조선호적령(개정)」, 조선총독부령 제221호 「조선인의 씨(氏)의 설정에 동반한 계출 및 호적의 기재수속에 관한 건(제정)」, 조선총독부령 제222호 「조선인의 씨명변경(氏名變更)에 관한 건(제정)」 등이 공포되었는데, 이러한 규정들 역시 이른바 '황기 2600년의 기원절(즉, 1940년 2월 11일)'에 맞춰 시행되도록 하였다.

한 배경에서 나온 결과물일 테고, 결국 '올림픽 성화'라는 용어 역시 일제잔재의 한 범주에 속하는 것이라고 봐야하지는 않을까?

• 이 글은 『민족사랑』 2022년 9월호에 게재하였던 것을 수정 보완하였다.

12

일제가 독려했던 또 다른 전쟁, 인구전쟁(人口戰爭)

해마다 자복가정표창(子福家庭表彰)이 이뤄지던 시절의 풍경

예로부터 자식이 번성한 것은 복이 많다고 하여 다복(多福)하다고 표현하기도 하고, 청나라 사람 적현(翟顥)이 지은 『통속편(通俗編)』 '축송(祝誦)'에는 수(壽), 부(富), 귀(貴), 강녕(康寧)과 더불어 자손중다(子孫衆多)를 오복(五福)의 하나로 꼽기도 했다. 그런데 이러한 다복한 가정을 유달리 강조하다 못해 강권하다시피 했던 시절이 있었다. 하필이면 이것을 강요한 주체가 바로 일제패망기의 일본제국 그 자체라는 것이 문제이긴 하지만 말이다.

1940년 이후 해마다 꼬박꼬박 치뤄진 '조선우량다자가정표창식(朝鮮優良多子家庭表彰式)'도 그러한 사례의 하나이다. 이 행사는 총독부 기관지 매일신보사(每日新報社)가 1940년 이른바 '황기(皇紀) 2600년' 봉축기념사업으로 시도한 것으로, 이것의 대상자를 선별하는 기준은 『매일신보』 1940년 11월 28일자에 수록된 '우량자복가정표창(優良子福家庭表彰)'이라는 제목의 공고문에 다음과 같이 게재되어 있다.

피표창자(被表彰者)는 다음 각호에 해당하고 또 모범이 될 만한 가정의 부모로 함. 단, 부모간에 한 분이 없을 때는 생존한 분으로 함.

⑴ 부모가 같은 만 6세 이상의 적출(嫡出) 자녀 10인 이상을 몸소 육성한 분.

⑵ 자녀(6세 미만의 자녀도 포함함) 중 사망자가 없을 것. 단, 전역사변(戰役事變)으로 인하거나 또는 천재지변(天災地變) 등 피치 못할 사유에 의하여 사망한 자(者)는 생존자로 간주함.

⑶ 자녀는 모두 심신(心身)이 건전(健全)할 것. 단, 전역사변(戰役事變)으로 인하거나 또는 천재지변 등 피치 못할 사유에 의하여 건전치 못하게 된 자는 이를 건전한 자(者)로 간주함.

이에 따라 표창대상자에 대한 조사는 매일신보 본사와 지사 지국장이 각도, 읍, 면, 경찰서를 통하여 진행하거나 대상자격자가 신문사로 연락하는 경우에 이를 심의하는 방식을 택하기로 하고, 그해 12월 25일을 표창식 행사일로 선정하였다. 그러나 "시국하에 아기를 많이 낳고 튼튼하게 길러 나라에 바치자"는 취지로 이뤄진 이 행사는 후보자 추천이 쇄도하였다는 이유로 심사일정이 연기된 끝에 결국 이듬해

황기(皇紀) 2600년 봉축기념사업으로 시작된 우량자복가정 표창회의 공고문안이 『매일신보』 1940년 11월 28일자의 지면에 수록되어 있다.

『매일신보』 1942년 11월 3일자에는 제2회 우량다자가정 표창회에서 16명의 자녀를 가진 다복자가 1등에 선정된 사실이 기재되어 있다.

2월 11일, 곧 그들의 기원절(紀元節, 초대천황 즉위일)에 시상식이 거행되었다.

이 당시 전국에 걸쳐 345가정이 수상자로 선정되었는데, 아들 열 하나에 딸 넷으로 모두 15남매를 거느리고 경성부 낙원정 197번지에 주소를 둔 손태환(孫台煥, 51세)이란 사람이 으뜸으로 뽑혔다. 이들 가운데 경성에 거주하는 29가정에 대해서는 경성부민관 중강당(京城府民館 中講堂)에서 총독부 관리들이 다수 참석한 가운데 성대한 표창식이 거행되었다. 이 자리에서 조선자복자표창회장(朝鮮子福者表彰會長) 오노 정무총감(大野 政務總監)의 축사를 총독부 내무국장이 대독한 데 이어, 행사주최자였던 매일신보사 카야마 린(佳山 麟: 최린의 창씨명) 사장은 다음과 같은 인사말을 덧붙였다.50)

…… 말할 것도 없이 약진일본(躍進日本)의 진로를 개척하고 팔굉일우(八紘一宇)의 대정신(大精神)에 기(基)하여 대동아공영권(大東亞共榮圈)을 확립함

---

50) 이 내용은 『매일신보』 1941년 2월 13일자, 「본사 주최(本社 主催) 조선자복가정표창(朝鮮子福家庭表彰), 각계 성원(各界 聲援)을 심사(深謝), 본사(本社) 카야마 사장 인사(佳山 社長 人事)」 제하의 기사에 수록되어 있다.

에는 고도국방국가(高度國防國家)의 건설이 필수조건이며 또는 그 전제(前提)로 되는 것은 온갖 물적 자원(物的 資源)에도 앞서 인적 자원(人的 資源)의 확충임은 고금동서의 역사가 실증하는 바이다. 우수한 병기와 풍부한 물적 자원이 전쟁의 승패를 결정하는 최대요건이라고 인정되어 있는 금일에 인적 자원에서 질량(質量) 모두 열등한 국가는 벌써 국가로서 존립할 수 없다는 산 증거는 재작년 이래 전개되고 있는 구주대전(歐洲大戰)에서 밝히고 있다. 최근 중앙정부에서 인구증가(人口增加)의 국책(國策)을 수립하여 그 실현을 급(急)히 하고 있음도 이유는 여기에 있다고 말할 수 있다.

본사(本社)는 자(玆)에 감(鑑)하는 바 있어 아(我) 제국의 인구증가를 장려하며 또한 촉진하는 의미에서 이에 이 자복가정표창(子福家庭表彰)을 계획한 바 관계 각 관청과 반도재주(半島在住) 이천 삼백 만 동포의 열렬한 성원에 의하여 참으로 예상 이외의 성과를 얻은 것은 방가(邦家)를 위하여 동경(同慶)으로 생각하는 동시에 특히 깊이 어례(御禮)하여 마지않는 바이다.

제회 표창식 때 인구증식의 필요성을 역설한 오노 정무총감이 축사와 카야매(최린) 매일신보사장의 인사말이 『매일신보』 1941년 2월 13일자의 지면에 수록되어 있다.

이를 계기로 매일신보사는 제2회부터는 11월 3일인 명치절(明治節)로 행사일을 변경하고 1944년 제4회 행사에 이르기까지 해마다 열 명 이상의 자식을 거느린 우량다자가정에 대한 표창식을 꼬박꼬박 지속하였다. 이로써 4년간 1,170가정이 인구증식에 크게 기여하였다는 이유로 수상대장자로 선정되었던 것이다.

조선우량다자가정표창식 실시 연혁 (매일신보사 주최)

순서	표창일	표창대상	1등상 (출산내역)	시상식장(서울)
제1회	1941.2.11	345가정	15남매(아들 11, 딸 4)	경성부민관
제2회	1942.11.3	472가정	16남매(아들 7, 딸 9)	경성부민관
제3회	1943.11.3	185가정	12남매(아들 8, 딸 4)	경성부민관
제4회	1944.11.3	168가정	13남매(미상)	조선체신사업회관

그런데 실상 이러한 자복가정에 대한 표창방법은 매일신보사라는 일개 신문사에서 짜낸 독창적인 아이디어는 전혀 아니었다. 이미 1939년말에 일본 후생성(厚生省)에서 인구증식책의 일환으로 어린 아이를 많이 낳는 가정에 대한 표창 예산을 편성하였고, 실제로 이를 바탕으로 1940년 11월 3일에 맞춰 일본 전역에 걸쳐 1만 336가족(자녀 총수 109,535

『매일신보』 1942년 11월 9일자에는 경성 지역에서 제1의 자복자로 선정된 야마모토(山本; 조선인의 창씨명) 씨의 가정탐방문이 게재되어 있다.

명)에 대한 표창과 기념식 수여를 실시한 바 있었다. 더구나 이 '우량다자가정표창제도(優良多子家庭表彰制度)'의 수상기준을 살펴보면 매일신보사에서 거행했던 것과 완전히 판박이였던 것을 알 수 있다.

이에 관한 흔적으로는 『동아일보』 1940년 4월 18일자에 수록된 「다자(多子)는 복야(福也)! 금추(今秋)부터 "자보상(子寶賞)" 출현(出現)」 제하의 기사가 남아 있다.

> [도쿄전화동맹(東京電話同盟)] 후생성에서는 인적 자원의 보물인 어린이들을 훌륭하게 키운 어머니와 아버지를 표창하게 되었다. 이 명칭은 자보상(子寶賞)이란 것인데 8만 2천 원의 예산으로 드디어 금년 가을부터 실시하기로 되었는데 이 표창을 받을 다자가정(多子家庭)도 여러 가지라 어느 정도의 표준이 될는지가 쉽고도 어려운 문제다.
>
> 후생성에서는 목하 계원이 머리를 짜내고 있는데 요즈음 대강 성안되었다. 흥아자보상은 최후로 결정됨을 보아 전국 각 지방청에 통첩하여 각 지방장관으로부터 해당자의 대신을 시켜 늦어도 금년 가을에는 표창전달식이 거행되기로 되었다. 이 포창되는 것의 제1조건은 6세 이상의 자녀 10명 이상을 가진 사람이 아니면 안 된다. 그러나 많이 가졌다는 것만으로는 안 된다. 이 어린이들은 훌륭하게 키운 우량 가정이어야 할 것이 필수조건이고 그 중에 전과가 있거나 병사(病死), 병약(病弱)자가 있어서는 실격이 되고 또 사생아는 못 들어간다. 또 양자, 기타 사정으로 자녀가 다른 집에 있는 것은 그 시기가 고려되기로 되었다. 이외에 소년교호원(少年敎護院) 등에 들어 있는 자녀가 있는 경우도 대체로 실결될 모양이나 전사자는 명예의 아들 한 사람으로 헤인다. 상은 은이나 알마이트로 만든 상패와 대신이 표창장과 애국공채 등으로 되었다. 조

선은 아직 실시되지 않는다.

『매일신보』 1941년 1월 23일자에는 한 가구당 평균 5명씩 출산에 총인구 1억 명까지 증가시키는 것을 목표로 하여 설정된 인구정책확립요강의 내용들이 소개되어 있다.

이러한 표창제도는 일본제국이 추구하던 새로운 인구정책에 따른 것으로, 그 당시는 중일전쟁으로 인한 전시체제가 노골화하는 가운데 "인구는 최후의 무기"라는 인식을 바탕으로 인구의 증식을 하나의 세계전쟁으로 보는 정책적 관점이 팽배하던 시절이었다. 인구가 많은 것이 국력을 가늠하는 제1 척도는 아니지만, 속된 말로 '쪽수'가 많아야 일단 전쟁에서 유리한 것은 사실이니까 말이다. 1939년 8월에 후생성 차관이 직접 관장하는 인구문제연구소(人口問題硏究所)의 관제를 신설하고, 곧이어 1941년 7월에는 후생성의 편제에 인구국(人口局)을 새로 추가한 것은 모두 이런 맥락에서 이뤄진 일이었다.

특히 일본 각의에서는 1941년 1월에 인구정책확립요강(人口政策確立要綱)

을 결정하고 이를 발표하였는데, 여기에는 1940년 제5회 국세조사(國勢調査) 당시 7,300만 명 수준이던 일본 내지인(內地人)의 총인구를 소화 35년(즉, 1960년)까지 1억 명이 되도록 하는 것이 목표로 제시하였다.[51] 이를 위해 향후 10년간에 걸쳐 혼인평균연령을 3년가량 낮추도록 하고, 한 부부 당 출산수를 5명에 이르도록 정하였다. 증식력과 자질에 있어서 다른 나라를 능가하는 인구를 구성하여 고도국방국가(高度國防國家)에 있어서 병력(兵力)과 노동력(勞動力)을 확보하려는 것에 주안점이 주어졌음은 두말할 나위가 없다.

이밖에 출생률의 증가와 사망률의 감소를 위한 여러 정책이 전방위적으로 추구되어 낙태금지령, 산아제한사상 일소, 피임도구 판매제한, 독신자 부담가중, 20세 이상 여자에 대한 취업 억제, 결혼자금 대부제도, 자보수당제도(子寶手當制度), 우생결혼(優生結婚) 인증제도, 임산부등록제와 같은 것들이 시행되었다. 불임을 유발하고 출산율을 떨어뜨리는 화류병(花柳病)은 물론이고 결핵병도 일종의 망국병으로 간주되어 박멸의 대상으로 분류되었다.

이 무렵 인구증식을 강요하다시피 했던 시대적 흐름에 맞춰 크게 성행했던 또 다른 유형의 행사는 바로 우량아선발대회였다. 매일신보사와 경성일보사의 경우 조선사회사업협회의 후원을 받아 1939년 5월 전선우량유아표창회(全鮮優良幼兒表彰會)를 개최하였는데, 『매일신보』 1939년 4월 12일자에 게재한 '안내공지문'에 따르면 이러한 대회를 치르는

---

51) 이에 관해서는 『매일신보』 1941년 4월 18일자에 수록된 「전국 총인구(全國 總人口) 1억 5백만, 내지(內地)만의 총인구 7천 3백 11만, 작년(昨年) 10월 1일 국세조사(國勢調査)의 결과(結果)」 제하의 기사를 참조할 수 있다.

취지는 대략 이러했다.

> 신동아(新東亞)를 건설하는 새로운 세기(世紀)를 맞이한 우리들은 이때의 국민으로서 한층 더 튼튼하고 훌륭한 몸을 가지고 빛나는 우리의 사명(使命)을 해야 합니다. 본사에서는 생각하는 바가 있어 경성일보사(京城日報社)와 공동 주최로 조선사회사업협회, 조선체육협회의 후원을 얻어 오는 5월 2일부터 1주일 동안 거행되는 '아동애호주간'을 기하여 제1회 조선우량유아표창회를 다음과 같은 규정에 의하여 거행하기로 하였으니 전 조선의 부모 제씨는 많이 참가하시기를 바랍니다. …… (하략)

이곳에서 선발된 1등에게는 애당초 정무총감 명의의 상을 주었으나, 1941년 봄의 제3회 행사 때부터는 1등상의 수여자를 조선총독으로 격상하는 조치가 이뤄졌다. 그리고 후원 단체의 명단에도 국민총력 조선연맹(國民總力 朝鮮聯盟)을 새로 포함하는 등 그 규모를 더욱 성대하게 변경하였다.

아동애호주간에 맞춰 실시된 제1회 전선우량 유아표창회의 공고문안이 『매일신보』 1939년 4월 12일자의 지면에 수록되어 있다.

원래 우량아선발대회라고 하면 매일신보사와 경성일보사가 일찍이 1928년 9월에 어대전기념(御大典記念, 소화천황 즉위기념)으로 제1회 유유아심사회(乳幼兒審査會)를 개최한 전력이 있었다. 하지만 이 당시에는 만 2세 이하의 젖먹이들만을 대상으로 한 것에 비해, 1939년 이후의 우량유아 표창회는 2~4세 아동을 대상으로 하여 육아의 성과를 살피는 것에 주안점을 둔 것이 달랐다.

침략전쟁이 지속되는 동안 전선에서는 전사자가 속출하더라도 인구의 증가세가 유지된다면 그러한 개개인의 죽음 따위는 아무 것도 아니라는 식의 발상, 그것이 천황제 전체주의에 의한 일본제국의 본질이 아닌가 한다.

• 이 글은 『민족사랑』 2016년 2월호에 게재하였던 것을 수정 보완하였다.

제 3 부 곳곳에 남아 있는
그들만의 기념물

13

수원화성 방화수류정 언덕에 자리했던 순직경찰관초혼비

3.1만세운동 때 처단된 일본인 순사들을 위한 기념물

　수원화성 팔달문 쪽에서 성벽 옆의 계단길을 삼백 미터 남짓 따라 올라가면 서남 암문 앞쪽에 이르러 숲속의 작은 빈터에 자리한 '3.1독립운동기념탑'을 만나게 된다. 이것은 1969년 3월 1일 '삼일독립기념탑'이란 명칭으로 중포산(中布山)에 조성되었던 것을 삼일동지회(三一同志會, 1969년 4월 12일 창립)에 의해 그해 10월 15일에 다시 지금의 자리로 이전 건립한 것으로 알려진다.

　그런데 이 기념탑 바로 옆에는 이것과 함께 옮겨온 약간은 이색적인 또 다른 기념비 하나가 남아 있는데, 가까이 가서 살펴보니 앞뒷면에 한글로 '대한민국독립기념비'라고 새겨 넣은 것이 눈에 띈다. 한쪽 옆에는 '수원읍민 수원군내학생 일동'이라고 되어 있고, 다른 한쪽에는 '단기 4281년 8월 15일 건립(유근홍 씀, 이상훈 만듦)'이란 글씨가 들어있다.

　이 비석의 건립 내력이 궁금하여 신문자료를 찾아보았더니, 한참의 세월을 거슬러 올라가 『동아일보』 1949년 1월 18일자에 수록된 「수원에서 대한독립기념비 제막식 성대 거행」 제하의 기사에 다음과 같은 내용이 보인다.

수원 팔달산에 자리하고 있는 '대한민국독립기념비'의 모습이다. 원래 수원화성 화홍문 옆 방화수류정 언덕에 있었으나 1969년에 지금의 자리로 옮겨졌다.

[수원] 잔악무도한 왜적을 이 땅에서 몰아내고 또 그대들이 세운 가증한 공비를 부시고 왜적들로 말미암아 쓰러진 수많은 선열들의 거룩하신 유업을 찬양하는 동시에 이 땅의 독립을 영구히 빛내일 독립기념비의 거사는 수원읍내에 세우기로 결정되어 민(閔) 군수를 비롯한 26만에 달하는 군민들의 끊임없는 지성으로 지난 해 10월 22일부터 착공하여 오던 바 연공사일 80일만에 52만여 원에 달하는 거액을 던진 공사는 드디어 준공되었던 것이다. (사진은 동 독립기념비)

역사를 자랑하는 수원군민들의 기쁨은 더 한층 크련만 지하에 잠든 투사들의 영령 좇아 이 비(碑) 위에 감돌아 춤출 것이다. 이 뜻 깊은 기념비의 제막식은 드디어 지난 16일 상오 11시부터 이(李) 대통령 대리인 신(申性模) 안(安浩相) 신(申翼熙) 국회의장을 비롯하여 구(具) 경기도지사와 당지 유지 다수 참석하 먼저 국민의례에 이어 민(閔) 군수의 열렬한 식사가 있고 제막이 있은 후 신(申) 내무장관으로부터 뜻 깊은 독립기념비 제막에 당하여 여러 학생과 군민들에게 말하고자 하는 것은 우리 대한민국은 세계 열강이 승인한 독립국가이며 이 기쁨이란 바로 여기 세운

기념비와 같이 있는 것이다. …… (하략)

『동아일보』 1949년 1월 18일자에 수록된 '대한민국독립기념비' 제막 관련 기사이다. 일제 때 조성된 '순직경찰관초혼비'를 헐어내고 바로 그 자리에 이 비석이 건립되었다.

이 기사를 통해 이 비석은 표면상으로 대한민국 정부수립일인 1948년 8월 15일에 건립한 것으로 되어 있지만, 실제로는 그 이듬해인 1949년 1월 16일에 제막된 것이라는 사실을 알 수 있다. 또한 이 기사에는 "그대들이 세운 가증한 공비를 부시고"라는 구절이 등장하는데, 이것은 무엇을 말하는 것일까? 이에 관한 궁금증은 『조선중앙일보』 1949년 1월 18일자에 수록된 「대한독립기념비, 내무장관 참석 제막식」 제하의 기사를 통해 풀어낼 수 있다.

16일 아침 9시 30분 경무대를 나선 내무장관 신성모(申性模) 씨 수행을 따라 경원(京原) 간 40리(哩, 마일) 연도의 싸늘한 공기를 헤치고 기자는 이곳 방화수류정(訪花隨柳亭) 언덕 위에 뜻 깊이 선 대한민국독립기념비(大韓民國獨立記念碑) 제막식에 참가하였다. …… 이 기념비는 지난 10월 22일에 착공하여 준공까지 연공사일(延工事日) 80일간 그리고 52만 원의 공사비로 민(閔) 수원군수와 유지를 비롯한 26만 명의 군민과 더불어 어린 3만 명 학도들의 열렬한 지성의 결정으로 된 것이다.

그리고 더욱 이 비는 3.1독립운동 당시 우리의 애국선열들을 무참히도 학살(虐殺)하고 맞아죽은 노구치 코조(野口廣三)와 카와바타 토요타로(川端豊太郎)의 가증 무쌍한 추념비(追念碑)를 8.15 해방과 함께 분쇄(粉碎)하여 버린 그 자리에 지금 맑게 개인 하늘 아래 우리가 꿈속에도 그리워 마지않던 독립비는 당당히 그 자리를 힘차게 나타낸 것이다. (하략)

여기에는 일본인들이 세운 비석의 정체가 "3.1독립운동 당시 우리의 애국선열들을 무참히도 학살하고 맞아죽은 일본인 순사들의 가증 무쌍한 추념비"라고 밝히고 있다. 이들 중 노구치 코조(野口廣三, 1889~1919)는 수원경찰서 순사부장으로 1919년 3월 28일 만세시위대를 진압하기 위해 부하들을 이끌고 현지에 파견되었다가 수원군 송산면 사강리에서 권총을 발사하였고 이에 격분한 시위군중들에게 쫓겨 돌에 맞아 처단

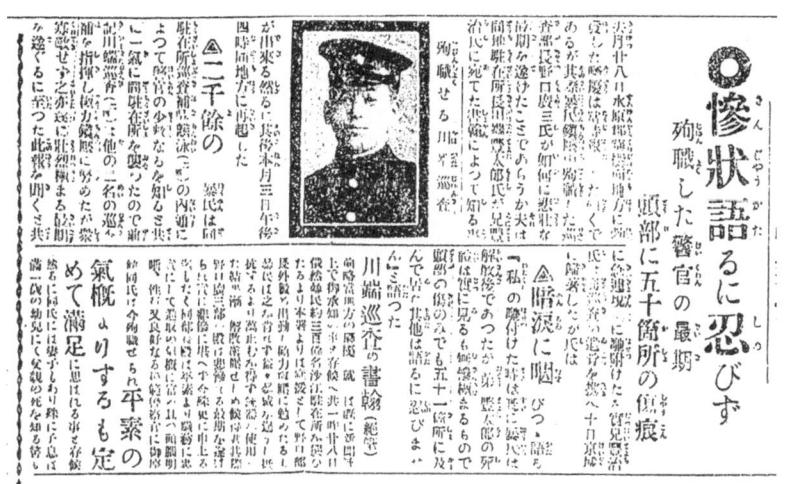

『경성일보』 1919년 4월 12일자에 수록된 수원경찰서 노구치 순사부장과 화수리주재소 카와바타 순사의 사망에 관한 보도내용이다.

된 인물이었다.[52]

그리고 카와바타 토요타로(川端豊太郎, 1895~1919)는 수원경찰서 화수리 경찰관주재소의 순사이며, 1919년 4월 3일 수원군 우정면 화수리에서 주재소로 몰려든 시위대를 진압하고자 총격을 가하며 도망을 가다 그를 추격한 군중에 의해 역시 처결되었다. 1937년에 발행된 『순직경찰소방직원 초혼향사록(殉職警察 消防職員 招魂享祀錄)』을 보면, 노구치 순사부장과 카와바타 순사의 순직 원인을 "경기도 수원경찰서 관내에서 소요사건 때에 폭동 진압 중 투석(投石)으로 중상을 입어 사망"이라고 기록되어 있다.

그러니까 이들의 추모비를 걷어내고 이 자리에 '대한민국독립기념비'를 건립한 것은 비단 대한민국 정부수립을 기리는 데에만 그치는 것이 아니라 일제의 탄압에 숨진 만세시위대 희생자들을 기리는 뜻도 함께 포함된 것으로 풀이된다. 듣자하니 독립기념비의 기단석은 추모비의 것을 그대로 사용하였다 하니 어찌 보면 그 자체가 일제치하를 벗어난 극복의 의미를 일부나마 담고 있는 것인지도 모르겠다.

그렇다면 죽은 일본인 순사들을 위한 비석은 언제 만들어진 것일까? 이 부분에 대해서는 지금까지 뚜렷한 자료가 알려진 바 없었으나 일제강점기에 발행된 일본어 신문 몇 종류를 뒤져보니, 『경성일보(京城日報)』

---

52) 노구치 순사부장의 이름에 대해서는 일반적으로 노구치 코조(野口廣三, のぐち こうぞう)라고 읽는 방식이 우세하다. 실제로 『경성일보』 1919년 4월 12일자에 수록된 「참상(慘狀)을 말하기 어려운 순직 경관의 최기(最期), 두부(頭部)에 오십 개소의 상흔(傷痕)」 제하의 기사를 보면 그의 이름에 'くわうぞう'라는 옛날식 음가표기가 붙어 있는 것을 확인할 수 있다. 그러나 『더 재팬 애더버타이저(The Japan Advertiser)』 1919년 4월 1일자에는 그의 이름이 "Mr. Hirozo Noguchi, sub-police inspector"라고 하여 '노구치 히로조'로 표기한 사례도 있었다는 사실이 눈에 띈다.

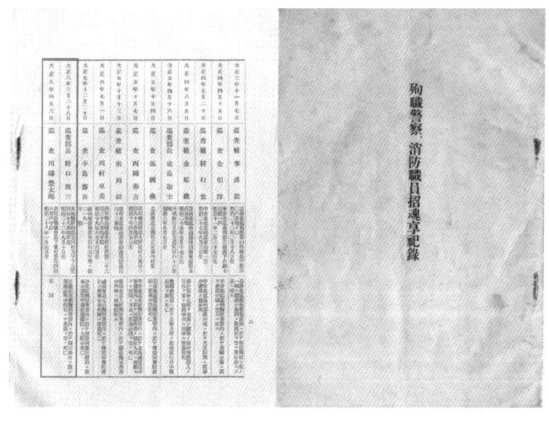

『순직경찰 소방직원 초혼향사록』(1937)에 수록된 노구치 순사부장과 카와바타 순사 관련 항목이다. 여기에는 "소요사건 때 폭동진압 중 투석(投石)에 중상을 입어 사망"이라고 적고 있다. (민족문제연구소 소장자료)

1926년 6월 30일자에 수록된 「순직경관 기념비, 27일 성대한 제막식을 거행」 제하의 기사를 통해 간신히 다음과 같은 기록을 찾을 수 있었다.

> [수원] 전부터 화홍문(華虹門)의 고대(高臺)에 건설중이던 순직경관(殉職警官)의 초혼기념비(招魂記念碑)가 준공되어 27일 오전 10시부터 성대한 제막식이 거행되었다. 참렬자는 지원(地元, 그 지방) 수원(水原) 및 경성의 관민 수백 명으로 순직자 카와바타 토요타로(川端豊太郞)의 유족(遺族, 모당, 누이, 딸)이 제막의 거적을 당겼고, 남성적인 여름의 햇볕을 받아 눈부시게 서 있는 기념비는 영원히 빛나는 순직자의 영예 그것과도 같으며, 식후 비전(碑前)에서는 무도대회(武道大會)를 거행, 도내 각서(各署)에서 30조(組)가 출장하여 장렬한 시합을 벌였고, 본사 기증의 특제메달을 받은 고점시합(高點試合)의 우승자는 다음과 같다. (사진은 기념비) (이하 내용 생략)

여기에서 말하는 '화홍문의 고대'는 앞서 '대한민국독립기념비'의 제막

『경성일보』 1926년 6월 30일자에 수록된 이른바 '순직경찰관초혼비'의 제막 당시 모습이다. 이 비석의 사진자료가 공개된 것은 이번이 처음이다.

장소였던 '방화수류정 언덕'과 동일한 장소를 가리키는 표현이다. 특히 이 기사에는 그 동안 전혀 알려진 바 없었던 비석의 사진자료가 함께 수록되어 있다는 것이 매우 주목할 만한 부분이기도 하다. 이 사진을 통해 비석의 전면에는 '순직경찰관초혼비(殉職警察官招魂碑)'라는 글자가 새겨진 사실을 확인할 수 있다.

『순직경찰 소방직원 초혼향사록』(1937)을 살펴보면, 일제강점기를 통틀어 수원경찰서 관내에서 순직한 경찰관은 노구치 순사부장과 카와바타 순사 이외에는 전무하였다는 것이 드러나므로, 이 초혼비는 결국 전적으로 3.1만세사건 당시에 숨진 두 일본인 경찰관을 위한 것이었음이 분명해진다. 이러한 연유로 이곳에서는 일제가 패망할 때까지 해마다 4월이 되면 이들을 위한 초혼제가 거행된 흔적을 어렵잖게 발견할 수 있다. 예를 들어『조선신문(朝鮮新聞)』1935년 4월 29일자에 수록된「수원경찰관(水原警察官) 초혼제(招魂祭) 집행」제하의 기사에는 다음과 같은 내용이 포착된다.

[수원] 일찍이 수원경찰서 관내에서 폭민(暴民) 때문에 순직(殉職)했던 노구치(野口), 카와바타(川端) 양 경찰관에 대한 제17회 초혼제는 수원경찰서 및 경우회(警友會) 주최 아래 4월 27일 오후 1시부터 양씨 기념비전에서 집행할 예정이었으나 공교롭게도 당일 우천(雨天) 탓에 공립보통학교 강당에서 집행, 제주(祭主) 후지타 서장(藤田 署長), 경우회장(警友會長), 곤도 토라노스케(近藤虎之助), 내빈(來賓) 오카와우치 군수(大河內 郡守)의 제사(祭詞)와 옥관봉전(玉串奉典) 등이 있은 후에 후지타 서장으로부터 경우회 및 내빈에 대한 인사를 마치고 개연(開宴)이 있었는데 당일의 인원은 이백여 명으로 종래 그 예를 보면 성의(盛儀)를 이뤘다.

참고적으로, 다른 지역의 사례도 살펴보니까 3.1운동 과정에서 죽은 일본군 헌병과 조선인 헌병보조원을 위한 기념비가 건립된 흔적이 눈에 띈다. 우선 강원도 이천군에서는 이천헌병분견소(伊川憲兵分遺所)의 헌병보조원으로 있다가 죽은 고세진(高世鎭)을 위한 비석이 건립되어 1921년 10월 15일에 제막된 일이 있었으며, 평안남도 성천군에서는 1919년 3월 4일에 중상을 당하여 결국 숨진 성천헌병분대장 헌병대위 마사이케 카쿠조(政池覺造)의 기념비가 특히 사이토 조선총독의 휘호를 받아 1925년 10월 10일에 제막된 사실이 확인된다.

그런데 노구치 순사부장과 카와바타 순사의 경우, 그들에 대한 초혼제가 수원 지역에서만 거행된 것은 아니었다. 그들의 초혼비가 건립되기 이전에 이미 1921년 4월 26일에 조선경찰협회(朝鮮警察協會)의 주관으로 처음 시작된 '순직경찰관초혼제'에도 당연히 대상자에 포함되어 있었다. 이 초혼제는 초기에는 남산공원 광장, 왜성대, 광화문 경찰관강습소 등에서 거행되었고, 1926년 7월 4일에 열린 제6회 순직경찰관초혼

『매일신보』 1929년 5월 13일자에 수록된 제9회 순직경찰관초혼제의 광경이다. 여기에는 경복궁 근정전 용상이 죽은 일본순사들의 제단으로 사용되는 모습과 야마나시 조선총독이 제단에 옥관(玉串, 타마구시)을 바치는 장면이 수록되어 있다.

제 때에 경복궁 근정전으로 자리를 옮겨 거행되는 과정이 이어졌다.

그리고 이듬해인 1927년에는 막 준공된 조선총독부 신청사 대홀(大 Hall)에서 열렸다가 다시 1928년부터는 경복궁 근정전으로 되돌아 왔으며, 그 이후로 줄곧 이곳에서 어김없이 초혼제가 개최된 바 있었다. 1935년부터는 '순직소방수'에 대한 초혼제도 곁들여 함께 거행되기 시작했으나, 이 시기에도 경복궁 근정전의 용상이 이들을 위한 제단으로 사용되는 고약하고도 어처구니없는 상황은 그대로 지속되었다.

이처럼 죽은 '왜놈 순사들'을 극진히 모시는 초혼제는 해마다 거행되면서도 정작 그들에 의해 희생된 조선인들을 위한 추모행사가 벌어졌다는 얘기는 결단코 들어본 적이 없다. 이 점에 있어서 『동아일보』 1923년 5월 21일자에 수록된 「수원사건(水原事件)에서 김상옥사건(金相玉事件)까지, 허다참극(許多慘劇)의 와중(渦中)에 순직했다는 경관이 46명, 그 중에는 조선사람도 열아홉」 제하의 기사에는 이러한 초혼제를 지켜보는 그 당시 조선인들의 심정이 과연 어떠했는지를 엿볼 수 있는 내용이 수록되어 있다.

늦은 봄비가 개일 듯 말 듯한 작일 왜성대(倭城臺)에서는 조선경찰협회(朝鮮警察協會)의 주최로 소위 순직경관(殉職警官)의 초혼제(招魂祭)를 거행하였다. 그리하여 초혼의 제물을 받는 그들 중에는 전염병(傳染病)의 예방에 종사하다가 병이 들어 죽은 자도 있으며, 저희들끼리 격검(擊劍)연습을 하다가 맞아 죽은 자도 있으며, 물에 빠진 사람을 건지려다가 죽은 자도 있고, 강도(強盜)나 절도(竊盜) 범인을 잡으려다가 죽은 자도 있고, 그리고 또 한 가지는 무수한 조선독립단(朝鮮獨立團)들을 죽이다가 나시 독립단들의 들쳐오는 총칼에 맞아 죽은 자도 있다. 그리하여 독립단의 손에 죽어 버린 자는 전체 일백 한 사람 중에서 마흔 여섯 사람이나 되며 다시 그 중에서 열아홉 사람은 조선의 아비를 모시고 조선의 아들을 거느린 조선사람이다.

그리하여 조선의 독립을 위하여 힘쓰는 독립단과 또는 독립에 관한 사건으로 싸우다가 죽은 자는 지금으로부터 4년 전 3월 1일 탑골공원(塔

洞公園)에서 독립만세(獨立萬歲) 소리가 일어난 지 스물 일곱째 날 세계의 이목을 놀라게 하고 사람의 피가 끓게 한 수원의 참사(水原慘事) 당시에 약한 주먹에서 날리는 백성들의 돌팔매에 맞아 죽은 일본인 순사부장(巡査部長)을 비롯하여 금년 1월 17일 새벽 시내 삼판통(三坂通)에서 김상옥(金相玉)의 육혈포에 맞아 죽은 일본인 순사부장 전촌(田村, 타무라)으로 끝을 마치었다. (중략)

이와 같이 일백 한 명의 죽은 자를 위하여 그 남은 혼(魂)을 불러주는 자의 정성에는 조선사람이나 일본사람의 구별이 없이 또는 전염병을 예방하다가 죽었든지 독립단을 죽이다가 죽었든지의 구별이 없이 오직 사람으로의 최후의 목숨을 버린 그를 위하여 설워하는 줄을 아는 사람도 역시 그 '사람으로의 죽음'을 위하여 가석히 여기는 동시에 그 일이 명의 경관들이 죽어 넘어진 벌판에 다시 기백 천 '사람'의 죽음이 깔렸음을 과연 기억할는지, 일백 한 명의 죽음은 초혼의 제물을 받치는 자나 있거니와 궂은비에 추추히 우는 기백 천의 영혼은 부칠 곳이 어디인가?

이 기사의 원문에는 원래 기사작성자의 표시가 없으나 해방 이후에 나온 소오 설의식(小梧 薛義植, 1900~1954)의 『금단의 자유』(새한민보사, 1949), 150~151쪽에 이 기사가 그대로 수록되어 있으므로, 청년기자 시절의 그가 이 글을 적었음을 알 수 있다. 이 기사에 나오는 "순직경찰관 한, 두 사람의 죽음 너머에는 수백, 수천의 불쌍한 죽음이 깔려 있다"는 지적은 전혀 틀린 말이 아니라 하겠다.

해방 이후 노구치 순사부장과 카와바타 순사의 초혼비가 헐리고 바로 그 자리에 '대한민국독립기념비'가 들어선 것은 한, 두 사람의 죽음 너머에 외면 받고 있던 수백, 수천의 영혼에 대한 추모와 위령의 뜻을 담아내고자 했던 것이 아니었을까?

● 이 글은 『민족사랑』 2020년 3월호에 게재하였던 것을 수정 보완하였다.

14

"덕은 봉의산만큼 높고, 은혜는 소양강만큼 깊도다"

세 곳에 남아 있는 '이범익 강원도지사 영세불망비' 탐방기

지난 2021년 3월 25일에 문화재청 고시 제2021-31호를 통해 전라남도 유형문화재 제76호이던 '순천 팔마비(順天 八馬碑)'가 보물 제2122호로 승격 지정되었다는 소식이 있었다. 청렴한 지방관의 표상으로 일컬어지는 이 비석이 처음 만들어진 것은 고려 충렬왕 때 승평부사(昇平府使)를 지낸 최석(崔碩)과 말 8필에 얽힌 고사(故事)에서 비롯되었으며, 정유재란 때 훼손된 것을 1617년(광해군 9년)에 이르러 순천부사(順天府使)로 있던 이수광(李睟光, 1563~1629)이 이를 재건하였다고 전해진다.

유서 깊은 팔마비를 새로 세운 경위는 비석의 뒷면에 새겨져 것이 남아 있긴 하지만 워낙 풍화가 심하여 이것만으로는 정확한 판독이 힘든 상태이며, 그 대신에 이수광의 문집 『지봉집(芝峰集)』에 「순천부중건팔마비음기(順天府重建八馬碑陰記)」의 전문이 수록되어 있으므로 이를 통해 그 내용을 들여다 볼 수 있다. 이에 관한 자료를 구하여 대략 살펴보니 그 가운데 이러한 내용이 퍼뜩 눈에 띤다.

…… 아아, 최공이 이 부를 다스린 것은 현재까지 4백 년이나 지난 일

이지만 백성들은 그 덕을 하루 같이 사모하여 비석은 비록 못쓰게 되었으나 구비는 여전히 건재하니, 어찌 구구하게 돌에 새길 소용이 있으랴. 그러나 드러내어 알림으로써 사람들을 격려하여 힘쓰게 하는 것이 이 비석에 달려 있으니 참으로 불가결한 일이로다. (噫 崔公之爲是府四百年于今 而民思其德如一日 碑雖廢而口碑尙存 則安用區區刻石爲哉 然所以表識而風厲乎人者 實在於此碑 固不可闕也)

여기에 나오는 '구비(口碑)'라는 것은 "비석에 새긴 것과 마찬가지로 세상 사람들의 입에서 입으로 전해 내려온다는 뜻"을 담은 표현이다. 이러한 취지의 말은 음기(陰記)의 뒤쪽에 이수광이 최원우(崔元祐)의 시(詩)를 차운(次韻)하여 직접 지은 칠언절구(七言絶句)에서도 잘 드러나 있다.

從古山川幾變移(예로부터 산천은 몇 번이나 변했던고)
廢基埋沒已多時(그 터가 황폐해지고 매몰된 지 이미 오래이나)
姓名不用重鐫石(성명을 거듭 돌에 새길 필요는 없으니)
好事相傳口是碑(좋은 일은 서로 전하여 입이 곧 비가 되네)

『명심보감(明心寶鑑)』에도 이르기를, "큰 이름이 어찌 단단한 돌에 새기는 데에 있겠는가. 길 가는 행인의 입이 비석을 이기나니(大名豈有鐫頑石 路上行人口勝碑)"라고 하였으니, 좋은 일은 구태여 비석을 만들어 새기지 않더라도 사람들의 입을 통해 오래도록 전해져 내려오기 마련인 것이다. 이러한 탓에 예로부터 이러한 '구비'의 힘을 더 신뢰하거나 이 때문에 실제로 비석의 건립을 극구 사양한 사례들도 심심찮게 눈에 띄곤 한다.

하지만 세상사가 어디 그런가? 이런 일들은 극소수에 그칠 뿐 애민

『매일신보』 1915년 5월 17일자에 소개된 춘천 소양정(春川 昭陽亭) 일대의 옛 전경사진이다. 이 지역의 명소로 널리 알려진 이곳에는 한때 이범익 강원도지사의 영세불망비와 그의 동상이 나란히 배치되어 있던 시절도 있었다.

선정비(愛民善政碑)나 청덕비(淸德碑)나 영세불망비(永世不忘碑)에서 송덕비(頌德碑)나 공적비(功績碑)나 무슨 기념비(記念碑)와 같은 것으로 이름만 약간 달라졌을 뿐 시대를 불문하고 여전히 온갖 비석들이 마구 넘쳐나고 있지 않았던가 말이다. 더구나 비석의 표면에 새겨진 미사여구(美辭麗句)에 칭송일색(稱頌一色)의 찬사(讚辭)를 액면 그대로 받아들일 사람은 없을 지라도, 어쨌거나 그것으로 인하여 비문 자체가 사람들을 현혹하는 힘을 갖는 것은 여전히 사실이다.

예를 들어, 친일파 관료(親日派 官僚)가 주인공이 되어 일제 때 건립된 무수한 비석들의 경우가 딱 그러하다. 이들의 행적과 실체를 잘 모르고 비면에 새겨진 구절로만 보면 이들만큼 어질고 훌륭한 관리는 세상에 둘도 없어 보이기 십상이니까 하는 얘기이다.

얼마 전에 강원도 춘천시의 봉의산(鳳儀山) 자락에 있는 소양정(昭陽亭; 1966년에 중층 누각으로 재건)을 찾아가는데, 이곳으로 올라가는 진입로 도로변에 이 지역의 옛 선정비를 모아놓은 비석군(碑石群)이 자리하고 있었

강원도 춘천시 소양로 1가에 자리한 '소양로 비석군'(춘천시 향토문화유산 제2017-1호)에는 대표적인 친일관료인 이범익 강원도지사의 영세불망비도 포함되어 있다. 이 비석의 측면에는 지난 2013년에 설치한 '친일파 이범익 단죄문'이 나란히 자리하고 있다.

다. 그 가운데 단연 눈에 띄는 비석 하나는 '이범익 강원도지사 영세불망비'인데, 이 비석의 앞뒤로 이런 글자가 새겨져 있다.

[전면] 江原道知事 李公範益 永世不忘碑 / 德高鳳岀 惠深昭江
[후면] 昭和九年二月 日建

중간에 비명(碑銘)으로 적어놓은 부분은 "덕은 봉수(봉의산)만큼 높고, 은혜는 소강(소양강)만큼 깊도다"라는 정도로 풀이되는 구절이다. '岀'는 '岫'와 같은 글자이며, 산봉우리라는 뜻을 지녔다. 내용은 단출하지만, 그 뜻만은 대단한 찬사가 아닐 수 없다.

하지만 이범익(李範益, 1883~?)이 누구이던가? 둘째가라면 서러울 만큼 대표적인 친일관료의 한 사람이 아닌가 말이다.

그는 일찍이 강원도 춘천군수(1912.10), 경상북도 금산군수(1913.7), 달성군수(1914.3), 예천군수(1916.2), 칠곡군수(1919.6) 등을 두루 역임하고 경상남도 참여관(1927.6)과 강원도지사(재임 1929.11.28~1935.4.1)를 거쳐 충청남도지사(재임 1935.4.1~1937.2.20)로 영전한 인물이었다. 1937년 11월에는 만주국 간도성장(間島省長)으로 자리를 옮겼으며, 이 시기에 그는 특히 조선인 항일부대를 섬멸하기 위해 악명 높은 간도특설대(間島特設隊)의 설치를 제안한 당사자이기도 했다.

모르고 보면 그는 대단한 선정(善政)의 대명사이지만, 알고 보면 직업적인 친일부역자 그 언저리에 놓여 있는 사람인 셈이다. 그나마 이 비석의 바로 옆쪽에는 지난 2013년 8월 15일에 이범익단죄문설치추진위원회에서 설치한 '친일파 이범익 단죄문'이 남아 있어서 그가 저지른 친일행적의 실상을 소개하고 있는데, 무엇보다도 비문 자체에 현혹되지 않도록 한다는 점에서 참으로 다행스런 조치가 아닐 수 없다.

아무튼 이 비석 자체도 어떤 연유로 세운 것인지가 궁금하여 옛 신문자료를 뒤져보았더니, 『매일신보』 1935년 11월 6일자에 수록된 「이범익 지사 송덕비 건립(李範益 知事 頌德碑 建立), 춘천읍민(春川邑民)이」 제하의 기사에 이러한 내용이 서술되어 있다.

이범익 강원도지사의 송덕비가 소양정 앞에서 제막되었다는 소식을 알리는 『매일신보』 1935년 11월 6일자의 보도내용이다. 비석의 후면에는 '1934년 2월에 건립'한 것으로 표시되어 있으나 실제 제막은 상당히 지연되었다는 사실을 알 수 있다.

[춘천] 현 충남지사(現忠南知事) 이범익 씨(李範益氏)는 강원도지사(江原道知事)로 만(滿) 6년간(年間) 재임중(在任中) 교통(交通), 산업(産業), 교육(敎育) 등(等) 각반(各般)에 긍(亘)하여서 도민(道民)을 위(爲)하여 진력(盡力)한 것은 갱언(更言)할 필요(必要)가 무(無)하거니와 도민(道民)은 이 지사(李知事)를 은인(恩人)으로 생각하고 도내(道內)에 기념비(記念碑)가 건립(建立)된 군(郡)도 불선(不尠)한 중(中) 저간(這間) 춘천읍민(春川邑民)도 차(此) 은덕(恩德)을 불망(不忘)키 위(爲)하여서 다액(多額)을 드리여 조작중(造作中) 석비(石碑)가 완성(完成)되어서 거월(去月) 29일(日)에 소양정(昭陽亭) 앞 석벽중간(石壁中間)에 기념비(記念碑)를 건립(建立)하게 되었다. (사진은 동 영세불망비)

비석의 뒷면에는 '1934년 2월에 건립'한 것으로 새겨져 있으나, 이 기사를 통해 비석의 완성 제막은 정작 1935년 10월 29일에 있었던 것으로 확인된다. 그리고 이범익 강원도지사가 충청남도지사로 전근 발령이 난 것은 1935년 4월 1일의 일이었으므로 이 당시는 이미 그가 춘천을 떠난 상태였던 것으로 드러난다.

그런데 알고 보니 춘천읍민들이 옛 도지사 이범익을 위해 세운 것이 이러한 비석만이 아니었다. 이것과는 별도로 그의 동상(銅像)을 세우기로 했다는 소식이 있었는데, 『매일신보』 1937년 5월 27일자에 수록된 「전 강원도지사(前 江原道知事) 이범익 씨 동상(李範益氏 銅像), 춘천(春川)에 건립(建立)」 제하의 기사는 이 일의 경위를 이렇게 전하고 있다.

『매일신보』 1938년 9월 30일자에는 물러난 지 벌써 3년반 가량이나 지난 이범익 전 강원도지사의 동상이 소양정 부근에 건립되어 곧 제막식이 거행될 예정이라는 소식이 수록되어 있다.

[춘천(春川)] 전 강원도지사 이범익 씨는 본도 재임 6년 동안 허다한 공적을 남긴 바 있어 그가 본도를 떠난 지도 이미 3년이 경과한 오늘에도 도치(道治)에 대한 씨의 위적(偉績)은 찬연(燦然)히 빛나고 있다.

즉 당시 이 지사의 전임이 발표되자 도민은 그의 유임을 갈망한 바 있었던 터이며 씨가 떠난 후에 그의 위적을 영년 기념하고자 씨의 동상(銅像) 건립을 발기하게 되자 전 도민이 향응하여 급속도로 실현을 보게 되었었는데 그 중간에 모 사정으로 다소 지연됨을 면치 못하고 있던 중 요즈음 씨의 동상이 도착하게 되어 야마나카 토모타로(山中友太郎) 씨 집에 보관되어 있다 한다. 그리하여 발기인 측에서는 하도 속히 건립(建立)하고자 협의를 할 터이라 하며 이로써 전 도민은 씨의 위적을 다시금 상기(想起)하고 있다 한다.

그리고 이보다 1년 가량이 지나 『매일신보』 1938년 9월 30일자에는 그의 동상이 현재 소양정(昭陽亭) 부근에 건립중이며 공사가 끝나는 대로 곧 제막식(除幕式)을 거행할 것이라는 소식이 수록되어 있는 것으로 보아 실제로 동상 건립이 완료되었다는 것을 파악할 수 있다. 다만, 동상의 모습을 담은 사진자료라든가 그 이후의 행방에 대해서는 별도로 확인이 가능한 자료가 없어서 그저 약간의 궁금증을 자아내게 한다.

한편, 앞서 인용했던 이범익 강원도지사 영세불망비 관련기사에는 한 가지 더 흥미를 끄는 내용이 포함되어 있는데 "그를 은인으로 생각하고 기념비를 세운 도내(道內)의 군(郡)도 적지 않다"고 적은 대목이 바로 그것이다. 이 말이 사실이라면, 이곳 말고도 그를 칭송하는 비석들이 몇 군데 더 존재한다는 얘기가 된다.

이를 단서로 하여 강원도 지역의 금석문 탐방 자료를 찾아보았더니

강원도 홍천군 내면 창천2리 도로변의 비석군에 포함된 '이범익 강원도지사'의 비석 모습이다. 이 비석은 아래 쪽 부분이 매몰되어 있는 탓에 정확한 명칭조차 확인하기 어려우며, 비면의 사방에 언제 건립된 것인지 아무런 표시가 남아 있지 않다.

강원도 홍천군 내면 창촌2리 도로변에 배열되어 있는 비석군(5기)에도 이범익 강원도지사와 관련한 비석 하나가 남아 있는 것으로 드러난다. 이곳은 원래 인제군(麟蹄郡)의 관할에 속한 지역이었으나 1945년 해방과 더불어 38선 분단으로 인하여 미군정청(美軍政廳)에 의해 홍천군으로 편입되었다가 한국전쟁 시기에 인제군에 일시 복귀한 뒤에 1954년 10월 21일에 제정된 법률 제350호 「수복지구임시행정조치법」(1954.11.17일 시행)의 부칙에 따라 '홍천군 내면'으로 확정 편입된 내력을 지녔다.

그러니까 이곳의 비석은 인제군에 속한 시절에 만들어진 것으로 볼 수 있다. 하지만 아쉬운 것은 "강원도지사 이범익 각하(江原道知事 李範益 閣下)"라는 글자만 노출되어 있고 비신의 아랫쪽 상당 부분이 매몰된 상태이므로 정확한 비석의 명칭조차 알지 못한다는 사실이다. 더구나 이 비석이 언제 조성되었는지에 대한 아무런 표시도 없으며, 무슨 연유로 세워진 것인지에 대해서도 아직까지는 관련자료가 알려진 바 없으므로 서둘러 이에 관한 보완조사가 있었으면 하고 바랄 따름이다.

이와는 별도로 이범익 강원도지사에 관한 것이라고 하면 결코 빼놓을 수 없는 흔적의 하나는 강원도 정선아라리촌에 남아 있는 영세불망

강원도 정선군 정선읍내 아라리촌에 배치된 비석군에도 '이범익 강원도지사 영세불망비' 1기가 포함되어 있다. 비석 후면의 비문에는 당시 김택림 정선군수가 직접 지은 비명(碑銘)이 새겨져 있다.

비이다. 1932년 6월에 당시 정선군수 김택림(旌善郡守 金澤林, 재임 1930.5.9~ 1933.5.18)이 직접 비문을 지어 세웠다는 이 비석은 원래 정선군청에 놓여 있다가 몇 군데를 떠돈 끝에 지난 2008년에 수습되어 지금의 비석군에 포함되었다고 전해진다. 이곳에도 역시 2011년 12월 28일에 '거물 친일파 이범익 영세불망비 단죄문'이 설치됨에 따라 그의 친일행적을 새삼 상기시켜주고 있다.

그렇다면 이곳에는 과연 어떤 연유로 이러한 비석이 세워진 것일까? 이를 직접 확인할 수 있는 자료는 없는 상태이지만, 비석의 후면에 새겨진 명(銘)의 내용 그 자체에 이미 상당한 설명이 들어 있는 것이 보인다.

이범익 강원도지사 영세불망비(정선)의 비문 풀이

江原道知事 李範益閣下 永世不忘碑 銘 峽絶東郡 環者皆山 康莊莫通 懋遷極艱 惟我/ 李侯 何暮東藩 矜民努苦 眷愛頻煩 東遣五丁 始達/ 九逵 以鎰十萬 助給其資 便宜吾民 從見富殷 萬口 皆碑 永頌厚恩/ 昭和七年六月十日 旌善郡守 金澤林 撰
강원도지사 이범익 각하 영세불망비 명

> 골짜기로 막힌 동쪽 군이라 둘러싼 것은 온통 산이로다/ 큰길은 막혀 있고 교역은 심히 어렵구나/ 아, 우리 이후시여 어찌 동쪽 번에 이리 늦으셨나이까/ 백성을 긍휼히 여겨 노고하며 보살펴 사랑하기에 바쁘시네/ 동쪽으로 오정역사를 보내어 처음으로 큰길에 닿게 하고/ 십만의 큰돈으로 자금의 조달을 도와주셨나니/ 우리 백성을 이롭게 해주고 이로부터 부유함을 보았도다/ 만 사람의 입이 모두 비를 이루니 영원히 두터운 은혜를 칭송하네/
> 소화 7년(1932년) 6월 10일 정선군수 김택림 지음.

이에 관해 현장에 설치되어 있는 '단죄문 안내판'에는 이 지역의 동면 화암리에 자리한 천포금산(泉浦金山; 최웅호와 김정숙 내외가 운영하다가 1934년 2월에 소화광업주식회사로 광업권 이전) 쪽으로 연결되는 신작로 개설과 관련하여 이에 대한 보답으로 세운 비석이라고 추정하는 견해를 적어 놓고 있다. 하지만 비석의 건립시기가 1932년 6월인데 반해 1934년의 시기에 이르러서도 그 시절의 신문지상에 이곳 동면에 이르는 이른바 '금산도로(金山道路)'의 미개설 구간 개착 문제가 계속 언급되고 있는 점에 비춰 보면, 이쪽 도로와는 직접 관련이 없다고 보는 것이 옳겠다.

그리고 이 비문 가운데 "어찌 동쪽 번에 이리 늦으셨나이까(何暮東藩)"

『조선일보』 1934년 11월 20일자에는 그동안 공사가 계속 지연되어 왔던 정선과 동면 사이 이른바 '금산도로(金山道路)'가 이듬해에 개통을 보게 될 것이라는 내용이 수록되어 있다. 이 기사를 통해 이범익 강원도지사 영세불망비(1932년 6월 건립)가 세워진 연유가 이쪽 도로의 개통과는 무관하다는 것을 짐작할 수 있다.

라는 구절이 있는데, 여기에 나오는 '번(藩)'이라는 표현은 대체로 '나라' 또는 '영토(방면)'를 일컫는 뜻으로 사용되므로 '동쪽 번'은 곧 '강원도'를 말하는 것으로 풀이된다. 이는 곧 도지사로서 이범익이 강원도 방면에 부임한 사실 자체를 언급한 것이지, 그가 정선군 지역을 시찰하러 직접 왔다거나 하는 뜻은 아니라고 하겠다.

아무튼 이 비문에 나오는 "큰길에 닿게 한다"는 표현의 대상은 이 지역의 시급한 현안과제로 떠올라있던 '강릉 정선 구간 3등도로'의 개착인 것으로 드러나는데, 이에 관해서는 『매일신보』 1931년 8월 7일자에 수록된 「정선군(旌善郡)의 신시설(新施設), 김 군수(金郡守)의 열성(熱誠)으로 교통(交通)도 편리(便利)」 제하의 기사에 이러한 내용이 담겨 있다.

[원주(原州)] 강원도 정선군(江原道 旌善郡)은 산악중첩(山岳重疊)하여 동방(東方)은 대지산맥(大支山脈)이 연긍(連亘)하고 서방(西方)은 촉도(蜀道)와 같아서 성마령(星摩嶺) 서파령(曙波嶺) 이령(二嶺)이 연긍(連亘)이며 북부 일대(北部 一帶)도 역(亦) 아아(峨峨)한 산맥(山脈)이 기구(崎嶇)하고 남방(南方)으로는 조양강천(朝陽江川)이 흘러 그 중(中)의 정선군(旌善郡) [구호 도원군(舊號 桃源郡)] 소재지(所在地)인데 참으로 별유천지비인간(別有天地非人間)이라고 칭(稱)하겠는데 다만 교통기관(交通機關)은 평창 정선간(平昌 旌善間) 격일(隔日)로 강릉상사자동차(江陵商事自動車) 1대(一臺)만 왕복(往復)하므로 정선군민(旌善郡民)은 유감(遺憾)으로 생각하던 중(中) 군수 김택림 씨(郡守 金澤林氏)가 소화(昭和) 5년(年, 1930년) 5월분(月分)의 신임 이후(新任 以後)로 정선(旌善)의 발전진행(發展進行)을 연구(研究)하여 교통기관 자동차(交通機關 自動車)가 격일선(隔日線)을 본도(本道)에 교섭(交涉)하여 매일선(每日線)으로 운동(運動)하여 내인거객(來人去客)의 편리(便利)를 정(呈)하게 하고 시구개정(市區改正)에

도 착수(着手)하였고 정선 강릉간 삼등도로(旌善 江陵間 三等道路)를 준공(竣工)되게 하려고 김 군수(金郡守)는 누차 상도(累次 上道)하여 간청(懇請)한 결과(結果) 정선군민 사활문제(旌善郡民 死活問題)의 접(接)한 정선 강릉간 삼등도로(旌善 江陵間 三等道路)를 도지방비 보조금(道地方費 補助金) 9만여 원(萬餘圓)을 득(得)하고 정선군민 부담액(旌善郡民 負擔額) 기천 원(幾千圓)을 전부득수(全部得收)하여 7월 20일부터 공사(工事)의 착수(着手)하여 12월 15일에 준공(竣工)하기로 되었다.

『조선총독부관보』 1914년 2월 2일자에 수록된 강원도 지역 삼등도로(三等道路)의 지정목록에 '임계 강릉간(臨溪 江陵間)' 노선이 포함된 것이 눈에 띈다. 이 구간의 완전 개착은 진즉에 양쪽 지역의 현안문제로 부각되어 있었으나 이범익 강원도지사 시절인 1931년 7월에 이르러서야 겨우 착공단계에 들어가게 된다.

여기에는 김택림 정선군수가 부임 초기부터 여러 차례 춘천에 있는 강원도청에 올라가 간청한 끝에 정선 강릉 구간의 도로개설비로 도지방비 보조금을 얻어냈다는 사실이 서술되어 있다. 이보다 앞서 『부산일보』 1930년 10월 29일자에는 「강릉 정선간 삼등도(江陵 旌善間 三等道)는 오만 원(五萬圓)의 보조(補助)를 받아, 10만 3천 원의 예산(豫算)으로써 소화(昭和) 6년도(年度)까지 출현(出現)된다」 제하의 기사가 수록되어 있는 것도 눈에 띈다.

이를 테면, 이범익 영세불망비의 비문에 새겨진 "10만의 자금조달을 도와주었다"는 것은 바로 이러한 상황을 가리키는 구절인 셈이다. 이때 도로개설비로서 강원도의 보조금 5만원에다 정선군 쪽에서 조달한 3만 3천 원과 강릉군 쪽에서 조달한 2만 원을 합쳐 도합 10만 3천 원의 자금이 투입된 것으로 알려진다.

이에 따라 강릉과 정선을 잇는 도로의 개착은 해당 지역에서 경제적 이익과 사활(死活)이 걸린 해묵은 현안문제로 다뤄졌고, 1930년 5월에 예비논의를 거쳐 그해 10월 19에는 마침내 강릉군청 회의실에서 양군 연합(兩郡聯合)으로 '강릉정선선 도로속성회(江陵旌善線 道路速成會)'가 정식으로 결성되기에 이르렀다. 이러한 결과로 정선군 임계면 쪽에서 강릉군 왕산면 목계리 사이를 잇는 20킬로미터 구간의 도로개착이 본격 개시된 것은 1931년 7월 20일의 일이었으며, 그 이후 1932년 11월에 이르러 완공을 보게 된다.

『조선신문』 1932년 11월 12일자에 수록된 「강릉 정선 연락도로(江陵 旌善 連絡道路) 개통축하회(開通祝賀會)」 제하의 기사는 강릉공회당에서 열린 강릉 정선간 3등도로의 개통식 및 축하회의 상황을 이렇게 전하고 있다. 이 행사에는 당시 이범익 강원도지사도 직접 참석하였고, 이튿날에는 새로 개통된 강릉 정선 구간의 도로를 직접 시찰까지 했던 것으로 드러난다.

[강릉(江陵)] 강릉 정선 양군(江陵 旌善 兩郡)은 밀접불리(密接不離)의 경제관계(經濟關係)를 지니면서도 교통(交通)에 혜택을 입지 못한 특수한 정선군(旌善郡)과 같은 곳은 무한(無限)의 천산물(天産物)을 지니고 있다고는 하나 교통(交通)의 이편(利便)이 없는 탓에 어떻게도 행할 방법이 없는 상태(狀態)로 강릉지방(江陵地方)에서 구입(購入)하는 제물자(諸物資)도 다액(多額)의

운임(運賃)에 피해를 입어 주민(住民)에게 끼치는 타격(打擊)은 실로 적지 않은 것이었는데, 이게 연결도로(連結道路)의 개착(開鑿)은 초미(焦眉)의 급무(急務)가 되어 일작년도(一昨年度; 재작년도)에 양군협력일치(兩郡協力一致)로 해도로(該道路)의 기성동맹회(期成同盟會)를 세워 도당국(道當局)에 진정(陳情)을 거듭하여 왔으므로 점차 당국(當局)의 용인(容認)하는 바가 되어 6년(年. 1931년) 7월 20일 춘천 무라카미구미(春川 村上組)의 손에 의해 정선군 임만(旌善郡 臨漫; 臨溪의 잘못)에서 강릉군 왕산면 목계리간(江陵郡 旺山面 木界里間) 5리(里; 약 20킬로미터)의 도로개착(道路開鑿)에 착수(着手)한 이래(爾來) 예의(銳意) 공사진척중(工事進陟中)이었는데, 이즈음에 완성(完成)을 고하였고 이리하여 다년(多年)의 요망(要望)은 달성되어졌던 것이다.

이것의 개통식(開通式)과 더불어 축하회(祝賀會)를 8일 정오(正午)부터 강릉공회당 전정(江陵公會堂 前庭)에서 거행하는 것으로 되었으며, 정선군(旌善郡)에서는 김택림 군수(金澤林郡守), 토미타 경찰서장(富田警察署長) 이하(以下) 10명(名) 및 각 인접군수(各隣接郡守), 서무주임(庶務主任) 등(等)이 내강(來江)하여 식장(式場)에서 미우라 토목과장(三浦土木課長)을 맞이하였고, 이미 이 도지사(李道知事)는 수백 명(數百名)의 관민(官民)이 위의(威儀)를 바로하고 정열(整列) 정각(定刻)에 이르자 제주(祭主)의 축사(祝詞), 기타의 의례가 있었으며 …… 식(式)을 마치자마자 곧장 공회당내(公會堂內)의 축연(祝宴)으로 옮겨 최 기성회장(崔期成會長)의 인삿말에 대해 이 지사(李知事)의 사사(謝辭)가 있었고, 개연(開宴) 일력정 복내가(一力亭 福乃家; 이치리키테이 후쿠노야), 기타의 미기주간(美妓酒間)을 알선(斡旋) 성황리(盛況裡)에 폐연(閉宴)했다.

밤에는 후쿠노야(福乃家)에서 관민합동(官民合同)의 환영연(歡迎宴)이 있었고 간단(間斷) 없는 화화(花火. 불꽃)를 쏘아 올리는 등 공전(空前)의 번성함을 나타냈는데, 덧붙여서 지사 일행(知事 一行)은 9일 오전(午前) 9시반(時

『동아일보』 1932년 11월 13일자에 수록된 '강릉 남대천교 초도식' 및 '강릉 정선 구간 3등도로'의 개통축하회 장면이다. 정선 아라리촌에 남아 있는 이범익 강원도지사 영세불망비의 비문 내용은 바로 장차 자원수탈의 통로가 되기도 하는 이 도로의 개통과 직접 관련이 있다.

￦) 정선(旌善), 강릉(江陵) 각 군수(各郡守), 서장(署長) 등(等)과 더불어 개통도로(開通道路)를 시찰(視察)하고 귀춘(歸春)의 길에 올랐다.

그러니까 정선군청에 세워졌다는 이범익 강원도지사 영세불망비의 건립 시기가 이 개통식보다 불과 석 달이 앞선 1932년 6월이라는 점에서, 이 비석이 건립된 동기는 역시 자원수탈의 통로로서 강릉 정선 사이에 험악한 도로가 마침내 개설된 사실과 연결하는 것이 가장 자연스럽다고 하겠다. 그리고 비문의 내용 또한 이러한 사실관계를 서술하고 있는 흔적이 역력한 상태이다.

  이상에서 확인한 바에 따르면, 강원도 지역에는 이범익 지사와 관련한 불망비가 춘천, 정선, 홍천 등 세 곳에 남아 있는 것으로 드러난다. 이 가운데 홍천의 것은 비문 자체만으로는 언제, 어떠한 연유로 세워진 것인지를 전혀 가늠할 수 없는 것이 아쉬운 대목이다. 나머지 두 지역의 것에는 그나마 '단죄문 안내판'이 설치되어 있어서 비석 앞에선 무심한 탐방객들에서 그의 친일행적을 낱낱이 알려주고 있다.

  비문으로만 보면 그 누구에 못지않은 자애롭고 어질고 선량한 은인(恩人)이지만, 이러한 장치마저 없다면 그가 식민통치기를 통틀어 으뜸으로 꼽을 만한 대표적인 친일파 관료의 한 사람인 줄을 어찌 알 수 있을 것인가 말이다. '영세불망비(永世不忘碑)', 이 글자 그대로 풀이하자면 영원토록 잊지 말아야 할 대상은 바로 비석에 새겨진 그의 이름 석자와 더불어 그가 저지른 친일행적의 죄상이어야만 마땅한 것이다.

• 이 글은 『민족사랑』 2021년 12월호에 게재하였던 것을 수정 보완하였다.

15

일제가 인천항 부두에 세운
대륙침략의 '거룩한 자취' 기념비

경성보도연맹 기관지에 수록된
'성적기념지주(聖蹟記念之柱)'의 건립과정

한국전쟁의 와중에 벌어진 민간인 집단학살사건에 관한 얘기를 할 때마다 빠짐없이 등장하는 국민보도연맹(國民保導聯盟)은 1949년에 이른바 '반공검사(反共檢事)' 오제도(吳制道, 1917~2001)와 선우종원(鮮于宗源, 1918~2014) 등의 주도로 결성된 사상전향자 포섭기관이다. '보도'라는 말은 좌익사상에 물든 이들에 대해 전향과 자수를 통해 반공정신이 깃들도록 보호하고 이끌어낸다는 뜻을 담은 표현이다.

그런데 이러한 보도연맹의 발상은 이때가 처음이 아니라 일제강점기의 것이 고스란히 재현한 결과물이었다는 점에 유의할 필요가 있다. 실제로 일제패망기에 존재했던 대화숙(大和塾)과 같은 전향자 사상교화단체도 그러하고, 세월을 조금 더 거슬러 올라가면 1933년 7월에 결성한 ― 그 이름까지도 그대로 닮은 ― 경성보도연맹(京城保導聯盟)과 같은 존재를 어렵잖게 확인할 수 있다.

경성보도연맹은 원래 경기도 학무과에서 주도하여 결성한 교외감독기관(校外監督機關)이자 학생선도기관(學生善導機關)으로, 여기에는 경성시내의 모든 중등학교와 초등학교, 그리고 인천 지역의 중등학교들이 망라

하여 가맹되어 있었다.53) 겉으로는 각 학교의 생도들이 유약한 음탕(淫湯)에 빠지지 않도록 보호선도하고 교외의 교육환경을 정화 향상하는 것을 목적으로 삼았지만, 실제로는 1930년대의 비상시국 하에서 학생들이 '불순한 사상'에 노출되거나 물들지 않도록 감시하고 통제하는 것에 상당한 주안점이 있었던 것으로 알려진다.

이곳에서는 1933년 12월 이후 매달 『보도월보(保導月報)』라는 이름의 기관지(機關誌; 1939년 3월부터는 『보도(保導)』로 명칭 변경)를 펴내 자신들의 활동성과와 기타 선전내용을 확산하는 매체로 활용하였다. 우선 이들 자료에는 경성보도연맹의 소재지가 '경기도 학무과 내'로 표기되어 있는 것을 확인할 수 있다. 이것은 그야말로 이 연맹의 정체가 글자 그대로 '관변기구'의 범주에서 벗어나지 못함을 잘 말해주는 대목이라 하겠다.

언젠가 이들 기관지 묶음을 뒤적이다 보니, 이 가운데 『보도』 제94호(1941년 7월호, 8쪽 분량)의 제1면에서 매우 낯설지만 제법 큼직한 규모의 기념탑 하나가 사진 속에 등장하는 걸 구경한 적이 있다. 그 장소는 인천부두(仁川埠頭)라고 표기되어 있고, 일본황태자 요시히토(嘉仁; 나중의 '대정천황')가 이곳에 발을 디딘 '거룩한 공간'인 탓에 설립된 것이라는 설명

---

53) 경성보도연맹의 결성과 활동에 관한 상황은 『동아일보』 1933년 7월 23일자, 「관공사립학교(官公私立學校) 보도연맹 결성(保導聯盟 結成), 작일 경기도 회의실에서 각 교장(各校長) 백여 명(百餘名) 회의(會議)」; 『매일신보』 1933년 9월 15일자, 「소년(少年) 깽단(團) 취체(取締)의 중임(重任)을 맡고 용약(勇躍)할 '세파-트'견(犬), 남산 장충단 등 산책지(南山 奬忠壇 等 散策地)로, 학생의 풍기의 어지러움을 염려한 보도연맹(補導聯盟)의 궐기(蹶起)」; 『매일신보』 1933년 9월 30일자, 「월(月) 2회(回)의 신문발행(新聞發行), 가정(家庭)과 연락노력(聯絡努力), 학교와 가정 사이의 실정조사, 경성보도연맹 활동(京城保導聯盟 活動)」; 『매일신보』 1934년 1월 24일자, 「시폐(時弊)를 교정(矯正)하여 청소년(靑少年)의 정화기성(淨化期成), 사회적 지도사명(社會的 指導使命) 맡은 경성보도연맹(京城保導聯盟)의 활동(活動)」 등 제하의 기사에 자세히 서술되어 있다.

경성보도연맹의 기관지인 『보도(保導)』 제94호(1941년 7월호)에 수록된 인천항 '성적기념비(聖蹟記念碑)'의 제막 당시 모습이다. (민족문제연구소 소장자료)

이 언뜻 보인다. 우리가 익히 아는 대로 그가 우리나라를 찾은 때는 대한제국 시절 헤이그특사파견과 고종퇴위사건의 여파가 한창이던 1907년 가을의 일이다.

그런데 무슨 연유로 무려 30년도 훨씬 더 지난 시점에서 이러한 기념물이 느닷없이 만들어진 것일까? 이에 관해서는 인천교육회(仁川敎育會) 측에서 이 탑을 세우는 취지를 적은 글이 함께 수록되어 있는데, 먼저 그 내용을 옮겨보면 다음과 같다.

[대정천황 성적기념(大正天皇 聖蹟記念)의 어주건설(御柱建設)의 사(辭)]
명치(明治) 40년(1907년) 10월 16일 당시 황태자로 계시던 대정천황께서

황공하옵게도 이 땅에 어상륙(御上陸)하시었도다. 이 존귀한 황저(皇儲, 황태자)의 어신(御身)으로서 대륙(大陸)에 제일보(第一步)를 디뎌 주시니 실로 우리나라 개벽 이래(開闢 以來) 공전(空前)의 성의(盛儀)일지어다. 또한 전반도 서민(全半島 庶民) 절대의 광영으로 영원히 후곤(後昆, 후세사람)에게 전해야할 창경(昌慶)이도다.

이래(爾來) 33성상(星霜), 바야흐로 안으로는 황화(皇化)가 십삼도(十三道)에 골고루 미쳐 내선일체(內鮮一體)의 결실을 드디어 거두고, 밖으로는 황은(皇恩)이 멀리 만주(滿洲)에 이르렀으며, 더 나아가 동양평화확보(東洋平和確保)의 성전(聖戰)이 이에 4년, 팔굉일우(八紘一宇)의 황모(皇謨, 통치의 계책) 아래 대륙(大陸) 몇 억(億)의 생민(生民)이 모두 황택(皇澤)에 젖으리로다. 생각건대 여기에 이르면, 성덕(聖德)이 더욱 광대(廣大)해지고 어릉위(御稜威, 천황의 위세)가 두루 높아짐에 공구감격(恐懼感激)하지 않을 수 없는 바로다. 이에 인천부교육회원(仁川府敎育會員)은 상의(相議)하여 이 성적(聖蹟)에 기념(記念)의 어주(御柱, 기둥)를 세우고, 한없는 성덕(聖德)을 영원히 우러러 받드노라. 때는 기원(紀元) 2600년 소화(昭和) 15년(1940년) 10월 16일이도다.

명(銘)하여 가로되,

  황풍(皇風)이 육합(六合, 천지사방)에 끼치고,
  만민(萬民)은 성택(聖澤)을 우러르네.
  건덕(乾德)이 팔굉(八紘, 온 세상)을 엄호하니,
  사해(四海)는 창평(昌平)을 노래하네.

위의 내용은 요컨대 1907년의 방한 때 황태자의 신분으로 요시히토가 몸소 인천항 부두에 발을 디딘 것은 일본제국이 아시아 대륙으로 세력을 뻗어가는 첫걸음이었다는 의미로 받아들여졌던 모양이었다. 더구

『토고원수사진전(東鄕元帥寫眞傳)』(1931)에는 1907년 방한 당시 일본황태자 요시히토가 타고 온 군함 카토리(香取; 황태자기 게양 상태)의 모습이 수록되어 있다. 토고 헤이하치로(東鄕平八郞) 역시 일본황태자 방한 때 수행단의 일원이었다. (민족문제연구소 소장자료)

나 이를 계기로 결국 조선과 만주는 물론이고 중국 땅에 이르는 수 억의 사람들이 천황의 치세에 들어 황은을 입게 되었으니, 바로 그러한 성스러운 지점에 기념탑을 세운다는 얘기인 셈이다.

이 과정에서 그들 스스로가 벌인 만주사변과 중일전쟁을 일컬어 '동양평화를 위한 성전'으로 묘사하는 대목은 참으로 적반하장식의 표현이 아닐 수 없다. 특히, 『보도』 제94호의 제3면에 수록된 내용에 따르면, 인천항 부두는 청일전쟁과 러일전쟁 때 이른바 '황군(皇軍, 일본군대)'이 상륙했던 유서 깊은 지점이라는 사실을 강조하는 내용도 눈에 띤다.[54]

한편, 『매일신보』 1941년 6월 17일자에 수록된 「대정천황(大正天皇) 인

---

54) 이와 함께 동일한 지면에는 "어상륙 잔교(御上陸 棧橋)의 초석(礎石)이 건설공사중, 정확히 어주(御柱)의 바로 밑 10수척(數尺)의 지점에서 발굴되어, 그 가운데 2석(石)을 어주(御柱)의 기단(基壇) 위에 보존하는 것으로 되었다"는 내용도 함께 채록되어 있다.

남산 왜성대 안쪽에 자리한 통감관저(統監官邸, 당시의 숙소)에 내걸린 일본 황태자기(皇太子旗)의 모습이다. [조선타임즈사(朝鮮タイムス社), 『황태자전하 한국어도항 기념사진첩(皇太子殿下 韓國御渡航 紀念寫眞帖)』, 1907]

천 어상륙(仁川 御上陸)의 불후(不朽)의 영예(榮譽)를 기념(記念), 금일(今日) 성적기념비 제막식(聖蹟記念碑 除幕式) 성대(盛大)」 제하의 기사에는 제막식 당시의 상황이 다음과 같이 상세히 정리되어 있다.

[인천(仁川)] 인천교육회(仁川敎育會)에서는 기원 2600년의 기념사업의 하나로서 명치 40년(1907년) 10월에 대정천황께옵서 동궁(東宮)으로 계옵실 때 인천항에 어상륙하옵신 성적(聖蹟)의 기념비를 세우기 위하여 부내 항정(港町) 1정목에 어주(御柱)를 건설중이던 바 그 공사가 이즘 준공이 되었으므로 16일에 제막식을 거행하였다. 이 날은 당시의 인천부윤인 김윤정(金潤晶) 씨, 그때의 인천경찰서장인 김윤복(金允福) 씨를 비롯하여 총독부와 경기도에서도 관공민 유지가 다수 참석하였다. 인천으로서는 이날의 봉축을 하기 위하여 부내 각 중학교와 국민학교에서는 6만여 명의 생도들이 동원되어 시가행진을 하였다. 그리고 이 어주의 성적(聖蹟) 두 글자는 이왕 전하(李王 殿下)의 어염필(御染筆)을 배대하여서 세

운 것인데 공사의 개요는 다음과 같다.

◇ 공사개요(工事槪要)

一. 소화 13년(1938년) 9월 고적애호일(古蹟愛護日) 부내 학교장 총원(總員) 야마자키 요시조(山崎好藏) 씨의 선도(先導)에 의해 성적(聖蹟)을 부두(埠頭)에 정함.

一. 소화 14년(1939년) 5월 인천교육회 총회(總會)에서 성적기념의 어주(御柱) 건설방침을 결의함.

一. 동년(同年) 10월 16일 건설취의서(建設趣意書)를 발송, 본회 정회원, 찬조회원, 부내 학도(學徒)와 도내 학교관계자로부터 갹금(醵金).

一. 소화 15년(1940년) 3월 호리 소이치(掘宗一) 씨에게 설계 위촉.

一. 동년 4월 인천부(仁川府)로부터 조성금(助成金) 2천 5백 원을 하부(下付)

一. 동년 5월 인천부 야마모토 요스케(山本要助) 씨와 공사청부계약(工事請負契約) 체결함.

一. 동년 6월 6일 지진제(地鎭祭) 집행함.

一. 동년 10월 16일 이왕 전하의 어염필 '성적(聖蹟)'을 배대(拜戴)함.

一. 동년 12월 16일 건주식(建柱式) 집행.

◇ 건축개요(建築槪要)

一. 건축양식(建築樣式) 주주 화강암 기단(主柱 花崗巖 基壇).

一. 고(高) 32척(尺), 폭원(幅員) 106척, 오행(奧行, 깊이) 27척.

一. 주주(主柱) 고(高) 9척, 폭(幅) 상(上) 2척 8촌(寸), 하(下) 3척 3촌.

一. 공비(工費) 1만 5천 원(圓).

一. 갹금자(醵金者) 17만 4천 8백여 명(名).

여길 보면, 이 탑을 세운 뜻은 1940년이 바로 '황기(皇紀; 초대 천황이 즉위

『매일신보』 1941년 6월 17일자에는 인천항 부두에 조성된 '성적기념비'에 대한 자세한 공사개요와 건립연혁이 자세히 소개되어 있다.

한 기원전 660년을 기점으로 계산) 2600년'이 되는 해이므로 이를 기념하는 사업의 하나로 추진된 것이라는 설명이 포함되어 있다. 그리고 석주(石柱)의 전면에 보이는 '성적(聖蹟)' 두 글자는 이른바 '창덕궁 이왕은(昌德宮 李王垠)'이라는 신분으로 격하되어 있던 영친왕(英親王)의 글씨를 받아 새겼다는 사실이 적시되어 있는데, 일찍이 요시히토의 방한 당시 한국황태자로서 몸소 인천항 부두까지 나와 마중을 한 당사자였다는 것이 그 이유가 아니었나 싶다.

여기에 곁들여 한 가지를 덧붙이면, 1907년 일본황태자의 방한과 관련한 것으로 서울 남산 기슭에 있던 경성신사(京城神社) 구내에도 또 다른 종류의 기념비가 설치되어 있었다는 사실이 그것이다. 그 당시 통감관저(統監官邸, 지금의 서울 예장동 2-1번지 구역)에 숙소를 정한 일본황태자는 방한 3일째에 남산 왜성대공원에 있는 갑오기념비(甲午記念碑) 부근을 둘러보고 이곳에서 서울 시내의 전망을 감상한 일이 있었다.

일본인들의 입장에서는 이것조차 크게 기릴만한 행적이라고 하여 1930년 9월에 바로 그 자리에다 '황태자전하어주가지처(皇太子殿下御駐駕之

『매일신보』 1930년 6월 12일자에 수록된 경성신사 구내 '황태자어주가지처' 기념비 설계도이다. 전면에 보이는 글씨는 당시의 경성부윤인 세키미즈 타케시(關水武)가 썼다.

處'라고 새긴 기념비를 만들어 세웠던 것이다. 이에 관해서는 『매일신보』 1930년 10월 17일자에 수록된 「신조거(新鳥居)와 기념비(記念碑), 경성신사 경내(京城神社 境內)에 준공(竣工)」 제하의 기사를 참고할 수 있다.

[상(上)] 경성부 씨신(氏神)에 봉헌할 대조거(大鳥居: 토리이)는 지난 15일에 준공되었는데 오후 3시반부터 경성신사(京城神社) 신조거(新鳥居) 앞에서 거행하였다. 세키미즈 부윤(關水 府尹), 나츠메 내무과장(棗 內務課長), 부의원 대표 임흥순(任興淳), 씨자총대(氏子總代) 안도 시즈카(安藤靜) 씨 등 수십여 명이 열석하여 축복의 의(儀)를 마치었는 바 조거는 높이 스무 자 일곱 치, 넓이 열일곱 자나 되는 명신조(明神造)로 경성산의 화강석(花崗石)이라 하며

[하(下)] 대정천황께옵서 황태자 전하로 계옵실 때에 경성에 행차하시와

216 식민지 비망록 2

남산으로부터 경성을 내려다 보시던 곳으로 금번의 경성신사 경(境)에 고대(高臺)인 바 경성부에서는 그 머무르시던 곳을 영구히 기념하기 위하여 기념비를 건설중이던 바 15일 오후 4시에 그 준공식(竣工式)을 거행하고 세키미즈 부윤, 나츠메 내무과장 이하가 참석하여 준엄한 식(式)을 마치었는데 비(碑)는 높이 열 자나 되고, 표면에 '황태자전하어주가지처(皇太子殿下御駐駕之處)', 뒤에는 '시재우명치사십년시월십팔일(時在于明治四十年十月十八日) 경성부(京城府)'라고 세키미즈 부윤의 근필(謹筆)로 새긴 것이라 한다.

하지만 이렇게 만들어진 기념물들은 실상 존속기간이 그다지 오래지 못했다. 천년만년 갈 거라는 그네들의 염원과는 달리 오래지 않아 일제는 자멸의 길을 걸었기 때문이었다.

무엇보다도 인천항 부두에 세운 '성적기념탑'은 불과 4년 남짓에 식민통치기가 종결되었으므로, 이러한 시설물이 있었는지조차 기억하는 이들이 거의 없을 만큼 단기간에 사라지고 말았던 것이다. 대륙을 향한 '거룩한 첫 자취'는 실상 그들 스스로 침략과 패망의 길을 걷게 되는 첫 걸음이었다고 해야 옳을 것이다.

• 이 글은 『민족사랑』 2015년 3월호에 게재하였던 것을 수정 보완하였다.

16

역대 조선총독과 정무총감이 잇달아 벽제관을 시찰한 까닭은?

사쿠라와 단풍나무 동산으로 구축한 그들만의 성지(聖地)

『승정원일기』 고종 40년(1903년) 10월 3일(양력 11월 21일) 기사에는 평양이궁(平壤離宮)인 풍경궁(豐慶宮)에 어진과 예진을 봉안하는 일을 수행하기 위해 현지로 떠나려던 의정 이근명(議政 李根命, 1840~1916)에게 고종황제가 하문하는 내용 가운데 다음과 같은 대화 한 토막이 수록되어 있다.

…… 이어 전교하기를, "어느 곳으로 길을 잡았는가?" 하니, 이근명이 가로되, "처음에는 수로(水路)로 가기로 계획하였습니다만, 감동당상 민영철(監董堂上 閔泳喆)이 전보한 바에 근일(近日) 수로에 풍랑이 잦아 육행(陸行)을 권하기에 육로로 가려고 하나이다." 하였다. …… 상(上)이 이르기를, "며칠간의 노정(路程)인가?" 하니, 이근명이 가로되, "550리인데, 하루에 7, 80리를 가면 7, 8일이면 가능할 것입니다." 하였다. 상이 이르기를, "갑오년(1894년) 이전에 칙사(勅使)나 동지사(冬至使)가 지날 때는 도로가 광탄(廣坦)하고 점막(店幕)도 즐비했는데, 지금은 틀림없이 많이 황폐해졌을 것이니라." 하니, 이근명이 가로되, "그렇습니다." 하였다.

(그림 12) 사진엽서에 남아 있는 벽제관의 옛 모습이다. 아래의 설명문에는 "임진왜란 때 코바야카와 타카카게가 명나라군대를 격파했던 곳"이라고 하여 이 공간의 의미를 전적으로 자신들의 전승지라는 점과 결부시켜놓고 있다. 언덕 위에 보이는 것이 '괘갑수(掛甲樹)'라고 전해지는 느티나무이다. (민족문제연구소 소장자료)

이러한 대화는 1894년 청일전쟁과 더불어 전통적인 외교관계가 단절된 이후 불과 10여년 사이에 두 나라의 사신들이 오가던 곳이 옛 모습을 크게 상실하였다는 사실을 잘 보여준다. 더구나 선박이나 철도와 같은 근대적인 교통수단의 등장으로 인해 이러한 옛길의 이용빈도가 두드러지게 저하된 상황을 엿볼 수 있다.

흔히 사행로(使行路) 또는 연행로(燕行路)라고 불렀던 이 길은 서울에서 의주까지 1,050리(里), 다시 의주에서 북경까지 2,061리, 도합 3,111리에 왕복으로는 6,222리나 되는 머나먼 행로이다. 홍대용(洪大容, 1731~1783)의 문집 『담헌서(湛軒書)』「외집(外集)」권10에 수록된 '연기(燕記)'에는 대략 다음과 같은 노정(路程)이 정리되어 있다.

한성(漢城) → 고양 벽제관(高陽 碧蹄館, 40리) → 파주 파평관(坡州 坡平館, 40리) → 장단 임단관(長湍 臨湍館, 30리) → 송도 태평관(松都 太平館, 45리) → 금천 금릉관(金川 金陵館, 70리) → 평산 동양관(平山 東陽館, 30리) → 총수참 보산

관(葱秀站 寶山館, 30리) → 서흥 용천관(瑞興 龍泉館, 50리) →검수참 봉양관(劒水站 鳳陽館, 40리) → 봉산 동선관(鳳山 洞仙館, 30리) → 황주 제안관(黃州 齊安館, 40리) → 중화 생양관(中和 生陽館, 50리) → 평양 대동관(平壤 大同館, 50리) → 순안 안정관(順安 安定館, 50리) → 숙천 숙녕관(肅川 肅寧館, 60리) → 안주 안흥관(安州 安興館, 60리) → 가산 가평관(嘉山 嘉平館, 50리) → 납청정(納淸亭, 25리) → 정주 신안관(定州 新安館, 45리) → 곽산 운흥관(郭山 雲興館, 30리) → 선천 임반관(宣川 林畔館, 40리) → 철산 차련관(鐵山 車輦館, 40리) → 용천 양책관(龍川 良策館, 30리) → 소곶참 의순관(所串站 義順館, 40리) → 의주 용만관(義州 龍灣館, 35리) → [이하 중국 행로는 생략]

여기에서 보듯이 이 머나먼 행로 가운데 서울 도성에서 벗어난 첫 번째 기착지이자 되돌아오는 여정의 끝을 알리는 마지막 숙소의 역할을 하는 곳이 바로 고양 벽제관(高陽 碧蹄館)이다. 사신을 떠나보내고 맞이하는 공식행렬과는 별개로 수행원들의 친구나 친지들이 이들의 무사귀환을 빌며 전송하고 작별하거나 귀로에 오른 이들을 다시

『벽제관 (경전하이킹코스 제6집)』(1938)에 수록된 벽제관의 외대문에 달려 있는 '벽제관(碧蹄館)' 편액의 모습이다. 이 사진의 아래에는 성종 때 사신으로 왔던 동월(董越, 1430-1502)이 쓴 글씨라고 전한다는 설명이 적혀 있다. 이 편액의 잔편은 현재 일산호수공원에 있는 '고양600년기념전시관'에 보관되어 있다. (민족문제연구소 소장자료)

마중하는 공간이기도 했다. 조선시대를 통틀어 이곳을 소재로 한 무수한 시문(詩文)이 남아 있는 것은 바로 그러한 까닭이다.

그런데 일제강점기 이후 이 땅의 주인행세를 했던 일본인들에게는 벽제관이라는 공간을 기억하는 방식이 전혀 달랐다. 무엇보다도 그들에게는 벽제관 일대가 임진왜란 당시 그들을 추격하던 명나라 장수 이여송(李如松, 1549~1598)의 직속부대를 맞이하여 치명적인 반격을 가했던 일본군의 전승지(戰勝地)였으므로 매우 특별한 의미를 지닌 곳으로 치부되었기 때문이었다.

역대 총독 및 정무총감의 벽제관 시찰 연혁

구분	날짜	비고
테라우치 총독(寺內 總督)	1912년 04월 28일	벚나무 기념식수
하세가와 총독(長谷川 總督)	1917년 02월 11일	–
아리요시 정무총감(有吉 政務總監)	1923년 09월 16일	–
우가키 대리총독(宇垣 代理總督)	1927년 09월 03일	–
이케카미 정무총감(池上 政務總監)	1928년 04월 01일	벽제관 수리공사 시찰(기념식수일)
우가키 총독(宇垣 總督)	1933년 09월 09일	벽제관전적기념비 제막
미나미 총독(南 總督)	1937년 11월 14일	승마 원승회
아베 총독(阿部 總督)	1944년 09월 30일	개성지역 순시

이러한 탓에 이곳이 남다른 관심의 대상으로 부각되곤 했다는 것은 식민통치권력의 최고 정점에 있는 역대 총독과 정무총감이 잇달아 이곳을 시찰하였다는 사실에서도 잘 드러난다. 이에 관한 가장 이른 시기의 흔적은 초대 총독 테라우치 마사타케(寺內正毅, 1852~1919)에 의한 벽제관 시찰이다. 『매일신보』 1912년 4월 30일자에는 「총독 벽제관행(總督 碧蹄館行)」 제하의 기사를 통해 그의 행로를 이렇게 간단히 정리하고 있다.

테라우치 총독(寺內 總督)은 재작(再昨) 28일(日) 오후(午後) 2시(時)부터 아카시 소장(明石 少將), 아라이 탁지부장관(荒井 度支部長官), 후지타 부관(藤田 副官)을 종(從)하여 자동차(自動車)를 승(乘)하고 고양군 벽제관(高陽郡 碧蹄館)에 부왕(赴住)하여 문록역(文祿役)의 전적(戰跡)을 시찰(視察)하고 오후(午後) 6시(時)에 귀저(歸邸)하였다더라.

테라우치 총독 자신이 남긴 일기(日記)에도 이날의 동선이 기록되어 있는데, 특히 그가 이날 벽제관 앞에 벚나무(櫻樹, 사쿠라)를 심어 기념으로 삼았다는 대목이 눈길을 끈다. 이때 그가 심은 벚나무 주위에는 나중에 돌기둥에 쇠사슬을 연결하여 보호난간을 둘러 정성껏 관리하는 모습이 연출된 것으로 알려진다.

아닌 게 아니라 일본인들에 의한 벽제관 일대의 공간변형을 통틀어 가장 두드러진 풍경의 하나는 이곳 주변이 온통 벚꽃 동산으로 바뀌었다는 사실이다. 예를 들어, 『매일신보』 1929년 4월 4일자에 수록된 「녹화운동(綠化運動)의 선구(先驅), 본사기념식수(本社紀念植樹), 작(昨) 3일(日) 기념일(紀念日)을 복(卜)하여, 벽제관(碧蹄館)에 앵풍 만 주(櫻楓 萬株)」 제하의 기사에 다음과 같은 내용이 남아 있다.

본사(本社)에서는 기념식수일(紀念植樹日)에 순응(順應)하여 3일 벽제관에서 기념식수를 하였는데 수년 전 본사에서는 한강반(漢江畔) 급(及) 이번에 기념식수를 한 벽제관에 앵화(櫻花)의 식수를 행하여 지금에는 직경 척여(直徑 尺餘)의 대목(大木)이 되어 과거 본사공적(本社功績)을 영구히 전하게 되었다. 이에 감(鑑)하여 본사는 작추(昨秋)에 거행된 소화대제(昭和大帝)의 어대전(御大典)을 광고(曠古)에 전하려고 종종(種種) 기념사업을 연구한 결과 조선에 재(在)한 민간녹화운동(民間綠化運動)의 선구(先驅)로서 식수(植樹)는 가장 적당한 사업이므로 이번에 벽제관 뒤의 국유지(國有地) 수십 정보(數十町步)에 앵목(櫻木) 5천 주(株), 풍(楓) 5천 주 합계(合計) 1만 주(株)를 식재하였다. 당일은 본사원(本社員)은 물론 경성부내(京城府內)에서 다수의 내빈을 초대하고, 벽제관 부근 주민도 봉사적(奉仕的)으로 참가하여 기념식수를 하였다.

여기에 나오는 '기념식수일'은 조선총독부가 한국병합(韓國倂合)의 대업(大業)을 영구히 기리는 동시에 애림사상(愛林思想)을 고취하고 식림(植林)을 장려한다는 명분으로 1911년 4월 3일 신무천황제일(神武天皇祭日; 공휴일)을 기하여 처음 기념수재일(記念樹裁日)로 정한 이래로 해마다 식목행사를 거행한 날이다. 위의 신문기사에 따르면, 총독부의 기관지인 매일신보가 주축이 되어 벽제관 주변에 벚나무와 단풍나무 1만 그루를 심었고, 이보다 앞서 '수년 전'에도 이미 이곳에서 식목행사를 거행한 사실이 드러난다.

그런데 비단 이 시기뿐만 아니라 일제강점기로 접어든 직후 시점부터 벽제관 일대에는 일본산 벚나무가 대량으로 식재되기 시작했다는 흔적도 발견된다. 가령 경성일보와 매일신보의 감독으로 장기간 서울에 체류했던 토쿠토미 소호(德富蘇峰, 1863~1957)가 남긴 『연하승유기(烟霞勝遊記) 하권(下卷)』(1924), 325쪽에는 그 자신이 1916년 3월 17일에 벽제관을 탐방한 때의 감흥을 이렇게 적은 바 있다.

…… 관후(館後)의 소구(小丘)에는 당년(當年)의 괘갑수(掛甲樹)라고 칭(稱)하는 노규(老槻, 느티나무 고목)가 있다. 구상(丘上)에서 지점(指點)하면, 양군공전(兩軍攻戰)의 터가 역력(歷歷)하게 보인다. 이 주변에는 천 주(千株)의 길

야앵(吉野櫻, 요시노 사쿠라), 천 주(千株)의 풍(楓, 카에데)을 기념(記念) 삼아 심었지만, 거의 전벌(剪伐)되어져 가까스로 두 어 그루를 남기고 있을 따름이다. 조선인(朝鮮人)의 수목(樹木)에 무돈(無頓)이 지나침은 참으로 가공(可恐)할 만 했다.

여기에 나오는 '괘갑수'는 벽제관 전투 당시 싸움을 마치고 일본군 장졸(將卒)이 갑주(甲胄)를 벗어 이곳에 걸어놓고 휴식을 취했다거나 그 당시 선봉에 섰던 왜장 코바야카와 타카카게(小早川隆景, 1533~1597)가 자신의 투구를 걸었던 곳이라거나 하는 식의 전설이 있는 벽제관 뒷동산의

『조선』 1930년 9월호에 수록된 벽제관 후면 언덕의 '괘갑수(掛甲樹)'이다. 이곳이 정말 왜군의 갑주가 걸린 곳이었는지는 일본인들 스스로 의심하는 바였지만, 어쨌거나 사진에서 보듯이 돌난간과 표석을 세워 나름으로 소중한 기념물의 하나로 관리되었다.

느티나무였다. 그러나 실상 이러한 얘기는 일본인들 스스로가 사실관계를 의심하는 글들이 곧잘 남아 있기는 한데, 어쨌거나 이곳 역시 그들이 늘 자랑스러운 곳으로 여기는 중요한 기념물이라는 점에 있어서는 아무런 변화가 없었다.

한편, 『매일신보』 1928년 4월 3일자에는 그 당시 조선총독부 정무총감(政務總監)이던 이케카미 시로(池上四郞, 1857~1929)가 수리공사 중인 벽제관을 시찰하고 기념식수를 한 사실이 보도사진과 함께 수록되어 있다. 그 이후로도 『조

『매일신보』 1928년 4월 3일자에 수록된 이케카미 정무총감의 벽제관 수리공사 현장시찰 관련 보도내용이다. 여기에는 이케카미 정무총감이 정의현(鄭儀鉉) 벽제면장과 더불어 기념식수를 하는 보도사진이 함께 수록되어 있다.

『선일보』 1932년 4월 1일자에 수록된 「벽제관(碧蹄館)에 앵 식수(櫻 植樹)」 제하의 기사 및 『매일신보』 1934년 3월 23일자에 수록된 「백전고루(百戰古壘)인 벽제관(碧蹄館)에 공원건설(公園建設)을 계획, 면민(面民)은 관상목 식재(觀賞木 植栽)」 제하의 기사 등에도 벽제관 일대에 대규모로 벚나무를 식재한다는 소식을 잇달아 전하고 있는 것이 눈에 띈다.

이처럼 벽제관 일대에 벚나무와 단풍나무를 적극적으로 심고 이를 관리하려고 했던 것은 이곳을 일본군의 전승지(戰勝地)라는 공간의 의미에 더하여 봄가을로 벚꽃구경과 단풍나들이의 명소와 같은 탐방지로 부각시키려는 의도에 따른 것으로 풀이된다. 이러한 맥락에서 일제강점기 후반에 이르러 경승지(景勝地)로 자리매김한 벽제관 일대는 관람객들을 쉽사리 맞이할 수 있는 유원지(遊園地)의 형태로 적극 개발하기 위한 조치들이 거듭 시도된 바 있었다.

예를 들어『매일신보』1936년 5월 22일자에 수록된 「벽제관 전등시설(碧蹄館 電燈施設)과 뻐스 연장요망(延長要望), 벽제면민(碧蹄面民)이 경전(京電)에 진정(陳情)」 제하의 기사를 통해 이러한 변화의 일면을 엿볼 수 있다.

『벽제관 (경전하이킹코스 제6집)』(1938)에 수록된 원형을 상실해가고 있는 벽제관의 모습이다. 이곳은 원래 온돌 구조의 방바닥과 벽면이 가리고 있는 형태였으나 여러 차례에 걸친 '보존공사'로 인해 느닷없이 마루 모양으로 변형되었고, 더구나 앞뜰과 주변 일대는 사쿠라와 단풍나무가 점령한 상태로 바뀌어 있다. (민족문제연구소 소장자료)

[벽제(碧蹄)] 고양군 벽제관은 대도회지 경성(大都會地 京城)을 거(距)하기 4, 50리의 지점에 있어 불결(不潔)한 공기와 풍진(風塵) 사이에서 피곤한 뇌를 잠시 수양(修養)할 만한 유일한 유원지로서 근일(近日)은 매일 수십 명의 관람객을 맞게 되는 바인데 조등기관(照燈機關)과 교통기관(交通機關)이 불완전함을 관민일동(官民一同)이 통감(痛感)한 바 있어 거(去) 18일에 신 면장(申 面長), 카타카쿠 부장(片角 部長), 후지노 교장(藤野 校長), 이 본보 분국장(李 本報 分局長), 기타 민간유지(其他 民間有志) 수십 명이 회동하여 전등가설(電燈架設)과 뻐스 총연장(總延長)을 경전회사(京電會社)에 실행토록 내(來) 22일에 진정하기로 결의하였는데 일반민간에서는 지방발전(地方發展)과 산업개발상(産業開發上) 필요하므로 실행을 기대중이며 교섭위원(交涉委

員)으로 좌(左)의 제민(諸民)을 선정하였다.

신 면장(申 面長), 이 이사(李 理事), 카타카쿠 부장(片角 部長), 임창운(林昌雲), 이 본보 분국장(李 本報 分局長), 코야마 협의원(小山 協議員), 후지노 교장(藤野 校長), 사에키 소장(佐伯 所長), 안 기자(安 記者).

(왼쪽) 벽제관 앞쪽 벽제면사무소 자리에 '벽제면장 신규선(申圭善) 치적비'가 제막되었다는 사실을 알리는 『매일신보』 1941년 1월 28일자의 보도내용이다. 이 비석은 벽제관 앞쪽 비석군에 포함된 채 지금도 그대로 남아 있다.

(오른쪽) 벽제우편소장 사에키 토루(佐伯融)의 경력과 활동상이 자세히 소개된 『매일신보』 1933년 10월 12일자의 보도내용이다. 그는 벽제관 전적지의 보존과 기념비 건립에 주도적인 활동을 했고, 조선총독의 시찰 때거나 일반 탐방객의 방문 때건 간에 벽제관 일대의 고적안내를 전담하다시피 했던 인물이었다.

여기에 나오는 '신 면장'은 일제강점기에 춘천군수, 원주군수, 홍천군수(1924년 12월 퇴직)를 역임하고 나중에 고양군 벽제면장(1932.1~1939.10)을 지낸 신규선(申圭善, 1882~1958)을 말하며, 지금도 벽제관 터 앞에는 1941년 1월에 건립한 '면장 신규선 치적비'가 남아 있다. 그리고 '사에키 소장'이라고 하는 이는 벽제우편소장(碧蹄郵便所長)이던 일본인 사에키 토루(佐伯融)를 가리킨다.

그는 벽제관고적보존회의 활동에 앞장 서 참여하였고, 나중에 벽제관전적기념비(碧蹄館戰蹟記念碑, 1933년 9월 9일 제막)를 조성할 때도 주도적인 활동을 했던 것으로 알려진다. 특히 총독부의 고관 또는 내외귀빈(內外貴賓)을 포함하여 일반 탐방객이 벽제관을 찾을 때마다 벽제관 일대의 고적안내를 전담하다시피 했던 사람이기도 했다.

그런데 『매일신보』 1944년 10월 1일자에 수록된 「형석(螢石)의 채굴을 독려, 개성에서 고미술(古美術)도 감상한 총독」 제하의 기사를 통해 마지막 조선총독 아베 노부유키(阿部信行, 1875~1953)가 부임 후 두 달 남짓에 이곳 벽제관을 시찰한 사실을 확인할 수 있다.

> …… 이렇게 누누이 훈시를 한 다음 점심을 마치고 개풍군 중면(開豐郡中面)에 있는 종양장(種羊場)을 시찰하고 대룡광산(大龍鑛山)을 찾아 경금속(輕金屬) 증산에 중요한 자재인 형석(螢石)의 채굴하는 현장을 독려하고 자동차로 귀로에 올랐다. 모색이 어리는 장단(長湍) 나루를 나룻배로 건너, 도중 벽제관(碧蹄館)에 들러 충혼비(忠魂碑)의 비명(碑銘)을 읽고 측근의 설명을 들어가며 한 동안 감개 깊은 듯 2백여 년 전의 옛일을 회고하고 일로 경성으로 돌아왔다.

이렇듯 일제는 자신들의 패망을 코앞에 두고 있다는 사실을 아는지 모르는지, 지금은 사쿠라와 단풍나무의 천국으로 변한 자신들만의 성지(聖地)에서 얼토당토 않게 그저 그 옛날과 같은 또 한번의 전승을 간절히 꿈꾸고 있었던 것이 아니었을까?

• 이 글은 『민족사랑』 2020년 7월호에 게재하였던 것을 수정 보완하였다.

17

벽제관 후면 언덕에 솟아오른 '전적기념비'의 정체는?

침략전쟁의 길잡이가 되기를 바랐던 그들만의 기념물

일제강점기 도시인의 일상생활에 관한 자료를 뒤적이다 보면 곧잘 마주치는 용어의 하나가 '하이킹(hiking)'이다. 누군가는 이를 '산책여행(散策旅行)'이라고 옮겨놓은 것을 본 적도 있는데, 어쨌거나 도회지 생활에 심신이 지친 사람들이 배낭을 꾸려 반나절이나 하루에 다녀올 수 있는 교외지역으로 도보여행을 하는 것을 일컫는 표현이다.

이러한 하이킹은 1930년대 중후반으로 접어들던 시기에 크게 성행한 적이 있었고, 심지어 전시체제기가 본격화한 이후에도 "걷는 것은 훌륭한 국민운동"이라고 하여 이러한 활동 자체가 크게 장려되기도 했다. 이에 따라 경성 근교(京城 近郊)의 하이킹 코스를 소개하는 특집 연재 기사들이 잇따라 신문지상에 등장하였고, 여러 단체에서 주선하여 벌어지는 하이킹 행사도 신청자 모집에 어렵잖게 큰 호응을 이끌어 내곤 했다.

이 당시에 무수하게 쏟아졌던 하이킹 관련 안내서적을 통틀어 그 으뜸으로 꼽히는 것은 단연 '경전하이킹코스안내(京電ハイキングコース案內)' 시리즈였다. 1937년 10월 15일에 제1집 『북한산(北漢山)』이 처음 선을 보인 이후로 같은 달에 『비봉(碑峰)』(제2집), 『풍납리토성(風納里土城)』(제3집), 『당인

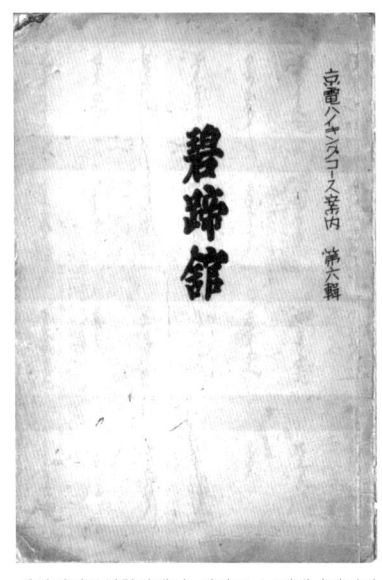

경성전기주식회사에서 시리즈로 펴낸 '경전하이킹코스안내'의 제6집 『벽제관(碧蹄館)』(1938년 5월 1일 발행)의 표지 모습이다. (민족문제연구소 소장자료)

리(唐人里)』(제4집), 『양천(陽川)』(제5집) 등이 한꺼번에 배포되었고, 해를 바꿔 1938년 5월에는 『벽제관(碧蹄館)』(제6집)과 『남한산(南漢山)』(제7집)이 추가로 발간되었다.

이 시리즈의 제1집 말미에 수록된 '편집후기'를 보면 앞으로 발간할 예정인 전체 30개에 달하는 하이킹코스의 목록이 장황하게 제시되어 있는 것을 확인할 수 있는데, 어찌된 영문인지 최초의 방대한 계획과는 달리 실제로는 총7편을 펴낸 것을 마지막으로 시리즈의 발간은 중단되고 말았다. 아무튼 이들 자료는 경성전기주식회사(京城電氣株式會社)의 전무였던 무샤 렌조(武者鍊三)의 지시에 따라 3년 정도의 기획기간에 걸쳐 편찬한 결과물이었다.

이 과정에서 경성전기의 산악부원과 감리실원이 주축이 되어 실지조사를 겸하고 카토 칸카쿠(加藤灌覺), 오카다 코(岡田貢), 이마무라 토모(今村鞆) 등과 같은 준관변학자(準官邊學者)의 도움을 받았으며, 또한 전문적인 사진촬영자가 배치되어 다양한 화보성격의 사진자료가 첨부되었다. 여기에는 도보여행지로 이동하는 교통편에 관한 정보라든가 각 지점 간의 행로 등이 소상히 서술되어 있고, 각 코스에서 풍치가 빼어난 곳들에 대한 소개는 물론이고 주변 행로에 흩어진 고적(古蹟)에 대한 설명도 비교적 풍부하게 곁들여 졌다.

『벽제관 (경전하이킹코스 제6집)』(1938)에 수록된 임진왜란 당시 벽제관전투의 현장이 묘사된 지도자료이다. 흔히 벽제관전투라고는 하지만 실제의 전장은 여석현(礪石峴, 숫돌고개)을 중심으로 한 곳이었으며, 더구나 벽제관의 위치도 지금과는 다르게 '빈정리'에 자리하고 있었다. (민족문제연구소 소장자료)

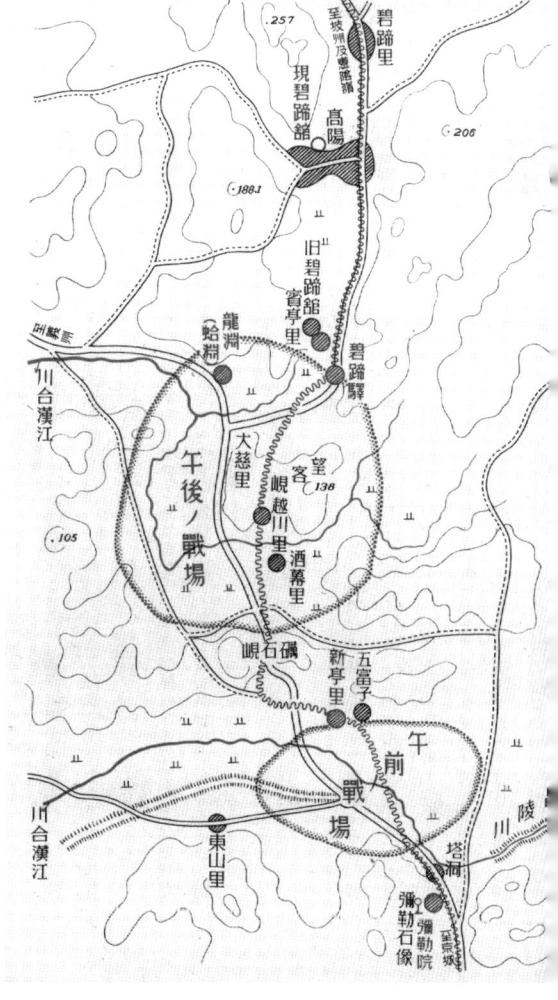

혹여 이러한 행로 도중에 일본인과 관련한 사적지가 포함되어 있다면 그 부분에 대해서는 더욱 촘촘하고 상세한 설명이 주어지는 것이 보통이었다. 이들 가운데 1938년 5월 1일에 발간된 『벽제관(碧蹄館)』(제6집)은 바로 이러한 범주에 속한 대표적인 하이킹 안내서였다.

벽제관이라고 하면 두말할 나위 없이 일본인들의 입장에서는 결코 빼놓을 수 없는 자기네 선조들의 전승지(戰勝地)에 해당하는 곳이었으므로 그 어느 곳에 못지않게 세밀한 사료조사와 현지탐방이 뒤따랐던 것은 물론이었다. 그러한 결과를 담은 것이니만큼 비록 소책자일망정 그야말로 심혈을 기울여 제작한 흔적이 이 책의 전반에 걸쳐 역력히 감지되고 있다. 그런데 이『벽제관』의 75~76쪽에는 벽제관 주변의 탐방행로를 이렇게 그려놓고 있는 대목이 눈에 띈다.

…… 현재 그 관리는 당지(當地)의 우편소장(郵便所長) 사에키 토루(佐伯融) 씨 등을 중심으로 하는 벽제관전적보존회(碧蹄館戰蹟保存會)에 맡겨져 있다. 이곳을 방문하는 사람들은 거의 동씨(同氏)의 안내로 전적견학(戰蹟見學)의 편의를 얻고 있음에 감사를 드리지 않을 수 없다.

벽제관의 역(役)이 있던 이래로 춘풍추우 340년 소화 8년(1933년) 9월에 이르러 이 전적을 기념하기 위한 일대기념비(一大記念碑)의 건립이 실현되었다. 비(碑)의 모양은 애급(埃及, 이집트) 나일하반(河畔)의 광야에 흘립한 오벨리스크(Obelisk)를 본뜬 것으로, 경성으로부터 벽제관에 오는 손님들이 명군(明軍)의 진지였던 월천리(越川里)에 이어지는 작은 언덕을 지나자마자 곧장 북방 밀수(密樹)의 언덕 위에 그 높고 하얀 자태를 인식하는 일이 가능하다. 비는 양질의 화강암(花崗岩)으로 제작되어 전기(電氣) 연마를 하여 광택이 아름답고 새로 식수한 수십 주의 앵수(櫻樹, 벚나무) 가운데에 서있다. 비의 표면에는 고 중추원촉탁 김돈희(故中樞院囑託 金敦熙) 씨의 글씨로 '벽제관전적기념비(碧蹄館戰蹟記念碑)'라는 여덟 글자를 새겼으며, 이면(裏面) 비의 대석(臺石)에는 당시 경기도지사 마츠모토 마코토(京畿道知事 松本誠)씨의 이름으로 다음의 명(銘)이 새겨져 있는데, 글은 이왕직 촉탁 에하라 젠즈치(江原善槌)가 지은 것이다.

비가 있는 언덕 위에는 코바야카와 타카카게의 괘갑수(掛甲樹)라고 전해지는 느티나무 고목이 있다. 언덕 아래에는 벽제관의 건물이 있다.

벽제관전적기념비명(碧蹄館戰蹟記念碑銘)

世知一將功成萬骨枯不知萬骨枯措邦家于泰山之安也 此地文祿役日韓明三國將士之戰區而山河尚存矣 嗟呼 弔祭不至者 三百年今恩讐共枯骨誰

不噓唏而鳴咽乎載於是乎憂國志士相謀蒐資樹石以記戰蹟且祭其露銘曰 高陽之原, 碧蹄之里, 緬望華山, 蜒蜿曳尾, 惠陰嶺石, 自然城址, 壬辰之役, 對戰有以, 老將黃門, 智謀無比, 猛將侍從, 膽大吞鬼, 明將如松, 馳馬揮筆, 韓將彥伯, 振旗激士, 決戰數合, 吶喊時起, 自旦至暮, 折刀盡矢, 將士隕身, 積骸築壘, 流血爲河, 壯烈神涕, 嗚呼噫噓, 忠勇始此, 以託邦家, 以永毗倚, 烜爀偉勳, 照暎靑史, 英魂不昧, 傳芳千禩
京畿道知事 松本誠

이 내용에 따르면, 벽제관으로 가는 작은 고갯길을 넘어서자마자 모든 도보여행객들은 누구나 저 벌판 너머로 온통 사쿠라의 동산으로 변신한 언덕 위에 높이 솟아 있는 '벽제관전적기념비'의 존재를 제일 먼저 마주하게 되는 구도였던 모양이었다. 여기에 나오는 중추원촉탁 김돈희

『벽제관 (경전하이킹코스 제6집)』(1938)에 수록된 문록교(文祿橋, 분로쿠바시) 쪽에서 바라본 벽제관 일대의 원경사진으로 산중턱에 보이는 하얀 돌기둥이 곧 '벽제관전적기념비'이다. (민족문제연구소 소장자료)

『벽제관 (경전하이킹코스 제6집)』(1938)에 수록된 여석현(礪石峴, 숫돌고개)의 정상에 설치된 벽제관 고전장 표석의 모습이다. 아마도 일본인들이 설치한 흔적으로 보이지만, 지금은 잔존여부를 전혀 확인할 수 없는 상태이다. (민족문제연구소 소장자료)

(中樞院囑託 金敦熙, 1871~1937)는 일제 때 서예가로 크게 이름을 날린 사람이다. 그는 선암사 강선루, 낙산사 의상대 등의 편액 글씨를 남겼으며, 특히 지금도 사용되고 있는 '동아일보(東亞日報)' 제호(題號)도 바로 그의 글씨라고 알려진다.

일찍이 이곳 벽제관 지역에는 1911년을 전후한 시기부터 명목상 고양군수(高陽郡守)가 회장을 맡고 기타 지역유지가 여기에 참가하는 반관반민(半官半民) 형태의 보존회 설립이 추진되었으며, 그 결과 1915년 4월에 "문록역(文祿役, 임진왜란) 때의 유적인 벽제관(碧蹄館), 괘갑수(掛甲樹) 등의 보존 관리 및 이를 널리 사회에 소개하는 것을 목적"으로 하는 벽제관고적보존회(碧蹄館古蹟保存會)가 설립인가를 받기에 이르렀다.

이러한 활동을 바탕으로 나중에는 벽제관전적기념비건설회(碧蹄館戰蹟

紀念碑建設會)라는 것이 꾸려져 기념탑의 건립까지 시도된 것이었는데, 이 과정에 대해서는 『매일신보』 1933년 10월 12일자에 수록된 「이십여 성상(二十餘 星霜)을 농촌계발(農村啓發)에 전심(專心), 벽제일대(碧蹄一帶)에서는 신(神) 같이 앙모(仰慕), 사에키 토루(佐伯融) 씨의 공적(功績)」이라는 제목의 인물탐방기사를 통해 그 내막을 엿볼 수 있다.

> …… 당지(當地)에 군청(郡廳)이 있을 시(時)에는 300여 호(戶)의 인가(人家)가 즐비하던 것이 군청이 20여 년 전에 경성(京城)으로 이전한 후로는 폐가파옥(廢家破屋)이 연년(年年)히 증가하여 지방이 쇠퇴하여짐을 우려하고 발전책(發展策)을 연구하였으나 장래 산간촌락(山間村落)으로 아무리 생각하여도 적당한 대책이 없어 고심하였다.
> 당지의 벽제관(碧蹄館)은 역사가 깊은 고적(古蹟)이오 또한 문록역(文禄役, 임진왜란) 고전쟁지(古戰爭地)이므로 이를 보존에 주력하여 각 지방에 선전(宣傳)하여 10여 성상(星霜)을 두고 당국에 교섭한 결과 재작춘(再昨春)에 기부인가(寄附認可)를 받는 동시에 당국 원조와 동지의 찬조를 얻어 '벽제관 전적기념비건설회'를 조직하고 내선만(內鮮滿) 각지를 통하여 기부금모집에 노력한 결과 9천여 원(圓. 엔)의 거액을 모집하기에 이르렀다.
> 때마침 불행히도 만주사변(滿洲事變)이 일어나자 이어서 상해사변(上海事變)이 속출(續出)되어 국내는 전시상태를 이루었으니 계획하였던 사업도 지연되지 아니할 수 없었다. 이래(以來) 국제관계가 점차로 진압(鎮壓)됨을 따라 금춘(今春)에 공사가 착수하여 이에 준공을 보게 되었다. 근만 원(近萬圓)의 공비(工費)로 건설된 기념비는 웅장하게도 벽제관 후산상(碧蹄館後山上)에 돌립(突立)하여 벽제의 면목을 일신케 되었으며 벽제관공원(碧蹄館公園)이라고 부르게까지 되었다.

벽제관전적기념비건설회에서 제작 발행한 '벽제관전적기념비'의 모습이다. 벽제관 후면 언덕 위에 세워진 이 기념비의 전면에 보이는 글씨는 중추원촉탁 김돈희(中樞院囑託 金敦熙)가 썼으며, 그 아래쪽에 '조혼(弔魂)'이라는 글자도 새겨져 있다. (민족문제연구소 소장자료)

여기에 나오는 일본인 사에키 토루(佐伯融)는 1911년 이후 고양우편소장을 거쳐 벽제우편소장으로 장기 재직하면서 벽제관고적보존회의 활동에 주도적으로 참여하였고, 특히 총독부의 고관 또는 내외귀빈(內外貴賓)을 포함하여 일반 탐방객이 벽제관을 찾을 때마다 이곳의 고적안내를 전담하다시피 했던 사람이기도 했다.

그러한 그가 다시 '벽제관전적기념비건설회'를 꾸려 1931년 이래 모금활동을 전개하였고, 그 결과 9천 원의 기부금에다 당국의 보조금 1천 원을 더하여 1933년 봄에 이르러 마침내 기념비의 제작에 착수하기에 이른 것이었다.

벽제관전적비의 건립 제원(諸元)에 대해서는 『조선과 건축(朝鮮と建築)』 제12집 제9호(1933년 9월)에 수록된 「벽제관전적기념비 설계개요(碧蹄館戰跡記念碑 設計概要)」라는 자료에 잘 요약 정리되어 있다.

[총고(總高)] 38척(尺) 2촌(寸), 비(碑)의 높이 33척 3촌, 하부(下部) 크기 5척 2촌각(寸角), 상부(上部) 크기 2척 7촌각.

[기단(基壇)]은 원형(圓形)으로 높이 2척 9촌, 외경(外徑) 40척, 내경(內徑) 36척, 삼방(三方, 세 방향)에 폭(幅) 8척의 계단(階段)을 두고, 계단 좌우에 길이 7척 폭 4척의 장원형(長圓形)의 수석(袖石, 소맷돌)을 붙임. 탑신(塔身)과 기단(基壇)은 둘 다 전부(全部) 화강석(花崗石)으로 만듦.

[탑신(塔身)] 앞에는 '벽제관전적기념비(碧蹄館戰跡記念碑)', 아래에 '조혼(弔魂)'이라 새기고, 뒤에는 건설유래기(建設由來記)를 새김.

[기단(基壇)] 상(床)은 콘크리트를 타설하고, 중앙 원형(中央 圓形)을 따라서 배수구(排水溝)를 두며, 사방(四方)으로 방사선상(放射線狀)의 토관(土管)으로 배수시키도록 사리(砂利, 자갈)를 까는 것으로 함.

[기공(起工)] 소화 8년(1933년) 4월 5일

[준공(竣工)] 소화 8년(1933년) 7월 5일

[제막식(除幕式)] 소화 8년(1933년) 9월 9일

[공비(工費)] 4,165원(圓)

[양식(樣式)] 근대식(近代式)

[설계(設計)] 조선총독관방 회계과(朝鮮總督官房 會計課)

[시공사(施工者)] 경성미술품제작소(京城美術品製作所)

이에 따라 1933년 9월 9일에는 벽제관전적기념비의 제막식이 거행되었으며, 당시의 조선총독 우가키 카즈시게(朝鮮總督 宇垣一成)가 몸소 이 행사에 참석하여 다음과 같은 내용의 축사를 남겼다.

…… 방금(方今) 내외(內外)의 정세(情勢)는 더욱 난국(難局)에 향(嚮)하여 동

아(東亞)는 드디어 다사(多事)코자 하여 국민(國民)의 왕성(旺盛)한 사기(士氣)와 열렬(熱烈)한 건투갱진(健鬪更進)하여 아세아민족(亞細亞民族)의 각성(覺醒)을 요(要)함이 익공(益功)한 추(秋)에 당(當)하여 여사(如斯)히 왕사(往事)를 추회(追懷)하여 미래(未來)에 선처(善處)한 도표(道標)가 될 만한 의의(意義) 있는 시설(施設)의 실현(實現)은 정신(精神)의 작흥(作興), 극동민족(極東民族)의 융합(融合)에 선보(禪補)됨이 자못 대(大)할 줄로 신(信)한다.

벽제관 건물과 벽제관전적기념비를 도안(圖案)에 담은 통신일부인(通信日附印)의 모습이다. 1934년 1월 20일부터 벽제우편소를 통해 사용하는 우편물에 적용되는 일종의 기념스탬프이다. (조선총독부 체신국, 『조선체신사업연혁사』, 1938)

요약하자면 바야흐로 만주사변과 상해사변으로 이어지는 동아세아의 정세변화가 진행되는 이때에 옛 벽제관 전투를 기리는 시설물의 등장은 그 자체가 미래의 길잡이가 될 만한 것이라는 언급인 셈이다. 또한 여기에서 한걸음 더 나아가 그들이 다시 극동민족의 융합을 이끌어내는 승전의 주체가 되리라는 것을 기원한다는 뜻이 담겨 있음을 엿볼 수 있다.

여기에서 보듯이 벽제관 일대는 남다른 의미가 있는 공간으로 여긴 탓인지 일본군대의 사기를 앙양하고 전의를 새롭게 다지는 공간으로 종종 사용된 흔적이 확인된다. 예를 들어, 1933년 10월에는 때를 맞춘 듯이 용산주둔 일본군 보병 제78연대가 벽제관 일대에서 추계대훈련을 실시한 적이 있었고, 좀 더 나중의 일이지만 1938년 12월에는 육군병지원자훈련소(陸軍兵志願者訓練所) 생도 200명이 벽제관 마을에서 견학차

하룻밤을 머물렀던 사실도 드러난다. 그리고 일제패망기의 막바지에 해당하는 1943년 10월에는 벽제관전투 350년이 되는 해라고 하여 당시 전몰자에 대한 추조제(追弔祭)가 이곳에서 거행되기도 했다.

이러한 내력을 지닌 벽제관전적기념비가 해방 이후 어느 시기에 철거되어 사라진 것인지는 분명한 기록이 확인되지 않는다. 다만, 『동아일보』 1950년 1월 22일자에 게재된 김진구(金振九)의 연재기고문 「국치비존폐(國恥碑存廢)의 시비(是非) 하(下)」를 보면, "…… 구랍 29일 회견할 때에 구 경기도지사(具 京畿道知事)는 희망적으로 표명하였다. 일인 소행인 벽제관(碧蹄館)의 전적비(戰蹟碑)와 미나미 지로(南次郎)의 장난인 인왕산맥(仁旺山脈)의 암석각자(岩石刻字)만은 제거하고 싶다고 ……"라는 구절이 포함되어 있는 것이 확인된다. 이것으로 보면 1950년을 넘어가는 시점까지도

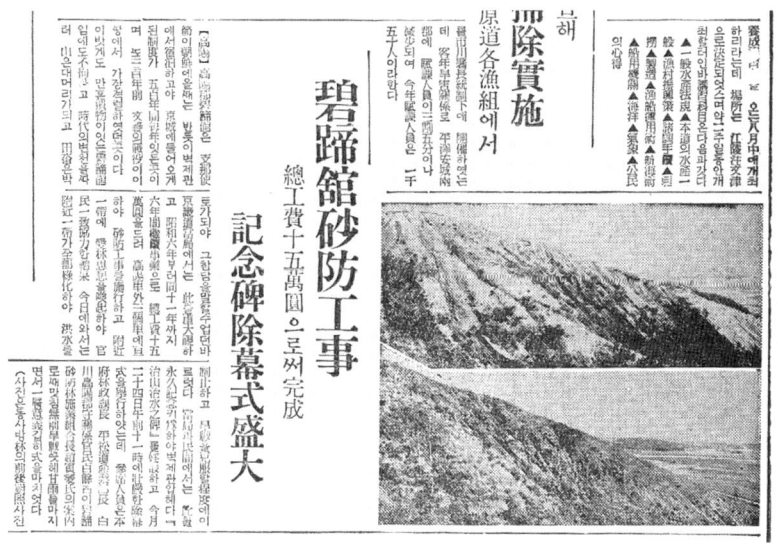

『매일신보』 1940년 6월 28일자에 수록된 벽제관 사방공사 관련 '치산치수비'의 제막식 기사이다. 이 기사에는 분명 벽제관 앞에 건립하였다고 기록되어 있지만, 지금은 그 행방을 전혀 알 수 없는 상태이다.

벽제관 전적기념비는 끈질긴 생명력을 가지고 그대로 남아 있었던 것이 아닌가 추정할 수 있다.

그런데 대개 벽제관이라고 하면 이 전적기념비의 존재에 초점이 주어져 있지만, 이것 말고도 별스러운 기념물이 하나 더 있었다. 1940년 6월 24일에 제막된 '치산치수지비(治山治水之碑)'가 바로 그것이었다. 이것은 1930년부터 1936년까지 6년 계속사업으로 고양리(高陽里) 주변 3개리에 걸쳐 사방사업(砂防事業)을 실시한 결과 산림녹화를 이룩한 것을 기리고자 일제가 이에 대한 기념물로 조성한 것이었다.

『매일신보』 1940년 6월 24일자에 수록된 관련기사에 따르면 분명히 벽제관 앞에다 이것을 설치하였다고 되어 있지만, 이 역시 해방 이후에 어떻게 처리되었는지는 전혀 알 수 없는 상태이다. 혹여 이 근처에 매몰 처리된 것이라면 언젠가는 홀연히 그 존재가 다시 드러나서 이것의 정체가 뭔지를 재확인하기 위해 달갑지 않게 일제강점기의 해묵은 기록을 다시 뒤져봐야 하는 수고를 감수해야 하는 일이 벌어질지도 모를 일이다.

• 이 글은 『민족사랑』 2020년 8월호에 게재하였던 것을 수정 보완하였다.

18

내금강 만폭동 계곡에 아로새긴 친일귀족 민영휘 일가의 바위글씨

금강산 사진첩에 보이는 일제강점기 수난사의 몇 가지 흔적들

여러 해 전에 제3대 조선총독 사이토 마코토(齋藤實)의 행적에 관한 자료를 뒤적이다가 우연히 그의 전기(傳記)인 『자작재등실전(子爵齋藤實傳)』 제2권(1941)에서 참으로 만감이 교차하는 한 장의 사진을 마주한 적이 있다. 여기에는 다소 거만한 포즈를 취한 사이토 총독과 총독부인 하루코(春子)가 등의자(藤椅子)로 만든 순여(筍輿, 대나무가마)에 나눠 타고 금강산 탐방에 오른 모습이 나란히 포착되어 있는데, 무엇보다도 그들의 비대한 몸집을 어깨와 팔뚝으로 지탱하며 서 있는 짚신 차림의 조선인 가마꾼들이 묘한 대조를 이루며 애처로운 광경을 만들어내고 있다.[55]

---

55) 재단법인 사이토 자작 기념회에서 펴낸 『자작재등실전(子爵齋藤實傳)』 제2권(1941), 832쪽에 붙어 있는 「사이토 총독 순시(巡視)의 족적(足跡)」이라는 지도자료에는 그가 금강산 내금강 장안사 지역을 거쳐 외금강 온정리 방향으로 탐방한 때가 대정 10년(1921년) 9월 27일~10월 2일, 그리고 대정 13년(1924년) 10월 4일~8일에 걸쳐 모두 2회의 일정이 있었던 것으로 정리되어 있다. 그리고 『동아일보』 1921년 9월 28일자에 수록된 「총독(總督) 금강산 탐승(金剛山 探勝)」 제하의 기사에 "사이토 총독이 금강산의 추색(秋色)을 탐(探)키 위하여 그 부인(夫人)을 동반하여 왕복 1주일 간의 예정으로 남대문발 열차로 출발하였다"는 요지의 소식이 있었던 걸로 보아 이 사진은 1921년 9월말 당시에 촬영된 것이 아닌가 싶다.

1921년 9월말 당시 금강산 탐승에 오른 사이토 조선총독과 그의 부인 하루코가 남긴 사진자료이다. 대나무가마에 올라 탄 그들을 메고 있는 조선인들의 모습이 자못 애처로운 광경을 연출하고 있다.
[재단법인 사이토 자작 기념회, 『자작 재등실전(子爵 齋藤實傳)』 제2권, 1941]

    예로부터 '와유금강(臥遊金剛; 와유는 원래 집에서 그림을 보고 명승 고적을 즐긴다는 뜻)'이라더니, 글자 그대로의 상황에 딱 들어맞는 장면이 아닌가 싶기도 하다. 이렇듯 권세를 지닌 누구에게는 신선놀음과 같은 별천지의 세상이고 또 다른 누군가에게는 유람과 호사는커녕 그야말로 숨이 턱턱 막히는 험난한 계곡과 비탈면이 끝없이 이어진 고생길을 뜻하는 곳, 금강산(金剛山)은 바로 그러한 공간이기도 했던 모양이다.[56]

    금강산이라고 하면 예로부터 무수한 금강예찬(金剛禮讚)을 쏟아내게 만들 정도로 계절마다 그 모습이 달라지는 절경으로 소문난 곳이지만,

---

56) 이것과 흡사하게 『매일신보』 1931년 10월 16일자에도 당시 우가키 총독(宇垣 總督)이 금강산 비로봉을 오를 때에 이러한 대나무가마를 타고 이동하는 광경이 사진화보로 소개되어 있다.

적어도 일제강점기에 관한 한 그러한 풍경에만 주목한다면 금강의 속살을 제대로 살펴보는 것은 그만큼 더 어려운 일이 되고 만다. 금강산을 세계적인 명산으로 떠들썩하게 부각시키고 이를 적극 홍보하려했던 주체가 바로 조선총독부였다는 점은 새삼 강조하지 않더라도, 금강산의 수난사가 본격적으로 시작된 시점 또한 식민통치기와 고스란히 겹치니까 하는 얘기이다.57)

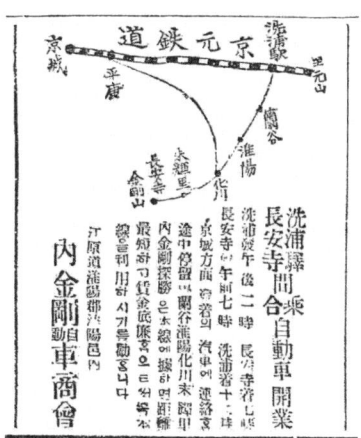

『매일신보』 1923년 7월 19일자에 수록된 '세포역 장안사 간 승합자동차 개업광고'이다. 아직은 금강산전기철도가 부설되기 이전이었으므로 경원선 세포역을 경유하여 자동차를 통해 내금강 쪽으로 연결하는 최단 행로가 소개되어 있다.

금강산으로 이어지는 신작로와 전기철도58)가 개설되고 탐승회(探勝會)라는 이름의 여행단이건 아니면 개

---

57) 예를 들어, 재단법인(財團法人)의 형태로 설립된 '금강산협회(金剛山協會, 1932년 4월 11일 인가)'가 이러한 기능을 수행했던 대표적인 관변단체였다. 『동아일보』 1932년 4월 21일자에 수록된 「금강산협회(金剛山協會) 조직(組織)으로 천하(天下)에 명승 소개(名勝 紹介), 국립공원설립(國立公園設立)이 제일보(第一步)」 제하의 기사를 보면, 이곳의 회장은 이마이다 정무총감(今井田 政務總監), 부회장은 박영효 후작(朴泳孝 侯爵)과 아루가 미츠토요 조선식산은행 두취(有賀光豊 朝鮮殖産銀行 頭取)가 맡고 있었다. 특히 이곳의 목적사업으로는 "1. 금강산에 관한 각종 조사, 2. 금강산 소개와 선전, 3. 강연과 유람에 관한 시설, 4. 공회당과 숙박 휴게에 필요한 시설과 경영, 5. 운동, 오락, 유원(遊園)에 관한 시설과 경영, 6. 별장(別莊), 주택지(住宅地)의 경영, 7. 안내에 관한 시설" 등의 사항이 나열되어 있다.

58) 사설철도(私設鐵道)인 금강산전기철도(金剛山電氣鐵道, 1919년 12월 16일 설립)의 경우, 1924년 8월 1일에 철원~김화 구간(17.9마일)의 운수개시(최초에는 증기열차였다가 3개월 후부터 전차로 운행)가 이뤄진 이후 1925년 12월 20일에 김화~금성 구간(누적 31.7마일), 1926년 9월 18일에 금성~탄감리 구간(누적 37.0마일), 1927년 9월 5일에 탄감리~창도 구간(누적 42.0마일), 1929년 4월 15일에 창도~현리 구간(누적 51.4마일),

일본황족 타카마츠노미야의 금강산 탐방을 기리고자 강원도청에서 상팔담(上八潭) 정상의 바위에다 기념비를 새겨 넣기로 했다는 소식을 알리고 있는 『경성일보』 1926년 9월 14일자의 보도내용이다.

인단위의 탐방객이건 간에 대규모 인파들이 골짜기마다 밀려들게 되자 이곳에서 생업의 기반을 마련한 일본인들이 적지 않았다. 이들 가운데는 음식점, 숙박업, 찻집, 기념품점, 사진사 등이 주류를 이뤘지만, 드물게는 석공(石工)이라는 직업도 포함되어 있었다. 금강산을 탐방한 기념으로 바위에 자신의 이름 석 자를 새겨놓고 오는 것은 오랜 전부터 있어왔던 일이지만, 새로운 수요가 새로운 공급을 창출하는 것인지 그 역할은 일본인 석공의 몫으로 귀착되었던 것이다.

이렇게 금강산으로 몰려든 사람들은 그저 구경만하고 돌아가는 것이 아니라 자신의 흔적을 남겨두고 가는 일도 게을리 하지 않았는데, 심

1929년 9월 25일에 현리~오량 구간(누적 61.7마일; 화계~오량 구간은 10월 31일까지 영업), 1930년 5월 15일에 화계~금강구 구간(누적 108.0마일)의 순서대로 연장 운행되었고, 마지막으로는 1931년 7월 1일에 금강구(말휘리)~내금강 구간(누적 116.6마일)까지 완전 개통하였다. 한편 이 회사의 사장이자 '금강산 관광의 개척자' 또는 '금강산 소개의 은인'으로 알려진 쿠메 타미노스케(久米民之助, 1861~1931)는 금강산전기철도의 최종 완성을 보기 직전에 병으로 숨겼는데, 3주기(周忌)가 되는 1934년 5월 24일에는 장안사 입구(長安寺 入口)에 그를 위한 '쿠메 박사 기공지비(久米博士紀功之碑)'가 설치되어 성대한 제막식이 거행된 바 있다. 그리고 비로봉(毗盧峯) 정상의 바로 아래에 조성한 27명 수용 규모의 '휘테(ヒユッテ, 오두막; 1932년 10월 1일 일부 개업)'에 대해서는 그의 업적을 기리기 위해 '쿠메산장(久米山莊)'이라고 명명하였다.

금강산 계곡의 바위마다 무수한 탐방기념 '이름 새기기'를 '미친 현상'이라고 질타하는 만평내용이 실린 『동아일보』 1934년 10월 3일자의 해당 지면이다. 여기에는 흥미롭게도 비대한 체구의 재력가인 듯한 사람을 '순여(즉, 대나무가마)'에 태우고 애써 이동하는 장면이 삽화로 그려져 있다.

지어 일본황족 타카마츠노미야(高松宮, 소화천황의 동생)는 1926년 9월 12일에 외금강 상팔담(上八潭)에 오른 뒤에 이곳을 등반한 기념으로 큰 문자를 암면에 새겨놓기도 했다.[59] 이와 관련하여 『동아일보』 1934년 10월 3일자에 수록된 만평가 최영수(崔永秀)의 「금강산 만화행각(金剛山 漫畵行脚)」이라는 연재물에는 금강산 계곡마다 그득한 이름새기기 현상에 대해 신랄하게 꼬집는 내용이 다음과 같이 수록되어 있다

…… 금강산 속엘 다녀나간, 말하자면 탐승객들 중에 '미친 놈'이 많았

---

[59] 이에 관해서는 『조선신문』 1926년 9월 14일자의 관련기사에 "특히 아직 탐승객도 오르지 못한 팔담(八潭)에 오르신 것은 조선을 위한 광영(光榮)이므로 이를 기념하고자 강원도에서는 팔담의 절정(絶頂, 꼭대기)에 자연석(自然石)으로 기념비를 세운다"는 강원도지사 대리(江原道知事 代理) 코니시 내무부장(小西 內務部長)의 얘기가 채록되어 있다. 그리고 토쿠다사진관(德田寫眞館)에서 발행한 『만이천봉의 조선 금강산(萬二千峰の 朝鮮 金剛山)』(제10판, 1932)을 보면, '상팔담(上八潭)' 항목에서 "…… 황공하옵게도 선년(先年) 타카마츠노미야 전하(高松宮殿下)께서 어등산(御登山)하시고, 그 당시를 기념하는 대문자(大文字)가 암면(岩面)에 새겨지게 되었다"는 사실이 서술되어 있다.

다는 것을 알았다. 그것은 볼품 있는 바위에 부질없이 성명(姓名) 석 자를 써놓고 간 자들을 하는 말이다.

그 좋은 경치, 그 아름다운 바위 위에 왜 그 더러운 이름들을 기록하였을까? 혹자(或者)는 금강산 족보(族譜)를 만들렴인지 삼대(三代)까지 이름을 써놓았고, 혹자는 그것이 옥판선지(玉版宣紙)로 알았던지 휘호(揮毫)를 하고는 도장까지 찍어놓았고, 혹자는 크게, 혹자는 적게 또는 쓰기도 하고 새기기도 하고 — 그리하여 일견(一見) 그 속에도 빈부(貧富)의 계급적 의식이 표현되고 있다.

보라 —. 이 부질없는 사람들이여! 그렇게도 그대들의 이름을 날리고 싶거든 명함(名啣)을 수억 장 백여 가지고 비행기를 세내 타고 상공에서 뿌리는 것이 오히려 효과적일 것이 아니냐 말이다.

이러한 일본인 석공의 존재를 뚜렷이 확인할 수 있는 흔적으로는 외금강 구룡폭포에 새겨진 '미륵불(彌勒佛)' 바위글씨가 있다. 이것은 해강 김규진(海岡 金圭鎭, 1868~1933)이 썼으며, 세 글자를 합쳐 그 길이가

조선산림회에서 펴낸 『반도의 취록』(1926)에 수록된 금강산 구룡폭포 전경 사진(부분)에는 해강 김규진이 썼다는 '미륵불' 바위글씨의 각자 내용이 소상히 포착되어 있다. 맨 아래쪽에 '석공 스즈키 긴지로'라는 글씨가 보이며, 그 아래쪽에는 금강산 탐방객들이 남긴 기념낙서 등이 어지럽게 자리하고 있는 것이 눈에 띈다. (민족문제연구소 소장자료)

무려 64척(尺, 약 19.4미터)에 달할 만큼 굉장한 규모라는 것으로 유명하다. 조선산림회에서 발행한 『반도의 취록(半島の 翠綠)』(1926)이라는 사진첩에 수록된 자료를 살펴보면, 이 글자 옆에는 '세존강생 이천구백사십육년(世尊降生 二千九百四十六年; 서기 1919년에 해당)', '해강 김규진 서(海岡 金圭鎭 書)'라는 낙관(落款)과 더불어 시주(施主), 화주(化主), 감독(監督)의 이름들이 죽 나열되어 있고, 그 말미에는 석공(石工) 스즈키 긴지로(鈴木銀次郎)라는 구절도 표시되어 있다.

금강산 구룡연 '미륵불' 바위글씨의 암각 내용

```
彌勒佛(미륵불)
   世尊降生 二千九百四十六年(세존강생 이천구백사십육년)
      海岡 金圭鎭書 [金圭鎭印](해강 김규진서 [김규진인])
      施主 李時明 秋正明 兜率華 淑仁華(시주 이시명 추정명 도솔화 숙인화)
      化主 林石頭 金曙明(화주 임석두 김서명)
      監督 金坦月 成一燮 張權春(감독 김탄월 성일섭 장권춘)
      石工 鈴木銀次郎(석공 스즈키 긴지로)
```

일찍이 춘원 이광수(春園 李光洙, 1892~1950) 같은 이는 『금강산유기(金剛山遊記)』(시문사, 1924)를 통해 이 글자에 대해 "구역이 날 뿐더러 이토록 아까운 대자연의 경치가 파괴된 것에 눈물을 흘리지 않을 수 없다"고 하면서, "해강 김규진은 실로 금강산에 대하여 대죄(大罪)를 범한 자라 하겠다"고 혹평을 더한 바 있었다.

(70쪽) …… 진주담(眞珠潭)은 바로 파륜봉(波倫峰)과 법기봉(法起峰)의 새에 있어 수석(水石)의 아름다움이 만폭동(萬瀑洞)의 으뜸이라 하겠습니다. 담(潭) 동(東)편의 반석(磐石) 위에 우암(尤庵) 친필의 율(律) 한 수(首)가 새겨 있습니다. 그리고 담의 서(西), 즉(卽) 파륜봉의 산복(山腹) 장광(長廣) 수백

척(尺)의 대반석(大磐石)에 김해강(金海岡)의 '법기보살(法起菩薩)'이라는 한 자가 한 칸(間) 통이나 되는 대자(大字)를 새기고 그 곁에 좀 적게 '천하기절(天下奇絶)'이라는 초서(草書)로 새겼습니다. 자연(自然)의 풍치(風致)를 해(害)함이 불소(不少)하외다.

(166~197쪽) …… 팔담(八潭)으로 가기 전에 우리는 어리석고 허영심(虛榮心) 많은 자의 영원히 씻지 못할 죄악(罪惡) 하나를 지적하지 아니할 수 없습니다. 만폭동에서도 그 아까운 자연을 더럽혀 구역(嘔逆) 나는 꼴을 보았지마는, 구룡연(九龍淵)까지도 그 유치(幼穉)한 허영심의 희생이 되었습니다. 폭포의 좌견(左肩)이라 할 만한 미륵봉의 뇌복(腦腹)에 '미륵불(彌勒佛)' 3자(字)를 커다랗게 새기고 그 곁에는 세존응화(世尊應化) 몇 천 몇 년 '해강 김규진 서(海岡 金圭鎭書)'라 하였으니, 이만 해도 이미 구역이 나려든 그 곁에는 시주(施主)에 누구누구, 석공(石工)에 누구누구, 무엇에 누구누구하고, 무려(無慮) 수십 명의 이름을 새겨 놓았으니, 이리 되면 차마 볼 수가 없어서 눈을 가리우고 아까운 대자연의 파경(破景)된 것을 생각하여 눈물을 흘리지 아니 할 수 없습니다. 이것이 아주 없어지려면 무슨 천변지이(天變地異)가 없기 전에는 몇 천 년을 경과(經過)하여야 할 것이니, 해강 김규진은 실로 금강산에 대하여 대죄(大罪)를 범한 자라 하겠습니다.

(204~205쪽) …… 점심(點心)을 필(畢)하고 만폭동과 표훈(表訓), 정양(正陽)을 거쳐 장안사(長安寺)로 향하였습니다. 이번 비에 만폭동은 말이 못되게 퇴락(頹落)하였습니다. 바위가 굴러 내려와 그 미용(美容)을 손(損)함이 다대(多大)한 중에도 귀담(龜潭)은 아주 말이 못되었습니다. 거북의 등에 보기 흉한 커다란 바위가 올라 앉아 겨우 거북의 대가리만이 남아 있습니다. 이왕(已往)이면 김모(金某)가 더럽혀 놓은 '법기보살(法起菩薩)'이

라는 글자나 깨뜨려 버렸더면 좋았을 것을 아무리 하여도 만폭동과 구룡연을 더럽힌 김모의 허영심(虛榮心)에서 온 죄악은 수백 수만 년의 풍마우세(風磨雨洗)의 공(功)으로나 겨우 씻어 버릴 듯하옵니다. 되지 못한 것에게는 유추만년(流醜萬年)을 하게 된 것은 영광(榮光)일는지 모릅니다.

오늘날에 와서는 이 글자에 대해 평가를 달리하는 사람들도 더러 있는 모양이지만, 어쨌건 그 시절의 신문지상에 수록된 금강산 탐방기들에는 한결같이 사람마다 손가락질하는 대단한 꼴불견의 하나라고 묘사되어 있는 것을 확인할 수 있다.

더구나 이 글자를 새긴 당사자가 하필이면 일본인 석공이었다는 점은 상당한 거부감이 들게 하는 대목이 아닐 수 없다. 실상 여기에 나오는 스즈키 긴지로라는 인물은 1939년 가을 대일본청년단대회(大日本靑年團大會)가 경성(京城)에서 개최된 것을 기념하기 위해 미나미총독(南總督)의 휘호로 쓴 '동아청년단결(東亞靑年團結)'이라는 큰 글씨를 인왕산(仁王山) 병풍

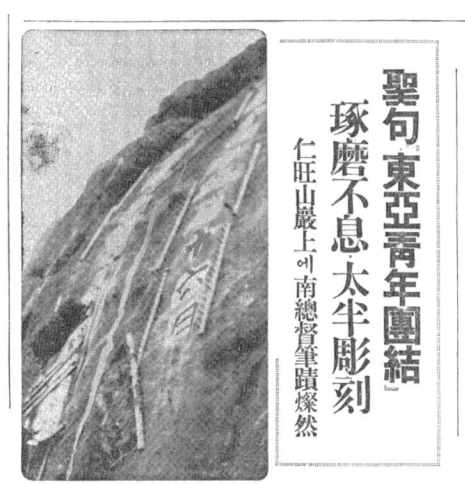

『매일신보』 1940년 6월 28일에는 서울 인왕산의 바위면에 미나미 총독의 글씨로 '동아청년단결'이라는 큰 글씨를 조각하고 있는 중이라는 소식이 수록되어 있다. 이 글씨를 새긴 일본인 석공 스즈키 긴지로(鈴木銀次郞)는 일찍이 1919년에 금강산 구룡연 '미륵불(彌勒佛)' 대자(大字)를 작업한 전력을 지녔다.

바위에 새길 때에 그 작업을 직접 수행했던 장본인이기도 했다.

이에 대한 흔적으로는 『매일신보』 1940년 3월 8일자에 수록된 「한자(字)가 사방(四方) 12척(尺), 불멸(不滅)의 대문자(大文字) '동아청년단결(東亞靑年團結)' 15일(日)부터 각자 착공(刻字 着工)」 제하의 기사가 있는데, 일본인 석공 스즈키에 대해 언급한 구절이 다음과 같이 등장한다.

> '흥아청년'의 대동단결을 작년에 열렸던 대일본청년단대회에서 결의하고 이 뜻을 영원히 남기고 단결의 힘을 천추에 빛나게 하고자 동아청년단결(東亞靑年團結)이라는 여섯 글자를 인왕산(仁旺山)에 새기기로 한 것은 작년 9월 16일의 일이다.
> 이 불후(不朽)의 대문자(大文字)를 인왕산 큰바위에 새기는 일은 그다지 손쉬운 일이 아니므로 총독부 학무국에서는 이 공사를 맡을 사람을 각 방면으로 구하던 바 드디어 자신 있는 석수(石手)를 구하게 되어 오는 15일에 글자 새기는 기공을 하게 되었다.
> 이 불멸의 성스러운 글자를 새길 영광의 사람은 외금강 온정리(外金剛 溫井里)에 사는 늙은 석공 스즈키 긴지로(鈴木銀次郞)란 노인으로 지금도 외금강 구룡연(九龍淵)에 새겨있는 미륵불(彌勒佛)의 세 글자를 새겨 그 명성이 이미 높은 이다. 공사는 먼저 경성 장안을 내려다보고 있는 인왕산 바위의 겉껍질을 벗겨내고 그 속에 단단한 바위에 새기는 것이며 여기에 새기는 글자 '동아청년단결'의 글자는 '청년의 아버지'인 미나미(南) 총독이 휘호한 것이다.
> 글자는 한자가 사방 열 두 자에 깊이만 다섯 치라고 하니까 서울장안 어디서든지 바라볼 수 있으며 그 외에 '기원 이천오백구십구년 구월 십육일'이란 열 다섯 자는 한자가 사방 넉 자, '조선총독 남(南)총독'이란

일곱 자는 다섯 자씩이라고 한다. 이번 계약은 총경비 1만 1천 4백 54원이며, 한 자 평방에 6원 각수로 예산 쳤다는 것인데 오는 10월 31일에 완성을 하리라고 한다.

『매일신보』 1919년 10월 5일자에 소개된 해강 김규진의 휘호 '천하기절(天下奇絶)'의 글씨 모습이다.

한 글자당 사방 12척(尺, 약 3.6미터) 크기에 달했던 이 바위글씨는 해방 이후 간신히 표면을 깎아내긴 하였으나, 지금도 여전히 인왕산의 이마에 해당하는 곳에는 큰 상처가 난 듯이 일제패망기의 흔적이 고스란히 남아 있는 상태이다.

그런데 해강 김규진이라고 하면 이 외금강 구룡연의 '미륵불' 글씨뿐만이 아니라 내금강 만폭동 쪽으로도 '천하기절(天下奇絶)', '법기보살(法起菩薩)', '석가모니불(釋迦牟尼佛)' 등 여러 점의 큰 바위글씨를 남긴 것으로 잘 알려져 있다.[60] 이 가운데 법기보살이라는 글자는 모두 합쳐 72척(약

---

60) 『매일신보』 1919년 8월 23일자에 연재된 해강 김규진의 기고문인 「금강행(金剛行) (11)」에는 "······ 사중(寺中)이 분망(奔忙)한 중에 천하기절(天下奇絶) 대액석각(大額石刻)을 기공(起工)하기 위하여 온정리(溫井里)의 일등석공(一等石工) 김창웅(金昌雄)을 전화(電

(왼쪽) 『매일신보』 1920년 4월 23일자에 소개된 해강 김규진의 휘호 '법기보살(法起菩薩)'의 글씨 모습이다.
(오른쪽) 『매일신보』 1920년 7월 2일자에 소개된 해강 김규진의 휘호 '석가모니불(釋迦牟尼佛)'의 글씨 모습이다.

21.8미터)에 달하는 것이었으며, 원본글씨가 하도 이색적인 것이었던지라 서울 수송동 각황사 법당에서 임시전람회를 열어 사람들에게 구경시킨 적도 있었다.

민족문제연구소의 소장유물인 『만이천봉 조선금강산(萬二千峰 朝鮮金剛山)』(원산 우메다사진관, 1929)이라는 사진첩에는 이 '법기보살' 바위글씨의 모습이 생생히 담긴 사진자료가 남아 있다. 여길 보면 '세존응화 이천구

話)로 초대(招待)하더라"는 구절이 남아 있는데, 이로써 바위글씨를 새긴 조선인 석공의 신분을 확인할 수 있다.

백사십칠년 사월 일일 김규진(世尊應化 二千九百四十七年 四月 一日 金圭鎭)'이라는 표시가 들어 있는데, 이로써 이 글자는 1920년에 새겨진 것임을 알 수 있다. 그 아래쪽의 구절은 판독이 힘들 뿐더러 나머지 부분 역시 사진앵글에서 벗어나 있어서 부수적으로 표시된 내역까지는 확인할 수 없다.

한편, 이 사진자료에서 크게 눈길을 끄는 대상은 오른쪽 아래에 함께 포착된 민영휘(閔泳徽, 1852~1935) 일가의 이름이 새겨진 부분이다.[61] 그의 이름은 원래 민영준(閔泳駿)이었으나 1901년 4월에 이르러 '민영휘'로 개명(改名)하였다. 민영휘는 강원도 지역 백성들이 '민철구(閔鐵鉤, 쇠갈고리)'라고 불렀다는 탐관오리 민두호(閔斗鎬, 1829~1902)의 아들로 태어났으며, 잘 알려진 대로 조선 제1의 갑부(甲富)이자 조선귀족회(朝鮮貴族會)의 부회장을 지낸 대표적인 친일귀족의 하나이다.[62]

---

[61] 이 글자의 바로 아래쪽에는 '민병희(閔丙喜)'라는 이름이 함께 새겨져 있는데, 글씨의 자체(字體)와 크기가 다른 형태인 것으로 보아 민영휘 일가와는 무관하거나 별도의 시기에 조성된 것인 듯하다. 그리고 이 글자의 바로 위쪽에도 별도로 '화평당 주인 이응선(和平堂 主人 李應善)'이라고 새겨진 것이 보인다. 여기에 나오는 이응선(1879년생)은 서울 종로에서 화평당 약방(和平堂 藥房)을 운영했고, 조선매약주식회사(朝鮮賣藥株式會社)의 사장과 중외의약신보사(中外醫藥申報社)의 이사장 등을 지낸 인물이다. 그는 1927년 6월 1일에 49세의 나이로 숨졌다.

[62] 민두호를 일컬어 '민철구(민쇠갈고리의 뜻)'라고 했다는 얘기의 출처는 매천 황현(梅泉 黃玹, 1855~1910)이 남긴 『오하기문(梧下記聞)』이며, 여기에는 다음과 같은 구절이 등장한다. "是時諸閔有三盜之目京城盜閔泳柱關東盜閔斗鎬嶺南盜閔炯植 斗鎬者泳駿之父泳柱者泳駿從父兄而炯植者泳緯之孼子也 …… 泳駿於春川創置留守建行宮以擬他日播遷行幸之所 擢其父爲留守 斗鎬爲人蠢鄙凶毒而貪爲甚泣營 數年江原之民離散相屬民謂之閔鐵鉤(이 당시 다들 민씨 가운데 세 도적이 있다는 평이 있었는데 서울도적 민영주, 관동도적 민두호, 영남도적 민형식이 그들이다. 민두호는 민영준의 아비이고, 민영주는 민영준의 종형제이며, 그리고 민형식은 민영위의 얼자이니라. …… 민영준은 춘천에 유수를 두고 행궁을 지어 후일 파천 때 행행하는 장소로 삼고자 했는데, 제 아비를 유수로 뽑았다. 민두호는 위인이 어리석고 비루하며 흉악한데다 욕심이 심하여 그 끝에 다다랐

원산 우메다사진관에서 펴낸 『만이천봉 조선금강산(萬二千峰 朝鮮金剛山)』(1929)에는 내금강 만폭동에 자리한 '법기보살(法起菩薩)' 바위글씨의 모습이 포착되어 있다. 우연찮게도 오른쪽 아래에는 친일귀족 '민영휘' 일가의 이름이 한꺼번에 죽 새겨진 것이 퍼뜩 눈에 띈다. (민족문제연구소 소장자료)

여길 보면 민영휘를 필두로 김기현(金箕賢, 측실, 1926년에 사망), 민대식(閔大植, 둘째 아들), 민평식(閔平植, 둘째 딸, 1923년에 사망), 민천식(閔天植, 셋째 아들, 1915년에 사망)의 이름이 차례대로 새겨져 있다. 어찌 된 영문인지 민영휘의 본처인 평산 신씨(平山 申氏, 1915년에 사망)는 물론이고 큰아들이자 양자인 민형식(閔衡植), 맏딸 민윤식(閔潤植), 넷째 아들 민규식(閔奎植), 그리고 '해주마마'라는 별칭으로 유명했던 또 다른 측실 안유풍(安遺豊, 1862~1936)의 이름은 보이질 않는다.

『동아일보』 1924년 9월 20일자에 수록된 소일생(小日生)의 「금강유기(金剛遊記) (17)」 연재물에는 "…… 그 외에도 염치 모르는 탐리배(貪吏輩)들이 첩(妾)의 이름이며 얼남녀(孼男女)의 이름을 마치 후인(後人)에게 자랑이나 할 듯이 새긴 것들이 무수하게 보였다"고 한 내용이 포함되어 있는

다. 수 년만에 강원의 백성은 뿔뿔이 흩어졌고 그곳의 속민들은 그를 가리켜 '민쇠갈고리'라고 불렀다.)"

데, 이는 바로 이들의 이름이 새겨진 바위글씨를 보고 일컫는 대목인 듯하다. 여기에 등장하는 민영휘 일가의 사람들이 직접 금강산을 탐방한 것인지 아니면 그냥 이름만 올려놓은 것인지는 자세히 알 수 없다.

하지만 위의 연재물에 포함된 『동아일보』 1924년 9월 11일자 「금강유기 (13)」의 서술내용을 보면, 삼불암(三佛岩)의 지척에 있는 수충영각(酬忠影閣)에 자작 민영휘(子爵 閔泳徽)의 커다란 사진액자가 역대 고승들의 화상(畵像) 가운데에 버젓이 함께 걸려 있음은 대망발(大妄發)이라고 개탄하는 구절이 있는 것이 눈에 띈다.

…… 삼불암(三佛岩)을 돌아서니 바로 십보지(十步地)에 오백 년 이래로 국가에 대하여 유공(有功)하다는 사승(師僧)들의 화상을 장치(藏置)하였다는 수충영각(酬忠影閣)이 있다. 걸어서 각실(閣室)에 들어가니 왕사(王師)가 아니면 들지 못한다는 용두도간(龍頭道竿)을 든 나옹(懶翁), 무학(無學), 서산(西山), 사명(四溟) 제대사(諸大師)의 위엄(威嚴) 있고 청고(淸高)한 안모풍채(顔貌風采)와 기타 금강산중의 유공명고(有功名高)한 제선승(諸先僧)의 엄숙한 아(嚴肅開雅)한 얼굴들이 당우(堂宇)에 가득하였는데 보는 사람으로 하여금 사연 옷깃을 정제(整齊)하게 한다.

그런데 여기서 한 가지 우습게 보이는 것은 자작 민영휘(子爵 閔泳徽)씨의 대판사진(大版寫眞)이 그 열중(列中)에 우뚝하니 끼어 있는 일이다. 비록 국가에 대하여 정충고훈(精忠高勳)이 있다 할지라도 승려(僧侶)가 아닌 이상에야 씨(氏)의 사진이 그 자리에 끼어 있는 것은 대망발(大妄發)이라 할 수 있고 또한 돈푼을 냈다 하기로 씨의 사진을 그곳에 걸게 한 것은 소관사승(所管寺僧)의 대무식(大無識)을 웅변으로 설명하는 것이라 하였다. 물론 총명하다는 민씨가 그것을 알았을 리는 없겠지마는 일후(日後)

에라도 아는 기회(機會)가 있거든 곧 철하(撤下)케 하기를 희망하여 둔다.

아마도 이때 상당한 금액의 시주가 있었을 테고, 그러한 결과로 그들의 이름이 줄줄이 바위에 새겨지게 된 것은 아니었을까도 싶다. 아무튼 금강산 만폭동 계곡에 아로새긴 민영휘 일가의 이름은 그 자체로 가문의 영광은 고사하고 그들 스스로의 행적을 천년만년 상기시켜주는 훌륭한 매개물로 작용하고 있는 셈이다.

• 이 글은 『민족사랑』 2015년 2월호에 게재하였던 것을 수정 보완하였다.

제4부 뒤틀어진 공간에 대한 해묵은 기억들

19

군대해산식이 거행된
옛 훈련원(訓鍊院) 일대의 공간해체과정

이 자리에 들어선
경성부민회장(京城府民會場)의 정체는?

지금은 사용빈도가 거의 전무하다시피 하지만 일제강점기까지만 하더라도 옛 서울의 특정지역을 일컫는 독특하고 고유한 표현들이 그런대로 잘 남아 있었던 흔적이 곧잘 확인된다. 북촌(北村, 백악 밑)이니 남촌(南村, 남산 밑)이니 동촌(東村, 낙산 근처)이니 서촌(西村, 서소문 안팎)이니 하는 것은 그마나 제법 알려진 사례에 속하고, '동구내(洞口內, 동구안)'라든가 '통내(通內, 통안)'처럼 지금은 완전히 잊혀진 용어도 없지 않다.

이 가운데 '동구내'는 창덕궁 돈화문앞길을 가리키는 속칭(俗稱)으로 널리 사용되었으며, 예를 들어 단성사(團成社, 수은동 56번지)와 같은 곳은 이곳의 위치를 알리는 문구에 '동구내 단성사' 또는 '동구안 단성사'라는 식으로 짝을 이

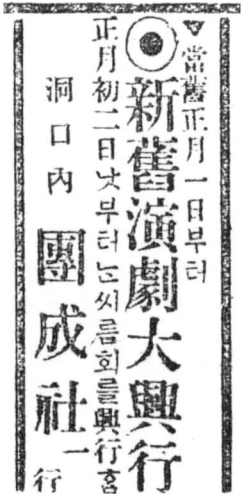

『매일신보』 1915년 2월 18일자에 수록된 신구연극 대흥행 광고 문안에는 '동구내 단성사'라는 표기가 또렷하다.

뤄 등장하는 것이 보통이었다. 그리고 '통내'는 배오개 쪽에서 함춘원(含春苑)에 이르는 지역의 통칭(通稱)인데, 이로 인해 지금의 종로 4가 사거리를 일컬어 '통안네거리'라고 불렀던 흔적이 완연하다.

이것 말고도 상촌(上村, 웃대, 우대)과 하촌(下村, 아랫대, 아래대)이라는 것도 그 시절 서울사람들의 일상대화 속에 자주 오르내린 말이었는데, 박태원(朴泰遠, 1909~1986)의 소설 『천변풍경(川邊風景)』(1938)에도 '웃대'와 '아랫대'의 표기가 등장하는 것을 본 적이 있다. 소춘(小春)이라는 필명을 사용한 김기전(金起田, 1894~?)이 『개벽』 제48호(1924년 6월)에 수록한 글을 보면, "광통교 이상(廣通橋 以上)을 우대, 효교 이하(孝橋 以下)를 아래대"라고 부른다고 하여 이들 지역의 개략적인 위치를 일러주는 내용도 남아 있다.

그리고 경성부에서 편찬한 『경성부사(京城府史)』 제2권(1936), 556쪽에는 일본인 거주지와 그 주변의 옛 모습을 그려내는 항목에 다음과 같은 내용이 정리되어 있다.

> 고래(古來)로 상대(上臺, 웃대), 하대(下臺, 아래대)라는 말이 있는데, 전자(前者)는 서리(胥吏)의 마을이라는 뜻으로 '야마노테(山の手)'에 비견되며, 주로 현 청운동(淸雲洞)을 중심으로 하는 지방을 가리키고, 후자(後者)는 하급 무관(下級武官)의 마을이라는 뜻으로 현 훈련원(訓鍊院)으로부터 동남 방면을 가리키며, '시타마치(下町)'에도 비견될 만하다. 또 남촌생원(南村生員, 남촌의 하급관리라는 뜻)이라는 말도 있다. 이것들은 모두 북부에 권세자의 거주자가 많고, 남부에는 이에 반하는 선비가 거주했던 것을 가리킨다.

예로부터 아랫대 지역은 각종의 군속(軍屬, 장교와 집사 등)이 주로 몰려 살던 공간이었으며, 이러한 영향 탓인지 이곳과 가까운 도성밖 왕십리

『매일신보』 1913년 1월 26일자에는 훈련원 옛터에서 야구경기가 벌어지는 광경이 소개되어 있다. 여기에 보이는 훈련원 청사는 1917년 6월에 동대문소학교를 건립하는 과정에서 총독부의원으로 옮겨져 그곳에서 간호부양성소 교실로 사용된다. 왼쪽 저 멀리 흥인지문(동대문)의 모습이 드러나 있다.

나 이태원 등지에도 하급 군졸과 병사들이 많이 거처하였다. 이 때문에 임오군란(壬午軍亂) 때는 난병(亂兵)을 색출한다는 명목으로 청국군(淸國軍)에 의해 이들 마을 전체가 도륙을 당한 일도 있었다.

이러한 내용들을 살펴보면 아랫대의 범주는 자료마다 약간씩 차이가 있어 보이나 이 가운데 '훈련원'이라는 공간이 그 핵심에 놓여 있는 사실만큼은 분명해 보인다. 훈련원(訓鍊院)은 원래 조선의 개국 초기에 '훈련관(訓鍊觀)'이라 하다가 이름을 바꾼 것이었는데, 이곳은 무과시험과 아울러 활쏘기와 습진(習陣) 등 무예를 연마하거나 대규모 군사조련과 열병(閱兵)을 실시하는 공간이었다.

이와 관련하여 『경국대전(經國大典)』에는 "무과(武科)의 초시(初試)와 원시(院試)는 훈련원에서 이름을 등록하여 시취(試取)한다"는 구절이 포함된 것을 확인할 수 있다. 이순신 장군이 무과시험 때 말에서 떨어져 다리가 부러지자 버드나무 껍질을 덧대어 동여매고 다시 달렸다는 얘기의 현장이 곧 이곳 훈련원이었던 것이다.

순조 때 사람인 유본예(柳本藝, 1777~1842)가 지었다고 전하는 『한경지략(漢京識略)』(1830)에는 훈련원의 연혁을 이렇게 정리하고 있다.

> 남부 명철방(明哲坊)에 있다. 개국 초에 창건되어 과시(科試)와 무재습독(武才習讀)에 관한 일을 관장한다. 이곳 곁에는 연자루(燕子樓)가 있으며 석초(石礎)가 매우 높다. 무과(武科)를 볼 때마다 이곳이 일소(一所)가 되므로 원관(院官)이 이 누에 올라 화살을 배부하면 거자(擧子, 응시자)는 누 아래에 둘러서서 이를 받는다.
>
> 살피건대 태종(太宗) 17년에 훈련관(訓鍊觀)의 모든 밭을 이곳에 속하게 하고, 이로써 무사(武士)를 양성하였다. 나중에 훈련관을 훈련원으로 고쳤으며, 이 곁에는 옥전(沃田)이 있어서 숭채(菘菜, 배추)를 심는데 그 맛이 좋아서 이를 일컬어 '훈련원배추(訓鍊院菘)'라 한다. 이 옆에 우물이 있어 '통정(桶井, 통우물)'이라 하는데 물맛이 제일이라 칭한다. 훈련원 사청(射廳)에는 성간(成侃)의 기문(記文)이 남아 있다.

그렇다면 훈련원의 구체적인 위치는 어디였을까? 이에 관해서는 우선 갑오개혁 당시 한성부 오서(漢城府 五署)의 방계동명(坊契洞名) 정리자료에 '훈련원'이 '남서 명철방 남소동계(南署 明哲坊 南小洞契)'에 속해 있었다고 채록된 사실이 눈에 띈다. 이를 단서로 『조선총독부관보』 1914년 4월 27일자에 수록된 「경성부 정동(町洞)의 명칭 및 구역(제정)」을 살펴보니, 이 당시에 종래의 훈련원은 '황금정 6정목(黃金町 六丁目, 지금의 을지로 6가)' 구역에 귀속된 것으로 확인된다.

1914년 4월 당시 옛 훈련원 주변 지역의 정동(町洞) 명칭 및 관할구역

명칭	구역
방산정(芳山町)	오교동(午橋洞) 일부, 연방동(蓮坊洞) 일부
황금정 5정목 (黃金町 五丁目)	연방동(蓮坊洞) 일부, 오교동(午橋洞) 일부, 어교동(漁橋洞) 일부, 대동(帶洞) 일부, 근동(芹洞), 청교동(靑橋洞), 오장동(五壯洞) 일부
황금정 6정목 (黃金町 六丁目)	훈련원(訓鍊院), 남소동(南小洞) 일부, 남정동(藍井洞) 일부, 연방동(蓮坊洞) 일부
황금정 7정목 (黃金町 七丁目)	하도감동(下都監洞), 동산리동(東山里洞) 일부, 배동(裴洞) 일부, 신당리(神堂里)

조선총독부 임시토지조사국에서 정리 작성한 『토지조사부(土地調査簿, 1912년 조사)』에는 "황금정 6정목 18번지, 잡종지(雜種地), 35,029평, 국유지"로 표기된 항목이 있는데, 이곳이 바로 옛 훈련원 자리이다. 이곳은 지금의 국립중앙의료원 일대와 그 후면으로 청계천변에 접하는 광활한 지역 전체를 두루 포괄하는 지번이다.

그런데 현재 이곳과 서쪽으로 이웃하는 지역에 훈련원공원(訓鍊院公園, 을지로 5가 40번지 일대)이 별도로 남아 있으므로 이로 인해 훈련원 구역의 공간적 범주에 대한 판단에 있어서 약간의 혼란을 야기하고 있다. 이 지역은 옛 경성사범학교(京城師範學校)가 있었던 구역이며, 동쪽 일부가 '황금정 6정목'에 살짝 걸쳐 있을 뿐이고 나머지는 대부분 '황금정 5정목'과 '방산정(芳山町)'에 들어 있으므로 딱히 훈련원 구역으로 판단하기는 어려운 측면이 있다.

하지만 경성사범학교에서 펴낸 『경성사범학교총람(京城師範學校總覽)』(1929)에 수록된 '학교연혁' 항목을 보면 "[1921년 9월 30일] 경성중학교 가교사(假校舍)에서 황금정 5정목 훈련원 신축교사(기숙사 3동)로 이전"이라고 적고 있다. 이것으로 미뤄 보건대 아마도 이곳 역시 대개 훈련원 권역에 포함하여 인지되고 있었던 것으로 보인다.

근대 시기 이후 훈련원에 관한 흔적을 살펴보니, 1906년 8월에 군부(軍部)에서 친밀기관(親密機關)의 하나로 군인구락부(軍人俱樂部)를 이곳에 창설하였다는 내용이 눈에 띄긴 한데, 이런 정도를 제외하고는 서울 지역의 각종 단체와 학교들의 운동회가 벌어진다거나 서양에서 도입한 각종 스포츠 종목들의 경기가 이곳에서 개최된 사실을 알리는 신문기사들이 단연 수두룩하게 남아 있다. 잘 알려진 YMCA야구단의 야구시합이라든가 '자전거대왕' 엄복동(嚴福童, 1892~1952)이 참가한 자전거 경주대회 등도 이곳에서 자주 개최되었다.

그리고 이곳은 무엇보다도 일제의 강요로 군대해산(軍隊解散) 조치가 이뤄질 때 해산식이 거행된 장소로 기억되는 공간이기도 했다. 1907년

프랑스 화보잡지 『릴뤼스트라시옹(L'Illustration)』 1907년 9월 7일자에는 군대해산과정에서 숨진 시위대병사들의 시신을 늘어놓은 광희문(光熙門) 밖의 광경과 이를 수습하려는 가족들의 모습을 수록하고 있다. (민족문제연구소 소장자료)

제4부 | 뒤틀어진 공간에 대한 해묵은 기억들

7월 31일 장차 징병제(徵兵制)를 공포할 요량으로 일시 해대(一時 解隊)케 한다는 내용을 담은 '군대해산조칙'이 내려졌는데, 이에 앞서 한국통감 이토 히로부미(韓國統監 伊藤博文)는 다음과 같은 내용의 군대해산순서를 마련하고 있었던 것으로 알려진다.

[군대해산순서(軍隊解散順序)]

제일(第一). 군대해산이유(軍隊解散理由)의 조칙(詔勅)을 발(發)할 사(事).

제이(第二). 조칙(詔勅)과 동시(同時)에 정부(政府)는 해산후(解散後)의 군인처분(軍人處分)에 관계(關係)한 포고(布告)를 발(發)하며 차(此) 포고중(布告中)에는 좌개사항(左開事項)을 시명(示明)할 사(事).

일(一). 시위 보병 일대대(侍衛 步兵 一大隊)를 치(置)함.

이(二). 시종무관(侍從武官) 기명(幾名)을 치(置)함.

삼(三). 무관학교(武官學校) 급(及) 유년학교(幼年學校)를 치(置)함.

사(四). 해산(解散)할 시(時)에 장교 이하(將校 以下)에 일시은급금(一時恩給金)을 급여(給與)하고 기 금액(其 金額)은 장교(將校)는 봉급 대개 일개년 반(俸給 大槪 一個年半)에 상당(相當)한 금액(金額), 하사 이하(下士 以下)는 대개 일개년(大槪 一個年)에 상당(相當)한 금액(金額)이라. 단(但), 일개년 이상(一個年 以上) 병역(兵役)에 복종(服從)한 자(者)라.

오(五). 장교(將校) 급(及) 하사중(下士中) 군사학(軍事學)의 소양(素養)이 유(有)하야 체격강건(體格强健)하고 장래유망(將來有望)한 자(者)는 일(一), 이(二), 삼호(三號, 전항)에 직원(職員) 우(又)는 일본군대(日本軍隊)에 부속(附屬)케 할 사(事). 단(但), 하사(下士)는 일본군대(日本軍隊)에 부(附)치 아니할 사(事).

육(六). 장교(將校) 급(及) 하사중(下士中) 군사학 소양(軍事學 素養)이 무(無)

한 자(者)로 보통학식(普通學識)이 유(有)하야 문관기능(文官技能)이 유(有)한 자(者)는 문관(文官)에 채용(採用)할 사(事).

칠(七). 병기탄약(兵器彈藥), 군복(軍服)은 환납(還納)할 사(事).

군대해산 당시 시위대 편제와 해산 인원

부대 구분	주둔지	해산인원
시위 제1연대 제1대대	서소문 안 병영	해산식 불참
시위 제1연대 제2대대		하사졸 이하 575인
시위 제1연대 제3대대	전동(典洞) 병영	하사졸 이하 488인
시위 제2연대 제1대대	서소문 안 병영	해산식 불참
시위 제2연대 제2대대	광화문 앞	근위대로 전환하여 존속
시위 제2연대 제3대대(징상대)	포덕문외(布德門外)	하사졸 이하 405인

이 당시 서소문 안쪽 시위대(侍衛隊) 병영에 자리한 시위 제1연대 제1대대와 시위 제2연대 제1대대 병력은 박승환 참령(朴昇煥 參領, 1869~1907)의 자결 소식에 호응하여 해산 명령을 거부하고 분연히 저항에 나섰으며, 이들을 제외한 나머지 부대는 훈련원에서 거행한 해산식에 일괄 소집되었다. 이때의 상황에 대해서는 『대한매일신보』 1907년 8월 2일자에 수록된 다음의 기사들에 간략히 묘사되어 있다.

[최종경례(最終敬禮)] 작일(昨日) 상오 10시부터 각대 병정(兵丁)을 훈련원(訓鍊院)에 소집(召集)하고 해산식(解散式)을 거행할 새 일병(日兵)이 사면환위(四面環圍)하여 견여철통(堅如鐵筒)하고 한국위관(韓國尉官)을 곤재해심(困在該心)하여 대대장(大隊長)이 효유(曉諭) 후 장졸(將卒)이 호상작별경례(互相作別敬禮)를 시(施)하고 장교(將校)는 고위대명(姑爲待命)이고, 하사(下士)는 80원씩(圜式), 병졸(兵卒)은 1년 이상 근무자는 50원씩, 1년 이하 자는 25원

씩 반사(頒賜)하였더라.

[한병휘루(韓兵揮淚)] 작일(昨日) 훈련원(訓鍊院)에서 해산한 한병(韓兵)들이 은사(恩賜)를 수(受)하고 출래(出來)하야 분기(憤氣)를 불승(不勝)하여 혹자(或者)는 지전열쇄(紙錢裂碎)하고 혹자(或者)는 의관제구(衣冠諸具)를 매(買)하며 낙루자(落淚者) 다(多)하더라.

그런데 『경성부사』 제2권(1936), 29쪽에는 이 날의 상황에 대해 그야말로 일본인의 시각에서 정리한 구절이 남아 있다.

…… 11시에 이르러 약 2천의 병사가 몸에 촌철(寸鐵, 기병대의 패검)을 차지 않고 세우(細雨)가 소소(蕭蕭)한 훈련원원두(訓鍊院原頭)에 개연(慨然)히 정렬했다. 이 시각 시위 제1연대 제1대대, 제2연대 제1대대의 양대(兩隊)는 남대문 내에서 모반(謀叛)하여 참가하지 않았으므로 식장참집부대(式場參集部隊)만 해산하는 것으로 하였으며, 해산의 취지(趣旨)를 선언하고 은사금(恩賜金)을 지급하여 현장에서 수의해산(隨意解散)하는 것을 허가했다. 병사들은 일이 의외인 것에 놀라 처음에는 호읍(號泣)하는 자도 있었으나 당시의 병사로서는 과분한 금원(金員)을 얻게 되자 읍성(泣聲)은 홀연히 소성(笑聲)과 환성(歡聲)으로 변하였고 오후 3시 식(式)의 종료를 기다려 은사금을 지니고 광희정(光熙町)과 부근의 전체 주막(酒幕), 입주가(立酒家, 선술집), 내외주가(內外酒家)에 설퇴(雪頹, 우르르 몰려가는 것)하여 우음(牛飮)했다. 술집은 이 때문에 입추(立錐)의 여지(餘地)가 없었다.

일제강점기 이후 훈련원 일대는 동대문공립심상소학교(東大門公立尋常小學校, 1917년 4월 개교)를 위시하여 경성약학전문학교(京城藥學專門學校, 1919년 5

『조선(朝鮮)』 1926년 7월호에 수록된 순종 국장 당시 장의식장으로 사용된 훈련원 터 일대의 전경이다. 이에 앞서 1919년 3월 고종 국장 당시에도 이곳 훈련원 터가 장제장(葬祭場)으로 사용되었다.

1932년 가을에 옛 훈련원 터에서 벌어진 신흥만몽박람회의 모습을 담은 항공촬영사진이다. 전면에 보이는 것이 박람회장이고 그 뒤로 청계천 일대와 경성약학전문학교, 동대문소학교, 경성여자공립실업학교 등이 두루 포진한 광경이 함께 포착되어 있다. 이 사진의 오른쪽으로는 경성운동장이, 왼쪽으로는 경성사범학교가 각각 자리하고 있다. (『경성일보』 1932년 9월 18일자)

월 신축이전), 경성사범학교(京城師範學校, 1921년 9월 신축이전), 경성여자공립실업학교(京城女子公立實業學校, 1928년 12월 신축) 등이 잇달아 들어서면서 그 영역이 서서히 잠식되어 갔다. 이밖에 돈의문밖 경기감영 터에 있던 고양군청(高陽郡廳)이 1928년 4월 7일에 옮겨와서 이 구역을 다시 분할하여 차지하였다가 해방 이후 1961년 8월까지 머물렀던 일도 있었다.

또한 1934년에는 경전부영화(京電府營化) 요구에 직면한 경성전기주식회사(京城電氣株式會社)가 이러한 난국의 타개책으로 거액의 기부금을 내기로 결정했을 때 그 돈으로 지은 '경성부민병원(京城府民病院)'이 들어선 자리가 곧 훈련원 구역이었다. 현재 서울시의회청사로 사용하고 있는 경성부민관(京城府民舘)이 신축되고, 경성전기회사의 본점이 서울로 옮겨진 것도 모두 이 당시의 결정에 따른 것이었다.

이때 경성전기의 1차년도 기부금 50만 원을 재원으로 경비진료소(輕費診療所)를 건립하기로 하고 1933년 6월에 착공하여 그 이듬해 3월에 낙성식을 보았는데, 완공 직전에 '경성부민병원'으로 이름이 고쳐졌다. 1941년 3월에는 이곳 후면에 상이군인 유가족을 위한 수산장(授産場)으로 2층 규모의 양관인 '생활의 집'이라는 명칭의 시설이 추가된 바 있다. 경성부민병원은 해방 이후에 한때 시민병원(市民病院)으로 개칭하였다가, 그 자리에는 1958년에 신설된 '국립의료원'이 들어서게 된다.

이보다 앞서 훈련원 자리는 1919년(고종황제 인산)과 1926년(순종황제 인산) 두 번에 걸친 국장(國葬)이 벌어질 때마다 봉결식장(奉訣式場)으로 사용된 것으로도 잘 알려져 있다. 또한 1932년에는 동일한 자리에서 만주사변(滿洲事變)과 이에 따른 '만주국(滿洲國)' 수립의 선포를 계기로 이를 대대적으로 선전하기 위해 경성일보사, 매일신보사, 서울프레스사가 공동주최한 '신흥만몽박람회(新興滿蒙博覽會, 1932.7.21~9.18)'라는 대규모 행사가 벌어

『뻗어가는 경성전기』(1935)에 수록된 경성부민병원(京城府民病院, 1934년 3월 낙성)의 전경이다. 이른바 '경전부영화(京電府營化)'의 당면 과제에 놓인 경성전기주식회사가 이러한 난관을 타개하기 위해 제시한 거액의 기부금으로 이를 지었으며, 현재 서울시의회청사로 사용하고 있는 '경성부민관(京城府民館, 1935년 12월 준공)' 역시 이 건물과 건립유래는 동일하다. (민족문제연구소 소장자료)

지기도 했다.

그런데 이러한 옛 훈련원 지역의 공간해체내력을 훑어가다보면 그 말미에 존재감이 뚜렷하게 등장하는 것이 바로 경성부민회장(京城府民會場, 1940년 4월 11일에 다시 '경성부 훈련원회장'으로 개칭)이다. 이곳은 원래 1937년 2월에 일본인 광산업자인 코바야시 우네오(小林采男, 1894~1979)의 기부금으로 확보한 1만 4천 원의 금액으로 훈련원에 자리한 약학전문학교 후편 공터에다 새로운 장재장(葬齋場)을 건설하려던 것에서 비롯되었다. 이를 통해 홍제내리(弘濟內里)의 장재장 부족 현상을 타개하는 한편 그곳 화장터에 가마 두 기를 추가로 건설하려던 계획도 추진되고 있었던 것이다.

그러나 도중에 장례식을 거행하는 '장재장'만 건설하기보다는 마치 일본 히비야공원(日比谷公園)과 같은 공간처럼 야외음악회와 영화회 등을 곁들여 운영할 수 있는 시설로 꾸리고자 하는 취지에서 이를 '경성부민

야스쿠니신사 임시대제와 관련하여 이들 전몰장병에 대한 위령제가 거행되고 있는 광경이 수록된 『동아일보』1938년 10월 21일자의 보도내용이다. 비단 이 행사만이 아니라 이곳 훈련원터 경성부민회장(京城府民會場)에는 이러한 종류의 위령제와 추도회가 쉴새없이 거행되었다.

회장'으로 그 용도와 명칭을 변경하기로 결정하였다. 경성부민회장(부지 면적 5,566평, 건물평수 26평 3합)의 개장 과정에 대해서는 『경성휘보(京城彙報)』 1938년 1·2·3월호(합본), 76~77쪽에 다음과 같이 정리되어 있다.

부민 대망(待望)의 부민회장(府民會場)도 부내 모 독지자(某 篤志者)의 기부금(寄附金)으로 드디어 그 실현을 보기에 이르러, 객년(客年) 8월 황금정 6정목 18번지 구 훈련원(舊 訓練院)의 광장에 기공(起工), 공비(工費) 1만 2천여 원을 들인 근세식 철근 콘크리트조(近世式 鐵筋 コンクリート造)의 건물도 최근에 준공(竣工)을 고하여 3월 5일부터 개장(開場), 일반(一般)에 대여하는 것으로 되었다. 사용시간(使用時間)은 오전 8시부터 오후 11시까지이며, 사용요금(使用料金) 20원을 전납(前納)하고 부윤(府尹)의 사용승인(使用承認)을 얻는 것으로 되어 있지만 부민회장사용조례(府民會場使用條例) 5조(條)에 해당하는 경우는 사용불승인이 되고 있다. 여기에 덧붙여 제5조

를 적어보면 다음과 같다. (하략)

이곳에서는 일상적인 장례식을 거행하는 것은 물론이고 곧잘 스모(相撲, 일본씨름) 대회나 중량거(重量擧, 역도) 경기대회가 벌어졌으며, 또한 무엇보다도 일제가 벌인 침략전쟁 과정에서 죽은 전사자들을 위한 추도집회가 하루가 멀다 하고 벌어지곤 했다. 여기에는 장고봉사건(張鼓峰事件)의 전사자들에 대한 위령제(1938년 9월), 야스쿠니신사 합사 전몰장병 위령제(1938년 10월), 경성부 출신 장병 영령 추도회(1939년 7월), 지나사변 군마(軍馬) 위령제(1939년 10월), 지나사변 전몰자들에 대한 추도회(1940년 7월), 지나사변 5주년 전몰장병 추도제(1942년 7월) 등의 사례가 포함되어 있다.

조선총독부 중추원 부의장, 경학원 대제학, 귀족원 의원, 종2위 훈1등 자작 ……. 이것도 벼슬이랍시고 이러한 긴 수식어를 앞에 달고 있는 이는 대표적인 친일귀족이자 경술국적(庚戌國賊)의 한 사람인 윤덕영(尹德榮, 1873~1940)이다. 그런데 알고 보니 윤덕영이 죽었을 때 그의 영결식이 벌어진 자리가 바로 이곳 경성부민회장이었다.

이보다 앞선 시기에는 이미 조중응 자작(1919), 민원식 국민협회 회장(1921), 조동윤 남작(1923), 민영기 남작(1927), 유맹 중추원 참의(1930) 등

『매일신보』 1940년 10월 20일자에 수록된 윤덕영 자작의 부고광고이다. 그의 장지는 경기도 양주군 구리면 교문리이며, 영결식장은 '경성부민재장(京城府民齋場, 옛 훈련원)'으로 표시되어 있다.

적지 않은 친일파 군상이 이곳을 이승과 작별하는 장소로 이용했던 흔적이 포착되고 있다. 이래저래 훈련원 옛터는 일제의 폐해와 친일의 그늘이 깊게 드리워져 있었던 공간이었던 것이 분명하다.

• 이 글은 『민족사랑』 2021년 1월호에 게재하였던 것을 수정 보완하였다.

20

일본 황태자의 결혼기념으로
세워진 경성운동장

하도감(下都監) 자리에 있던
정무사(靖武祠)의 건립 내력

　스포츠중계를 할 때면 으레 "여기는 성동원두, 서울운동장입니다"라는 아나운서의 멘트로 시작하던 시절이 있었다. 성동원두(城東原頭)는 성동 벌판의 들머리라는 뜻이며, 서울운동장은 옛 경성운동장이자 한때 동대문운동장으로 통용되었던 곳을 가리킨다. 이것 말고도 일제강점기에는 이곳을 일컬어 훈련원원두(訓鍊院原頭)라고 했던 사례들도 곧잘 눈에 띈다.

　88서울올림픽으로 잠실경기장이 생겨나기 전까지만 하더라도 서울운동장은 그야말로 유일무이하다시피 했던 한국 스포츠 역사의 산실이었다. 전국체전과 소년체전은 말할 것도 없고 국내의 어지간한 경기대회는 빠짐없이 이곳에서 열렸으며, 막판 탈락을 아쉬워했던 올림픽 축구나 월드컵 아시아예선전이 벌어졌던 곳도 여기였다.

　하지만 서울운동장이 스포츠의 공간만은 아니었다. 이곳은 때로 정치의 공간이자 근현대사의 현장이기도 했다. 가까이는 체제수호 명분의 무수한 궐기대회와 규탄대회가 자주 열렸고, 좀 더 거슬러 올라가서는 해방 직후에 찬탁이다, 반탁이다 하여 좌우익이 충돌하던 때의 정

『동아일보』 1927년 10월 1일자에 수록된 동아일보 주최 제5회 전조선여자정구대회 관련 안내기사에는 경성운동장과 훈련원 일대의 전경을 일목요연하게 포착한 항공사진이 나란히 게재되어 있다.

치집회공간이었는가 하면 여러 애국지사들의 영결식(永訣式)이 거행되는 곳으로도 사용된 적이 많았다. 더구나 일제강점기에는 전시동원체제에 편승한 각종 행사가 자주 개최되던 그러한 장소였다.

그렇다면 이곳에 운동장 시설이 처음 들어선 것은 언제이며 또한 어떠한 연유로 만들어진 것일까? 서울도성이 지나고 하도감(下都監)이 자리한 지역에 경성운동장(京城運動場, 경성그라운드)이라는 이름으로 개장이 이뤄진 것은 1925년 10월 15일이었고, 정식준공일은 이듬 해인 1926년 3월 31일이었다.

그런데 경성운동장 앞에 꼭 함께 따라 붙는 것이 "동궁전하어성혼기념(東宮殿下御成婚記念)"이라는 수식어였다. 여기에서 말하는 '동궁 전하'는 장차 소화천황(昭和天皇)이 되는 일본 황태자 히로히토(裕仁, 1901~1989)를 가리키는 표현이다. 그 당시 섭정궁(攝政宮)의 노릇을 했던 히로히토 황태자의 결혼식은 1924년 1월 26일에 있었다. 당초 결혼식은 1923년 가을로 예정되었으나, 그해 9월 느닷없는 관동대진재(關東大震災, 관동대지진)의 발생으로 한 차례 연기된 것으로 알려진다.

그러니까 경성운동장의 건립은 이때 황태자의 결혼을 기념하는 행사의 하나로 추진된 것이었다. 이에 관한 결정과정에 대해서는 『경성일보』 1924년 1월 18일자에 수록된 「어성혼기념(御成婚記念)의 운동장(運動場), 만장일치(滿場一致)로 원안가결(原案可決), 2만 평(坪)의 관유지(官有地)를 팔아 재원(財源)으로, 완성(完成)은 14년도(年度)」 제하의 기사를 통해 그 내막을 엿볼 수 있다.

> 경성부협의회 다화회(京城府協議會 茶話會)는 16일 오후 3시부터 학교조합회의실(學校組合會議室)에서 개회되었는데 출석의원 21명으로 부청측(府廳側)에서는 타니 부윤(谷府尹), 3 이사관(理事官), 토목과장(土木課長), 내무계(內務係), 회계계(會計係) 등이 출석했고 타니 부윤으로부터 어성혼기념사업(御成婚記念事業)으로서 그라운드 건설에 관한 계획의 보고를 하고 현재의 훈련원(訓鍊院) 동부그라운드(東部グラウンド)를 중심으로 한 부근 민유지(民有地) 약 2만 평을 양도 받아 최상단(最上段)에 테니스 코트(テニスコート), 중단(中段)에 다이야몬드(ダイヤモンド; 야구장), 하단(下段)에 트랙(トラック)을 건설하며, 그리고 이에 필요한 재원(財源)은 특별염출법(特別捻出法)을 강구하여 부비(府費)에 관계없이 하도록 관유지(官有地)의 양여(讓與)를

받아 이를 매각하여 경비에 충당하려는 것인데, 그 면적(面積)이 2만 4, 5천 평이지만 유효매각지(有效賣却地)는 약 2만 평으로 예상한다는 부윤의 설명을 마치자

코죠 의원(古城議員)은 "실로 훌륭한 계획이지만 어성혼(御成婚)의 기념사업이라고 하면 가장 신중히 연구되지 않으면 안 되며, 운동(運動)도 훌륭하기는 하지만 운동 이외에 무언가 사회적(社會的) 생산적(生産的) 시설은 없는 것일까"라고 언급한 바

타케우치 의원(竹內議員)도 이에 찬의(贊意)를 표시하고 "그라운드로서는 위치(位置)가 치우쳐진 경향이 있다"고 하며 의견을 표출하였는데 다른 의원에게 "아전인수론(我田引水論)이다" 하는 야유(揶揄)를 받았고, 이어서 이진호 의원(李軫鎬議員)이 일어나 "섭정궁 전하(攝政宮 殿下)는 비상(非常)히 운동(運動)을 좋아하고 계시며 또한 목하(目下)의 부민(府民)에게는 운동을 장려하는 필요가 있어서 선반(先般) 어하사(御下賜)된 조칙(詔勅)의 어정신(御精神)으로 보더라도 국민(國民)의 원기(元氣)를 함양하는데다 경사스러운 기념사업으로서는 가장 좋은 착상이다"라고 찬성하여 결국 만장일치(滿場一致)로써 부청(府廳)의 발안(發案)에 찬성의 뜻을 표했다. 비공식(非公式)이었지만 개선후(改選後) 제1회(第一回) 회합으로 각 의원(各議員) 모두 비상한 긴장미(緊張味)를 보였고, 이리하여 7시 폐회(閉會)했는데 머지않아 본회의(本會議)를 개최한 다음 어성혼(御成婚) 이전에 공표할 것이지만 확실히 기공(起工)하는 것은 13년도(1924년도)이며, 14년도(1925년도) 중에는 완성하리라 예상한다고.

여기에 나오는 이진호(李軫鎬, 1867~1946)는 일찍이 경상북도장관(1910.10~1916.3), 전라북도장관(1916.3~1921.8)을 거쳤고 다시 총독부 학무

서울도성이 지나는 언덕지형의 흔적이 그럭저럭 남아 있는 경성운동장의 개설 초기의 광경이다. 오른쪽 차일(遮日) 위에 걸린 깃발이 '경찰기장(警察旗章)'과 '약일장(略日章)'인 것을 보면 경찰관련단체의 행사인 듯하다. 저 너머로 언덕 위에 보이는 육각정자는 '청운각(靑雲閣, 1925년 12월에 명명)'이다. (개인소장자료)

국장(1924.12~1929.1), 중추원 참의(1931.1~1940.4), 중추원 부의장(1941.5), 중추원 고문(1943.6), 일본제국의회 귀족원 칙선의원(1943.10)을 지낸 친일관료의 거물이었다. 그가 경성부협의회원이 된 것은 1923년 11월의 일이며, 그는 한때 휴직 신분으로 있던 도지사 직에서 막 퇴직(1923.8)한 상태에 있었던 것이다.

경성부에서 기념사업의 하나로 경성운동장의 건설을 추진하려는 뜻은 이진호의 말마따나 "특히 운동을 사랑하시는 동궁 전하(東宮 殿下)의 기념사업으로 운동장 설치계획을 세움은 적당한 처치"라는 것이 그 이유로 내세워졌다. 이러한 계획에 따라 경성운동장의 건립부지는 몇 차례 후보지 검토 끝에 훈련원공원(訓練院公園, 황금정 6정목 및 7정목; 1925.10.14일 폐지) 일대로 최종 선정되었다.

『동아일보』 1926년 12월 4일자에는 경성운동장 야구장 스탠드에 막 설치된 일산(日傘, 그물망 포함)의 모습이 소개되어 있다. 경성전기주식회사에서 기부하여 설치된 이 시설물은 일제패망기에 이르러 전쟁물자조달을 위한 금속물 공출의 대상이 되어 1943년 2월에 철거되었다.

그러나 서울도성 안쪽만이 아니라 그 바깥 지역도 포괄하여 경성운동장을 배치하는 설계가 이뤄져 있었으므로 조선산업물산주식회사(朝鮮産業物産株式會社, 경기도 고양군 한지면 신당리 220번지 부근) 소유토지 5천여 평을 마저 사들인 이후에야 이곳에서 건립공사가 진행되었다. 경성운동장 건립지에는 그 당시의 세계적 추세에 따라 500미터 트랙을 갖춘 육상경기장(축구장)과 아울러 야구장과 정구장 시설이 우선 갖춰졌고, 경비 조달의 문제로 수영장과 기타 시설은 추후에 보완 건립되었다.

경성운동장 설계 개요 (1925년 10월 15일 개장, 총면적 22,700평)

구분	면적	수용관중	비고
육상경기장(500미터 트랙)	8,500평	15,000명	원설계는 400미터 트랙
야구장(野球場)	5,500평	7,000명	일산(日傘) 설치(1926.12)
정구장(庭球場)	1,200평	3,800명	전면개수공사(1935.8)
수상경기장(水上競技場, 예정지)	600평	–	낙성식(1934.6.30)
마장(馬場)	550평	–	–
식수 지생지 도로(植樹 芝生地 道路)	6,350평	–	–

이 지역은 어차피 성벽이 지나는 자리였으므로 싼값으로 공간을 확

보하자는 의도와 함께 이러한 자연지형을 그대로 활용하여 관중석으로 만들어내는 식으로 공사가 이뤄졌던 것이다. 그 바람에 이 일대를 가로지르는 성벽의 흔적은 하루 아침에 사라지고 이간수문(二間水門)도 운동장의 바닥에 묻히게 되었으며, 무엇보다도 언덕 지형을 깎아내려 무지막지하게 평탄화(平坦化) 작업을 진행하였으므로 이로써 성벽이 지나는 구간은 옛 모습을 영영 잃어버리고 말았다.

그런데 경성운동장의 개장식이 열린 1925년 10월 15일은 이 행사만이 아니라 새로 지은 경성역사(京城驛舍)의 준공과 아울러 남산 중턱에 지은 조선신궁(朝鮮神宮)의 진좌제(鎭座祭)가 동시에 벌어지는 날이기도 했다. 이러한 연유로 경성운동장의 개장식은 3일간의 일정으로 벌어지는 제1회 조선신궁경기대회(朝鮮神宮競技大會)의 입장식(入場式)과 고스란히 겹쳐졌다.

이날 식장에 직접 참석한 사이토 총독은 그가 남긴 축사(祝辭)를 통해 이러한 조선신궁 경기대회의 남다른 의미를 이렇게 설파하였다.

> 조선신궁이 새롭게 완성되어 본일(本日) 진좌제(鎭座祭)를 거행하는 가절(佳節)에 즈음하여 선내 각지(鮮內 各地)에서 운동선수를 불러 신전(神前)에서 이런 경기를 하려는 것은 더없이 회심(會心)의 마음을 견디지 못할 일이다.
>
> 우리나라에서는 신전(神前)에서 기(技)를 겨루는 것을 널리 행함으로써 사기(士氣)의 발양(發揚)이 도모되어 지는데 이번에 제자(諸子)는 이에 진좌제를 맞이하여 고래(古來)의 관례(慣例)에 따라 경기하는 일에 종사하며 제자(諸子)는 적절히 평소 연마한 바를 십분 발휘(十分 發揮)하여 경기의 진정신(眞精神)을 명심함으로써 그 장쾌한 의기(意氣)를 나타내기를 바란다.

이에 개회를 맞아 일언희망(一言希望)을 술회하며 축사(祝辭)로 삼는다.
대정 14년(1925년) 10월 15일 조선총독 자작 사이토 마코토(朝鮮總督 子爵 齋藤實).

일본공사관원 하야시 부이치(林武一, 1858~1892)의 유고사진집인 『조선국진경(朝鮮國眞景)』(1892)에 드물게 남아 있는 하도감의 전경사진이다. 이 책에는 이곳을 화도감(華都監)이라고 적고 있으나 이는 잘못된 표기이다. (민족문제연구소 소장자료)

　경성운동장의 내력에 관한 얘기를 하노라니, 또 한 가지 결코 빼놓을 수 없는 것은 하도감(下都監)의 존재이다. 훈련원 벌판의 동쪽 끝자락에 자리하고 있던 이곳은 훈련도감(訓鍊都監)에 속한 분영(分營)의 하나이며, 경성운동장을 건립할 당시 야구장 일대를 품고 있는 지역이었다.
　특히 이곳 하도감에는 일찍이 '교련병대(敎鍊兵隊, 통칭 별기군)'가 설치되어 있었고, 그로 인해 1882년 임오군란(壬午軍亂) 당시 이곳에 있던 일본인 교관이던 육군공병소위 호리모토 레이조(堀本禮造, 1848~1882)가 조선인 병사들에게 끌려나와 '하야시쵸(林町, 지금의 산림동)' 부근에서 숨진 일도 있었다. 또한 이때 난병(亂兵) 진압을 핑계로 청나라 군대를 이끌고

경성운동장의 동남 모서리(옛 하도감 터)에 오래도록 터를 잡고 있다가 1979년 4월 30일에 연희동 소재 한성화교중학으로 옮겨진 오무장공사의 모습이다. 건립 당시에는 '정무사(靖武祠)'라 하였으나 1909년에 관리권이 주한 청국총영사관으로 이관되면서 '오무장공사'로 개칭되었다.

왔던 광동수사제독 오장경(廣東水師提督 吳長慶, 1833~1884)과 그 휘하의 마건충(馬建忠), 원세개(袁世凱) 등이 진을 쳤던 장소가 바로 이곳 하도감이었다.

이러한 연유로 1884년 갑신정변(甲申政變) 때는 원세개의 진지로 변한 이곳에 조선 국왕이 3일간이나 보호라는 명분으로 피신했던 적도 있었다. 그러다가 1884년 6월에 느닷없이 오장경이 죽었다는 소식이 전해지자 고종(高宗)은 그에게 많은 신세를 졌다고 생각한 탓인지 그를 제사지낼 곳을 마련하도록 했는데, 그렇게 만들어진 것이 하도감 자리에 들어선 '정무사(靖武祠)'였다.

정교(鄭喬)가 찬술한 『대한계년사(大韓季年史)』에는 이 사당의 건립에 대해 다음과 같이 정리한 내용을 담고 있다.

[1885년 여름 4월, 정무사를 세우다]
선조 26년 계사년에 평안남도 평양에 무열사(武烈祠)를 세워 명나라 병부상서 석성(兵部尙書 石星), 태자태보 증소보 충렬공 이여송(太子太保 贈少保 忠烈公 李如松), 동정도독 양원(東征都督 楊元), 중협장 이여백(中協將 李如栢, 이여

송의 동생), 우협장 장세작(右協將 張世爵), 참장 낙상지(參將 駱尙志)를 제사지내는데, 임진난 때 내원(來援)한 공이 있기 때문이라.

선조 31년 무술년에 경성 서부 양생방(숭례문 안쪽)에 선무사(宣武祠)를 세워 명나라 병부상서 형개(兵部尙書 邢玠), 경리 양호(經理 楊鎬)를 제사지내는데, 어필(御筆)로 재조번방(再造藩邦) 네 글자를 써서 걸어놓았으니 이 역시 정유년에 내원(來援)한 공이 있기 때문이라.

이때에 이르러 정무사(靖武祠)를 세워 청국 흠차제독 오장경(淸國 欽差提督 吳長慶)을 제사지낼 것을 명하였다. 조(詔)하여 가로되, "정무사가 지금 이미 준공되었으니 오흠차의 영령을 안치할 곳이 생겼도다. 그가 동래(東來)한 위공(偉功)을 어느 날인들 잊겠는가? 지난 일을 추념(追念)하니 나의 감회가 더욱 깊어지노라. 예조참판을 보내 치제(致祭)토록 하라" 하였다.

이곳에는 오장경의 위판 외에도 청나라 전몰병사(戰歿兵士)의 위판이 함께 설치되었고, 1893년에 이르러 통령 오조유(統領 吳兆有)도 이곳에 배향되었다. 이러한 내력을 지닌 정무사는 일제에 의한 국권침탈이 한참 가속화하던 통감부 시기에 접어들어 훼철의 위기를 맞이하게 된다. 1908년 7월 23일의 칙령 제50호 「향사이정(享祀釐正)에 관한 건(件)」에 따라 무열사(武烈祠), 선무사(宣武祠), 정무사(靖武祠) 등 일체의 사당 제사는 철폐되고 그 터는 국유로 이속시키려고 했기 때문이었다.

실제로 『황성신문』 1908년 9월 8일자에 수록된 「청순금지(淸巡禁止)」 제하의 기사는 정무사를 철거하려는 시도와 이것이 무산되는 과정에 대한 소식을 이렇게 전하고 있다.

정무사(靖武祠)를 훼철하고 오장경 씨 위패(位牌)를 매안(埋安)할 차로 재작일(再昨日)에 장례원 전사보 윤승구(掌禮院 典祀補 尹昇求) 씨가 고유제(告由祭)를 설행하였는데 청국 총순(淸國 總巡) 및 권임(權任) 각 1인씩과 순사(巡査) 3명이 내도(來到)하여 금지(禁止)하매 윤승구 씨가 언(言)하기를 "칙령(勅令)을 봉승(奉承)한 처지에 여시(如是) 금지하느냐" 한즉 해(該) 경리(警吏)가 답하여 왈(日) "탐지(探知)할 도(道)가 유(有)한즉 기시간(幾時間)을 고의(姑依)하라" 하고 통감부(統監府)와 각국총영사관(各國總領事館)에 교섭 탐지한 후에 갱래(更來) 발언하기를 "차등(此等) 사건을 행하려면 통감부 각국총영사에게 교섭하는 것인데 금내졸행(今乃卒行)하니 차(此)는 위조(僞造)라" 하고 일장힐난(一場詰難)하였다는데 필경(畢竟)은 매안(埋安)도 못하고 해(該) 제관(祭官)은 달야곤경(達夜困境)을 경(經)하였다더라.

이 사건을 계기로 이곳에 대한 관리권은 청국 총영사관으로 이양되었고, 이때 주한총영사관으로 있던 마정량(馬廷亮)에 의해 중건되면서 그 명칭도 '오무장공사(吳武壯公祠)'로 바뀌었다. 그 이후로도 오랫동안 이 사당은 경성운동장의 동남쪽 모서리에 그대로 남아 있다가 1979년 4월 30일에 한성화교중학(漢城華僑中學, 연희동 89-1번지) 구내로 옮겨진 상태에 있다.

해방 직후에 경성운동장은 '서울운동장'으로 바뀌고, 다시 1984년에 잠실경기장의 완공과 더불어 서울올림픽대회조직위원회의 결정에 따라 '동대문운동장'으로 개칭되는 과정이 이어졌다. 그나마 이러한 시기도 잠시 이곳은 오랜 세월의 무게를 이기지 못하고 철거논의가 두드러지게 되었고, 그 와중에 지난 2003년에 청계천 복원공사가 시행되면서 인근 노점상을 위한 대체공간으로 용도폐기된 동대문구장을 활용하면서 느닷없이 이곳은 '풍물벼룩시장'과 '주차장' 시설로 변신하기도 했다.

국정홍보처에서 간행한 『대한민국정부기록사진집 제7권』에 수록된 옛 서울운동장 일대의 항공사진 (1967.2.4일 촬영)이다. 야구장 지역의 오른쪽으로 테니스장과 거의 붙어 있는 곳에 '오무장공사(옛 정무사)'의 건물이 그대로 잔존하고 있는 모습을 확인할 수 있다. (ⓒ국정홍보처)

1980년대 이후 옛 서울운동장 주변지역(지하철 포함)의 공간변화

시기	내용
1983.9.16	서울운동장역 개설(지하철 2호선 을지로입구~성수 구간 개통)
1985.1.16	서울운동장을 동대문운동장으로 개칭(서울올림픽대회조직위원회 결정)
1985.10.24	서울운동장역을 동대문운동장역으로 개칭
2003.3.1	동대문운동장 축구장을 임시주차장과 풍물시장으로 전환
2007.12.18	동대문운동장 야구장 철거 개시
2008.5.14	동대문운동장 축구장 철거 개시
2009.10.27	동대문역사문화공원 개장
2009.10.29	동대문운동장역을 동대문역사문화공원역으로 개칭
2014.3.21	동대문 디자인 플라자(DDP) 개장
2019.12.26	동대문역사문화공원(DDP)역으로 개칭

그 이후 옛 동대문운동장의 관련 시설 일체는 야간조명탑(나이터) 하나를 남기고 완전 철거되었으며, 이 자리에는 동대문역사문화공원(동대문역사관, 동대문운동장기념관, 유구전시장, 이간수문 포함; 2009.10.27일 개장)과 동대문디자인플라자(DDP; 2014.3.21일 개장)가 들어선 상태로 바뀌었다. 이 과정

2003년 이후 청계천 복원공사가 진행되는 과정에서 밀려난 노점상들을 위해 한때 풍물시장으로 변신한 시절에 담아낸 동대문운동장 축구장(주차장 포함) 일대의 전경사진이다.

에서 땅속에 묻혀 있던 이간수문(二間水門)이 다시 드러나 원형을 되찾게 되었다는 소식도 전해졌다.

그리고 서울성벽이 지나던 길도 간신히 그 흔적을 표시하는 정도로만 복원이 시도된 바 있다. 하지만 일제가 그들의 황태자가 결혼하는 것을 기념하고 동시에 조선신궁의 완공을 영구히 기리는 체육시설로서 경성운동장을 건립할 때에 언덕 하나를 완전히 들어내 버렸기 때문에 옛 서울도성의 웅장한 모습을 재건하는 것은 당분간 실현되기 어려운 상황이 되고 말았으니 두고두고 개탄스러운 일이 아닐 수 없다.

• 이 글은 『민족사랑』 2021년 2월호에 게재하였던 것을 수정 보완하였다.

21

의외의 공간에 출현한
저 비행기의 정체는 무엇인가?

조선일보사 옥상 위에
전용비행기를 올려놓았던 시절

식민지역사박물관에서 『조선·동아 100년 기획전, 일제 부역언론의 민낯』(2020.8.11~10.25)이 진행될 당시 이곳 1층 돌모루홀의 쇼케이스에는 한 장의 빛바랜 옛 사진이 진열된 적이 있었다. 비행기 한 대를 배경으로 삼고 36명이나 되는 사람들이 단체로 촬영한 기념사진이 바로 그것이었다. 이들 가운데 두루마기 차림의 방응모(方應謨, 1884~?) 조선일보 사장이 앞줄에 자리한 것이 무엇보다도 퍼뜩 눈에 띈다.

그 주변에는 이훈구(李勳求) 부사장 겸 조광 주필을 비롯하여 함상훈(咸尙勳) 편집국장, 이상호(李相昊) 편집국 차장, 송병휘(宋秉暉) 광고부장, 홍종인(洪鍾仁) 사회부장, 이석훈(李石薰) 조광 기자, 이갑섭(李甲燮) 정치부장, 함대훈(咸大勳) 조광 편집주임, 김기림(金起林) 학예부장 등의 모습이 확인되는데, 이로써 조선일보 간부와 사원들의 기념사진이라는 것을 알 수 있다. 이 가운데 함흥방송국에서 근무하던 이석훈이 조선일보사 발행 잡지인 『조광』으로 자리를 옮겨 일한 것이 1939년 5월에서 1940년 4월까지의 시기였으므로 이를 단서로 사진촬영시기를 대략 가늠할 수 있다.

방응모 사장을 비롯하여 조선일보사 간부와 사원들이 비행기 앞에서 단체로 촬영한 기념사진이다. 뒤쪽에 경성소방서의 망루 일부가 드러나 있는 걸로 보아 이곳이 조선일보사 옥상이라는 것을 짐작할 수 있다. (민족문제연구소 소장자료)

그런데 이 사진을 유심히 살펴보노라면 여기에 보이는 비행기가 자리한 곳이 도대체 어딘지가 자꾸 궁금해진다. 흔히 비행기가 등장하는 사진이라면 무슨 비행장 활주로나 격납고 앞일 거라고 생각하기 십상이지만, 사실을 알고 나면 대단히 의외의 공간이라는 점에 놀라지 않을 수 없다. 사진촬영장소를 확인하는 첫 번째 단서는 비행기 뒤쪽에 솟아있는 건물이다.

일장기가 펄럭이고 싸이렌에다 송신탑 꼭대기가 보이는 곳은 1937년 11월 16일에 신축 이전된 경성소방서(京城消防署, 태평통 1정목 1번지)의 8층 높이에 달하는 망루 부분이다. 이곳의 길 건너편에 1935년 6월에 준공한 조선일보사(朝鮮日報社, 태평통 1정목 61번지)의 신축 사옥이 자리하고 있었고, 망루의 꼭대기 부분만 드러나 있는 것으로 보아 이곳이 조선일보사 옥상이라는 것을 알 수 있다.

경성부민관 옆쪽에서 태평통(太平通, 지금의 태평로) 일대의 거리풍경을 담아낸 사진엽서이다. 왼쪽에 보이는 것이 조선일보사 사옥(1935년 6월 준공)이고, 길 건너편에 경성소방서(1937년 11월 준공)의 모습이 함께 포착되어 있다. (민족문제연구소 소장자료)

조선일보 사옥 소재지 변천 연혁

일자	주요 내용
1920.3.5	경성부 관철동 249번지(창간호~제4호 발간)
1920.4.29	경성부 삼각정 71번지로 이전
1921.8.9	경성부 수표정 43번지로 이전
1926.7.5	경성부 견지동 111번지 신축사옥으로 이전(1925.10.28일 견지동 신사옥 기공식)
1932.6.15	경성부 명치정 2정목 82번지 동순태빌딩(조선일보 판권분쟁에 따른 신문발행)
1932.11.23	경성부 견지동 111번지 사옥으로 복귀(계속 발행)
1933.4.25	경성부 연건동 195번지 가사옥으로 임시 이전(1933.3.22일 방응모 경영권 계승)
1933.12.20	경성부 태평통 1정목 61번지 공장후면 와용한옥 임시사옥 이전(1933.8.5일 태평통 신사옥 기지공사 착공, 1933.10.10일 태평통 신축공장 정초식, 1933.12.20일 태평통 신축공장 낙성)
1935.6.12	경성부 태평통 1정목 61번지 신축사옥으로 이전(1934.3.25일 태평통 신사옥 기공식, 1935.7.6일 태평통 신축사옥 낙성식)

(*) 주요 내용은 조선일보사, 『조선일보 60년사』(1980)에서 발췌 정리

아니, 난데없이 웬 옥상 위의 비행기란 말인가? 알고 보니 이 비행기

의 정체는 1935년에 구입한 조선일보사 전용 비행기였다. 이에 관해서는 우선 『조선일보』 1935년 1월 1일자에 여의도 조선비행학교 신용욱 비행사(愼鏞頊 飛行士)의 감독 아래 기체(機體)의 조성(造成)이 완료되었다는 소식과 함께 비행기의 사진이 수록된 바 있다. 여기에는 230마력(馬力) 복엽비행기(複葉飛行機) 2인승(二人乘)인 이 비행기가 "신문 및 원고의 수송, 사진촬영, 통신원의 출동" 등 통신용(通信用)으로 구입된 사실도 함께 서술되어 있다.

다시 『조선일보』 1935년 3월 15일자에는 총독부 체신국에 '항공기 등록' 완료 기사와 함께 등록증명서(登錄證明書) 자체를 사진으로 소개한 것이 눈에 띈다. 이 내용에 따르면, 이 비행기는 일본 나고야공창 아츠타

『조선일보』 1935년 3월 15일자에 수록된 조선일보 '통신용' 비행기의 '항공기 등록증명서' 관련 사고(社告) 내용이다.

제4부 | 뒤틀어진 공간에 대한 해묵은 기억들 291

병기제조소(名古屋工廠 熱田兵器製造所)에서 제작되었으며, 등록번호 제27호(등록일 1935년 3월 8일, 소유자 조선일보 방응모)에 형식(型式)은 '살무손(Salmuson)식 2A2형(型)'이었던 것으로 기록되어 있다.

조선일보사 전용비행기의 등록증명서 기재내용

등록증명서(登錄證明書)

- 항공기(航空機)의 종류(種類) : 비행기(飛行機)
- 등록번호(登錄番號) : 제27호
- 국적(國籍) 급(及) 등록기호(登錄記號) : J-CAFD
- 감능증명서번호(堪能證明書番號) : 제117호
- 정치장(定置場) : 경기도 고양군 용강면 경성비행장(京畿道 高陽郡 龍江面 京城飛行場)
- 기체 제조자(機體 製造者) : 나고야공창 아츠타병기제작소(名古屋工廠 熱田兵器製作所)
- 기체 제조번호(機體 製造番號) : 제522호
- 기체 형식(機體 型式) : 사루무손식(式) 2A2형(型)
- 발동기(發動機)의 형식(型式) : 사루무손식(式) Z2형(型)
- 마력(馬力) 급(及) 수(數) : 230마력, 1개(個)
- 소유자(所有者) : 조선일보사(朝鮮日報社)
- 씨명(氏名) : 방응모(方應謨)
- 등록연월일(登錄年月日) : 소화 10년(1935년) 3월 8일

조선총독부 체신국(朝鮮總督府 遞信局) 인(印)

그런데 항공기 등록에 관한 자료를 뒤지다 보니 『조선총독부관보』 1938년 4월 14일자에 "등록번호 제27호, 말소등록일 1938년 3월 31일, 말소사유는 1938년 3월 3일 해철(解撤), 소유자 씨명 방응모"라고 적은 '항공기 말소등록' 관련 항목이 수록된 사실이 발견된다. 정확히 어떤 이유인지는 알 수 없으나, 조선일보사의 통신용 비행기는 불과 3년 만에 본연의 기능을 완전히 상실하고 말았던 것이다.

그렇다면 이 비행기가 조선일보사의 옥상에 올라와 별스러운 풍경을 연출한 것은 언제부터였을까? 이에 관한 흔적을 찾기 위해 조선일보 지

『조선일보』 1939년 8월 18일자에 소개된 김포청년단원 조선일보사 참관기념 사진이다. 여기에도 조선일보사 옥상 비행기의 모습이 드러나 있으며, 이 시기의 조선일보 지면에는 이것과 동일한 앵글의 참관기념사진이 곧잘 수록되기도 했다.

면에 남아 있는 보도사진을 죽 훑어본 결과, 조선총독부 경찰관강습소의 강습생 22명이 조선일보사를 견학(見學)한 기념사진이 『조선일보』 1939년 3월 8일자에 수록되어 있고 바로 여기에 옥상 비행기의 모습이 처음 보인다. 그리고 그 이후 시기에도 20여 차례 남짓 옥상비행기를 배경으로 찍은 이러한 종류의 사진이 줄을 이어 등장한 것이 확인된다. 예를 들어, 이와 관련된 것들로는 대략 다음과 같은 내용의 기사들이 남아 있다.

① 『조선일보』 1939년 3월 11일자, 「개성방호단 반장(開城防護團 班長) 30명 본사 참관(本社 參觀)」 제하의 기사:
개성방호단 반장 30명은 본사 개성지국 특파원 현동염(玄東炎) 씨 인솔로 10일 육군기념일에 경성에서 행한 방호연습을 참관하고 오후 4시 반에는 본사를 참관하였다. (사진은 개성방호단 반장 일행)
② 『조선일보』 1939년 8월 18일자, 「김포청년단원(金浦靑年團員) 본사(本社)를 참관(參觀)」 제하의 기사:
김포청년단 30명은 이재봉(李在奉) 씨의 인솔로 17일 오전중에 입경하

여 먼저 조선신궁에 참배한 후 시내 각 기관을 역방하여 견문을 넓히었다. 그런데 17일 오후 3시 경에는 본사를 찾아와서 신문제작에 대한 여러 가의시설을 참관하고 마지막으로 신문이 윤전기를 돌아서 물결 흘러내리듯 쏟아져 나오는 것을 보고 감탄하면서 참관을 마치었는데 그 길로 곧 김포로 돌아갔다. (사진은 본사 옥상에서 기념촬영한 김포청년단원의 일동)

③ 『조선일보』 1939년 9월 10일자, 「유한양행 사원(柳韓洋行 社員) 20명 본사 견학(本社 見學)」 제하의 기사:

시내 서대문정 유한양행 사원 20명은 동사 김창호(金昌浩) 씨의 인솔로 9일 오후 3시 본사를 견학하였다. (사진은 기념촬영한 유한양행원 일동)

④ 『조선일보』 1939년 9월 17일자, 「광주송파청년단(廣州松坡靑年團) 16일 본사 참관(本社 參觀)」 제하의 기사:

경기도 광주군 송파청년단 26명은 지난 14일에 서울 와서 시내 각처를 견학하였는데 16일 오전에는 허호영(許浩永) 씨의 인솔로 본사를 참관하였다. (사진은 본사에서 기념촬영)

⑤ 『조선일보』 1939년 9월 24일자, 「경성음악단원(京城音樂團員) 본사 견학((本社 見學)」 제하의 기사:

경성음악단원 25명은 박승종(朴承鍾) 씨 인솔로 22일 오후 4시 경 본사를 견학하였다. (사진은 기념촬영)

⑥ 『조선일보』 1939년 10월 29일자, 「본사 참관(本社 參觀)」 제하의 기사:

부평공립심상소학교(富平公立尋常小學校) 아동 69명은 양원문(梁元文) 씨 인솔로 28일 오후 4시 본사를 견학. [사진은 본사 누상(樓上)에서 기념촬영]

⑦ 『조선일보』 1939년 11월 1일자, 「본사 참관(本社 參觀)」 제하의 기사:

시내 수은정에 있는 경성외국어학원 생도 1백 명은 원장 정동석(鄭東錫), 교원 윤석기(尹錫基) 등 양씨의 인솔로 31일 오전 11시 경 본사를 견학하였다. [사진은 본사 누상(樓上)에서 기념촬영]

⑧ 『조선일보』 1939년 11월 20일자, 「본사 참관(本社 參觀)」 제하의 기사:
안성체육협회 축구부 일행 14명은 부장 박용복 감독, 김노묵 양씨의 인솔로 1일 오후 1시 경 본사를 견학하였다. (사진은 기념촬영)

⑨ 『조선일보』 1939년 11월 21일자, 「본사 참관(本社 參觀)」 제하의 기사:
시내 견지정에 있는 성신여학교(誠信女學校)와 성신가정여학교(誠信家庭女學校) 생도 120명은 20일 오후 2시경에 박노춘(朴魯春) 씨의 인솔로 본사를 견학하였다. (사진은 기념촬영)

⑩ 『조선일보』 1939년 12월 3일자, 「본사 참관(本社 參觀)」 제하의 기사:
개성송도중학교 제5학년 생도 125명은 최도용(崔道鏞) 씨 인솔로 지난 1일 오후 2시경에 본사를 견학하였다. (사진은 견학단 일동)

⑪ 『조선일보』 1939년 12월 15일자, 「광희배명학교 아동(光熙培明學校 兒童), 본사(本社)를 견학(見學)」 제하의 기사:
시내 광희정에 있는 광희배명학교에서는 교장 조용구(趙鏞九) 씨가 그 학교 6학년 아동 80명을 인솔하고 지난 12일 오후 본사를 참관하였다. (사진은 본사에서 기념촬영)

이것 말고도 『조선일보』 1940년 2월 16일자, 3월 6일자, 3월 13일자 등에는 별도의 기사 내용 없이 「본사참관(本社 參觀)」이라는 사진에다 간략히 "사진 상(上)은 배재중학교 졸업반, 하(下)는 경신중학 졸업반" 이런 식으로 소개만 달아놓은 사례들도 보인다. 물론 이들 기념촬영사진에는 천편일률적이다시피 뒷배경에는 옥상 위의 비행기가 빠짐없이 자리

『조선일보』 1939년 11월 1일자에 소개된 경성외국어학원 생도 일행의 참관기념사진이다. 이 사진에도 조선일보사 옥상 비행기와 더불어 경성소방서 망루의 모습이 또렷이 포착되어 있다.

『조선일보 60년사』(1980)에 수록된 1940년 8월 조선일보 공무국 직원 일동의 폐간기념사진이다. 이 사진에도 예외 없이 옥상 위 비행기가 사진 배경으로 등장하고 있다. (ⓒ조선일보사)

하고 있는 것이 눈에 띈다.

또한 『조선일보』 1940년 8월 11일자(폐간호)에도 인근 빌딩 옥상에서 담아낸 '조선일보 사원 폐간기념촬영'이라는 사진이 수록되어 있으며, 여기에는 옥상 일대의 전경과 비행기의 모습이 또렷이 드러나 있다. 이를 테면, 이곳은 조선일보사를 견학 내지 참관(參觀)하는 이들은 물론이고 조선일보에 소속된 구성원들에게도 일종의 '포토존(photo zone)'으로 즐겨 사용된 공간이었던 셈이다.

하지만 한 가지 아쉬운 것은 이 비행기의 최후가 어떠했던 것인지는

『조선일보』 1940년 8월 11일자(폐간호)에 수록된 조선일보 사원 일동의 폐간기념사진이다. 여기에도 옥상 일대의 전경과 비행기의 존재가 확연히 드러나 있다.

미처 확인되지 못했다는 부분이다. 해방 직후 미군정 시기에 '제24군단 극장(XXIV Corps Theatre)'으로 사용되던 옛 경성부민관 일대를 담은 전경 사진엽서에 바로 옆 건물인 조선일보사 옥상에 아무런 흔적이 남아 있지 않는 걸로 보아 그 이전 시기에 이미 비행기가 처리되었던 것이 아닌가 짐작될 따름이다.

더구나 일제패망기로 접어들면서 이른바 '금속물회수(金屬物回收)'라는 혹독한 전쟁물자 동원시기가 있었음을 상기한다면 필시 이 시기에 비행기의 잔해물이 그네들의 손에 넘어갔을 것 같지만, 아직은 구체적인 입증자료가 확인되지 못하였으므로 이에 대한 결론은 잠정적으로 보류하기로 한다. 그나저나 애당초 왜 이곳에다 비행기를 올려놓았던 것인지, 그 이유에 대한 궁금증 역시 여전히 풀리지 않고 있다.

● 이 글은 『민족사랑』 2020년 11월호에 '소장자료 톺아보기'로 게재하였던 것을 수정 보완하였다.

22

식민지의 번화가를 밝히던 영란등(鈴蘭燈), 금속물 공출로 사라지다

파고다공원의 철대문과 조선총독부 청사의 철책도 그 대열에 포함

별들~이 소근~대~는 홍콩의 밤~거~~~리

나는야 꿈을 꾸며 꽃~파는 아가~~~씨

이것은 가수 금사향(琴絲響; 1929~2018)63)의 빅히트곡인 「홍콩(香港) 아가씨」 노래의 첫 소절이다.64) 그렇다면 이 홍콩 아가씨가 파는 꽃의 이름은 무엇일까? 이 노래의 뒷부분을 조금만 더 흥얼거리면 그 정답이 "영란꽃"이라는 사실을 누구라도 저절로 알 수 있다.

백합과(百合科)에 속하는 식물인 영란(鈴蘭, 스즈란)은 필시 그 꽃의 생김새가 글자 그대로 방울을 닮았다고 해서 붙여진 이름일 테고, 그러한

---

63) 가수 금사향은 평남 평양 태생이며, 본명이 최영필(崔英弼)이다.

64) 이 노래는 손로원(孫露源, 1911~1973) 작사, 이재호(李在鎬, 1919~1960) 작곡으로 만들어졌으며, 1954년 가수 한복남(韓福南, 1919~1991)이 설립한 부산 소재 도미도레코드(Domido Gramophone)에서 취입 발매되었다. 본명이 이삼동(李三同)으로 경남 진주 출신인 작곡가 이재호는 일제패망기에 다수의 군국가요(軍國歌謠)를 지은 탓에 『친일인명사전』(2009)에 그 이름이 수록되어 있다.

탓인지 지금은 대개 '은방울꽃'으로 통용되고 있다. 『동아일보』 1933년 4월 3일자에 수록된 「꽃도 보고 약으로도 쓰는 약초에 대한 상식 몇 가지, 가정주부들의 유의할 일」 제하의 기사에는 경성약학전문학교(京城藥學專門學校)에서 열린 '약용식물전시회(藥用植物展示會)'와 관련한 내용을 소개하는 가운데 이 꽃의 특성과 별칭(別稱)이 이렇게 소개되어 있다.

(1) 비비추; 영란(鈴蘭), 군영초(群影草)라고도 부릅니다. 그러나 화초 좋아하는 이는 항용 '방울꽃'이라 하거나 혹은 일본말로 '스즈랑'이라면 더 잘 압니다. 이것은 북한산(北漢山)에 자연생이 많고 또 여학생의 책상 우에도 많습니다. 일반으로 이 꽃은 관상용(觀賞用)으로만 알지마는 달여 먹으면 지금 의학계에서 유일한 심장병 특효약으로 치는 '지기다리스' 엽침제(葉浸劑)에 다음 가는 강심제(强心劑)입니다.

'색시꽃'이라고도 했던 '영란화(鈴蘭花, 은방울꽃)'의 문양이 들어있는 숙명여자고등보통학교의 교표이다. 왼쪽은 『매일신보』 1927년 1월 27일자에, 오른쪽은 『동아일보』 1938년 2월 5일자에 각각 소개되어 있는 것에서 옮겨 왔다.

더구나 이 꽃은 일찍이 숙명여자고등보통학교(淑明女子高等普通學校)의 교가(校歌)와 교표(校標)에 나란히 등장하는 것으로도 유명했다.[65] 예를 들어 『동아일보』 1935년 2월 14일자에 실린 「[교문(校門)을 나서는 재원(才媛)을 찾아서, 중등편 (1)] 숙명

---

65) 『매일신보』 1927년 1월 27일자에 수록된 「교표(校標)와 교가(校歌) (1) 숙명여자고등보통학교(淑明女子高等普通學校), 은하옥로(銀河玉露) 같은 영란(鈴蘭)의 정혼(淨魂), 깨끗하거라, 향기러워라」 제하의 연재물에는 이 학교의 상징적(象徵的)인 존재로 교가와 교표에 등장하는 '영란꽃'에 대한 소개글이 잘 정리되어 있다.

여고보(淑明女高普), 단아하고 향내 좋은 색시꽃을 만들 때 처녀들의 앞길은 한없이 빛난다」 제하의 탐방기사에는 '색시꽃'이라는 명칭과 더불어 다음과 같은 내용이 등장한다.

…… '숙명'이라고 하면 벌써 누구나 색시꽃(鈴蘭)을 연상하고 따라서 색시꽃 그대로 기른다는 것을 알게 됩니다. 과연 색시처럼 얌전하고 색시꽃처럼 머리만 숙이고 있는 것이 색시꽃의 특색은 아닙니다. 담박하고도 고결하고 숨어 있으면서 어디서 나는지 알지 못하는 향내를 내는 것이 색시꽃의 특징이오, 사람들이 사랑하는 점입니다. 교기(校旗)에도 색시꽃, 교가에도 색시꽃, 여러 학생을 색시꽃대로 만들어내려고 하는 것이 그 학교의 목적이랍니다.

그런데 식민지의 수도 경성, 그것도 불야성(不夜城)을 이룬 번화가의 밤을 밝히는 존재 역시 영란꽃이었다. 1924년에 일본 교토 테라마치(京都寺町)의 거리에 처음 등장했다는 '영란꽃' 모양의 가로등(街路燈)인 이른바

이른바 '소화천황'의 즉위식을 기념하기 위해 경성의 번화가 본정(本町, 혼마치) 입구에 처음으로 영란등(鈴蘭燈, 스스란토)이 설치된 때의 모습이 채록된 『경성일보』 1928년 10월 9일자의 보도내용이다.

조감도(鳥瞰圖) 제작에 능숙한 요시다 하츠사부로(吉田初三郞, 1884~1955)가 그린 '경성의 사계' 엽서세트에는 영란등(스즈란토)이 즐비하게 늘어선 '혼마치 입구의 야경(夜景)'이 포함되어 있다. 오른쪽 건물 2층에 '기원 2600년'의 표시가 있으므로, 이것이 1940년 당시의 모습이란 것을 파악할 수 있다. (민족문제연구소 소장자료)

'영란등(鈴蘭燈, 스즈란토)'이 조선에도 건너와 여러 지방의 밤거리에 속속 들어서기 시작했기 때문이었다.

서울의 거리에는 이러한 영란등이 언제 처음 등장했는지가 궁금하여 관련자료를 뒤져보았더니, 『경성일보』 1928년 10월 9일자에 수록된 「본정 입구(本町 入口)에 스즈란등(スズラン燈), 어대전기념(御大典記念)으로 설치」 제하의 기사에 다음과 같은 내용이 보인다.

> 경성의 명물(名物) 혼부라(本ブラ)의 입구 본정(本町, 혼마치) 1정목, 정내(町內)에서는 어대례기념(御大禮記念)으로서 이 무렵부터 각 헌별(各軒別) 10칸(間; 1칸=1.818미터) 간격으로 녹색(綠色)으로 칠한 미려(美麗)한 스즈란 촉광등(スズラン 燭光燈)을 건설하여, 10일 시등(試燈)을 시도, 드디어 11일부터 일제히 등화(燈火)하여 명물인 혼부라에 일색채(一色彩)를 더하게 되었다.

혼부라당(本ブラ黨)에게는 비상(非常)한 기쁨으로 환영 받고 있는데, 누구라도 정내각호(町內各戶)는 20원(圓)씩 출자하고 보조(補助)는 정내조합비(町內組合費)로써 약 7천 원의 거비(巨費)를 던져 43본(本)을 세우는 것 외에 본정 입구(本町 入口) 시노사키문구점(篠崎文具店)과 우편국(郵便局)에 걸쳐 미장(美裝)한 아치(ア-チ)를 세우기로 되어 있으며 …… 스즈란등은 백촉광(百燭光) 1개(個) 외에 20촉광 4개를 점등(點燈)하는 것으로 되었다.

본정 2정목 쪽에도 영란등(스즈란토)이 추가로 설치된 상황을 알려주고 있는 『경성일보』 1934년 8월 2일자의 보도내용이다.

여기에 거듭하여 나오는 '혼부라'라는 말은 그 시절의 유행어이기도 했던 '긴부라(銀ブラ)'에서 따온 것이다. 일본어에 '부라부라(ぶらぶら)'는 "어슬렁어슬렁"하거나 "빈둥빈둥" 거리는 모습을 나타내므로 '긴부라'는 곧 "일본의 최대 번화가인 '은좌통(銀座通り, 긴자도리)'를 쏘다니는 것"을 가리키는 용어인 셈이다. 이러한 표현에 빗대어 '경성의 혼마치 거리를 쏘다니는 것'을 '혼부라'라고 하며, 이런 행위를 즐겨하는 이들을 일컬어 바로 '혼부라당(本ブラ黨)'이라고 했던 것이다.

그리고 '어대전' 또는 '어대례'라는 표현은 이른바 '소화천황(昭和天皇)'의 즉위예식을 가리키는 것으로 이 행사는 1928년 11월 10일에 거행되었다.[66] 그러니까 혼마치 입구에 줄지어 등장한 스즈란등은 이 당시 천황의 즉위식을 기념하는 뜻에서 세워진 것이라는 얘기가 된다. 여기에 더하여 '본정 2정목' 쪽에도 추가로 스즈란등이 배치된 것이 1934년의 일이었는데, 『조선신문』 1934년 8월 2일자에 수록된 「영란등(鈴蘭燈)의 기념(記念)」 제하의 사진설명기사에는 다음과 같은 내용이 남아 있다.

> 본정 2정목 서부번영회(西部繁榮會)에서는 다년(多年)의 현안(懸案)이던 영란등이 준공되었으므로 1일부터 기념대매출(記念大賣出)을 개시하여 오후 5시부터 관계관민(關係官民)을 혼비루(本ビル; 빌딩) 누상(樓上)에 초대하여 성연(盛宴)을 베푼 것과 더불어 회원(會員)은 결속하여 '밝은 거리, 사기 좋은 가게'를 모토(モットー)로 득의양양하게 대봉사(大奉仕)를 하는 의기(意氣)가 넘친다고. (사진은 오늘)

그런데 이처럼 식민지 조선의 번화가를 화려하게 밝히던 영란등은 불과 15년에 세월을 넘기지 못하고 그 수명을 다하는 상태에 이르고 만

---

[66] 일본천황의 즉위대례는 통상적으로 선대 천황의 사망 시점에서 몇 해의 간격을 두고 이뤄지는 것이 보통이다. 그러한 탓에 요시히토(嘉仁; 제123대 천황)의 경우 대정(大正) 연호의 개시일은 1912년 7월 30일이었지만 즉위예식은 3년이 지난 1915년 11월 10일에 거행되었다. 마찬가지로 히로히토(裕仁; 제124대 천황)의 경우에도 소화(昭和) 연호의 개시일은 1926년 12월 25일이었지만 즉위예식은 2년 가까운 시간이 흐른 1928년 11월 10일에, 그리고 아키히토(明仁; 제125대 천황)의 경우에도 역시 평성(平成) 연호의 개시일은 1989년 1월 7일이었지만 즉위예식은 해를 바꿔 1990년 11월 12일에 각각 진행되었다.

『매일신보』1942년 3월 21일자에는 부족해진 전쟁물자를 조달하기 위해 이른바 '금속류 회수령'이 시행되면서 한때나마 불야성을 이룬 경성의 번화가를 장식한 영란등(스즈란토)이 일제히 철거되어 사라지는 모습이 채록되어 있다.

다. 전시체제기의 끝자락을 향해가던 상황에서 부족해진 군수물자의 조달을 위해 1941년 10월 1일 이후 이른바 '금속류 회수령(金屬類 回收令)'이 본격 적용되었기 때문이었다.[67]

이 당시의 상황에 대해서는 『매일신보』 1942년 3월 20일자에 수록된 「서울 밤의 풍물시(風物詩), 영란등(鈴蘭燈)도 응소(應召), 철회수(鐵回收)의 국책(國策)에 따라 금일(今日)부터 철수(撤收)」 제하의 기사에 이렇게 채록되어 있다.[68]

---

[67] 1941년 8월 29일에 공포된 칙령 제835호 「금속류 회수령(金屬類 回收令)」은 "철(鐵), 동(銅) 또는 황동(黃銅), 청동(靑銅), 기타 동합금(銅合金)을 주재료로 하는 물자"를 회수대상물건으로 삼았으며, 부칙(附則)에 따라 1941년 9월 1일부터(단, 조선, 대만, 화태 또는 남양군도에서는 10월 1일부터) 이를 시행하도록 했다.

[68] 이에 앞서 『매일신보』 1942년 3월 14일자에 수록된 「응소(應召) 받는 가로등(街路燈), 금속회수(金屬回收)에 전부 동원(全部 動員)」 제하의 기사에는 "12일 오전 9시 반부터 태평통 체신사업관에서 열린 국민총력 경성부연맹, 경기도금속회수사무소 주최로 열린 '가로등회수협의회'에서 관계 당국자가 회동하고 금속회수품 회수에 가로등도 단연 응소시키기로" 결정된 사실과 아울러 그 대체품으로 목재 또는 세멘트로 가로등을 만들어 세울 것이라는 내용이 서술되어 있다.

서울의 거리에 황혼이 찾아오면 별빛보다도 더 찬란히 피어나서 저녁의 산책꾼들에게 그지없는 도회의 정서를 엮어 아름다운 풍물시(風物詩)를 읊어주던 '스스란(鈴蘭燈)'의 등불이 밀려드는 시국의 물결을 타고 영예의 응소가 되어 출정을 하게 되었는데 봄 가을 여름 겨울 사시장철 변함없이 이 거리의 사람들에게 정들어오던 '스스란' 등이 하직을 하고 응소되어 가는 날은 오늘 20일부터 30일까지 사이에 일제히 그림자를 감추기로 된 것이다. 회수일과 장소는 다음과 같은데 회수되는 시각은 매일 오후 열 시부터여서 갈림의 눈동자인양 마지막 불빛을 돋운 채 사라지게 되었다.

경성전기회사에서는 이 '스스란'등을 철거해 가기 전에 전선(電線), 전구(電球)를 미리 설비하여 거리를 변함없이 불야의 성으로 밝게 하기로 되었는데 당분간은 '스스란'등을 떼어버린 후에라도 그대로 두기로 되어 있다. 그리고 회수된 물건의 수량과 금액은 정연맹 이사장이 명확히 해두고 대금요 관계 책임자가 저축에 두었다가 장래에 설치할 때 시설비로서 충당케 하기로 되어 있다.

▲ 20일, 21일 본정(本町) 1정목(丁目), 본정 2정목, 본정 3정목, 본정 4정목, 본정 5정목.

▲ 22일, 23일 신정(新町), 태평통(太平通), 미생정(彌生町), 영락정(永樂町), 약초정(若草町).

▲ 24일 25일 남대문통(南大門通) 1정목, 남대문통 2정목, 남대문통 3정목, 남대문통 4정목, 남대문통 5정목.

▲ 26일 장곡천정(長谷川町), 소화통(昭和通), 고시정(古市町), 강기정(岡崎町), 한강통(漢江通) 1정목.

▲ 27일 황금정(黃金町) 1정목, 황금정 2정목, 황금정 3정목, 황금정 4

정목, 황금정 5정목.

▲ 28일 황금정 6정목, 종로(鍾路) 1정목, 종로 2정목, 종로 3정목, 종로 4정목.

▲ 29일 종로 5정목, 종로 6정목, 명치정(明治町), 원정(元町) 1정목, 원정 2정목, 원정 3정목.

▲ 30일 한강통(漢江通) 2정목, 노량진(鷺梁津), 연병정(練兵町). 이밖에 '스스란'등 있는 곳.

이에 따라 각 가정에서는 "가정광산(家庭鑛山)을 파내자"라거나 "가정광맥(家庭鑛脈)을 발굴하자"라고 하여 유기(鍮器, 놋그릇)와 같은 생활도구는 물론이고 철제 광고판, 화로, 재떨이, 파손 농기구 따위의 쇠붙이를 포함한 각종 금속물을 공출(供出)하도록 독려하는 상황이 이어졌다. 길거리와 공공장소에서는 동상(銅像)이라든가 우편통(郵便筒, 우체통)이 속속 사라지고, 전쟁무기를 만들 원재료가 될 만한 것들은 모조리 이 대열에 포함되었다.

이 과정에서 조선은행(朝鮮

『매일신보』 1943년 3월 6일자에는 경기도 도회의원 히라야마 마사오(平山正夫, 송성진의 창씨명)의 유기헌납 사실을 소개하면서 기사의 제목에 "파내자! 가정광맥(家庭鑛脈)"이라는 시국구호가 사용되고 있는 것이 눈에 띈다.

(왼쪽) 『매신사진순보』 제279호(1941년 3월 11일 발행)에 수록된 탑골공원(즉, 파고다공원) 철대문의 철거 장면이다. 사진에 보이는 대문 돌기둥은 1969년에 서울대학교 법과대학(동숭동)의 정문의 용도로 이전되었고, 지금은 서울사대부설초등학교의 정문(서울특별시 문화재자료 제68호, 2017년 2월 9일 지정)으로 바뀌어 그대로 남아 있다.

(오른쪽) 『조선(朝鮮)』 1943년 3월호에 수록된 조선총독부 청사(경복궁)의 철책 철거 장면이다. 금속물 회수로 인하여 철창이 뜯겨 나간 자리에는 '투시형(透視型)' 돌담장이 대신 만들어졌다. 이 담장은 지난 2008년 광화문 복원공사가 진행될 당시까지도 잔존하였다. (민족문제연구소 소장자료)

銀行)의 간판(看板), 철문(鐵門), 철책(鐵柵), 철쇄(鐵鎖) 등 20톤(噸)에 달하는 금속물이 수거되었으며, 조선총독부 신청사의 쇠창살이 먼저 떼어지고 건물의 외곽을 둘러싸고 있던 철책도 일괄 철거되어 그 자리는 석원(石垣, 돌담장)으로 대체되기도 했다.[69] 이밖에 대화정(大和町, 지금의 필동)에 자

---

69) 조선총독부 신청사(경복궁)의 쇠창살 제거와 철책 철거 및 돌담장 복구와 관련한 자료로는 『매일신보』 1941년 4월 9일자에 수록된 「자취 감추는 철책(鐵柵), 불요불급(不要不急)의 철물(鐵物)은 전부회수(全部回收), 공원(公園) 은행전(銀行前)의 면모일변(面貌一變)」 제하의 기사와 보도사진; 『매일신보』 1942년 3월 12일자에 수록된 「출정(出征)하는 쇠창살, 총독부(總督府)의 철(鐵)창살 전부회수(全部回收)」 제하의 보도사진; 『매일신보』 1943년 2월 18일자에 수록된 「철책(鐵柵)을 석장(石墻)으로, 총독부(總督府)서 솔선시범(率先示範)」 제하의 기사; 『매일신보』 1943년 2월 25일자에 수록된 「총독부 철책응소(總督府 鐵柵應召), 말없이 환송(歡送)하는 청원(廳員)의 결의공고(決意鞏固)」 제하의 기사와 보도사진; 『경성일보』 1943년 2월 25일자에 수록된 「미영격멸(米英

리한 정무총감관저(政務總監官邸)의 철대문도 금속물공출로 인해 자취를 감추게 된다.[70] 그리고 3.1만세운동 당시에 독립의 함성과 만세군중의 행렬을 묵묵히 지켜보았을 탑골공원(塔洞公園, 파고다공원)의 철대문이 금속물회수의 제물이 되어 사라진 것 역시 이때의 일이었다.[71]

그리고 『매일신보』 1943년 2월 17일자에 수록된 「경성운동장(京城運動場) 철산(鐵傘), 부(府)에서 헌납(獻納)하기로 결정(決定)」 제하의 기사에는 이러한 흔적도 남아 있다. 여기에 나오는 '철산(쇠우산)'이라는 것은 경성운동장 야구장 관중석 중앙 스탠드의 덮개 지붕을 가리키는 용어이다.

호화스러운 의사당(議事堂) 천정의 '샨데리아'를 보고 우리 토죠 수상(東條首相)은 "아직 여기도 회수할 동철제품이 상당히 있다……"고 하여 총후 1억 국민에게 더욱 분발할 깊은 감명을 준 바 있거니와 실로 우리 신변에는 미영격멸에 쓸 '무기'를 만들어내일 동철제품이 얼마든지 있지 않

擊滅)에 자, 출정이다! 총독부의 철책취외(鐵柵取外) 공사 개시」 제하의 기사와 보도사진; 『조선(朝鮮)』 1943년 3월호 '권두화보'에 수록된 「총독부(總督府)의 철책(鐵柵)도 적격멸(敵擊滅)에 응소(應召)」 제복의 보도사진; 『경성일보』 1943년 4월 18일자에 수록된 「장식도 소쇄(瀟洒)하게, 철책(鐵柵)에 대신하는 총독부(總督府)의 석원(石垣)」 제하의 기사와 보도사진 등이 있다.

70) 이에 관해서는 『조선(朝鮮)』 1942년 3월호에 게재된 「오노 정무총감(大野 政務總監) 관저(官邸)의 문비(門扉) 응소(應召)」 제하의 박스기사가 남아 있으며, 여기에는 그해 3월 19일 인부 5, 6인의 손으로 철대문이 떼어지고 그 자리에는 격자문양으로 만든 소나무 대문이 대신 세워졌다는 내용이 서술되어 있다.

71) 탑골공원의 철대문은 유휴자원의 회수를 실행한다는 명분으로 1941년 3월에 걸쳐 한 달간 실시된 '금속류특별회수기간'에 철거되어 사라졌다. 이에 관한 사진자료로는 『매신사진순보(每新寫眞旬報)』 제279호(1941년 3월 11일 발행), 26쪽에 「철동제품(鐵銅製品)에 동원령(動員令)」 제하의 기사와 관련하여 '파고다공원의 문비(門扉) 취외(取外)' 장면으로 소개된 것이 있고, 또한 조선총독부 정보과에서 펴낸 『전진하는 조선(前進する 朝鮮)』(1942), 80쪽에 '철류회수(鐵類回收); 경성파고다공원의 철책 응소(鐵柵 應召)'라는 것도 남아 있다.

『매일신보』 1943년 2월 17일자에 수록된 경성운동장 야구장의 철산(鐵傘, 스탠드 덮개지붕) 헌납결정에 관한 보도내용이다. 이 철제구조물은 일찍이 1926년 4월에 경성전기의 기증으로 처음 설치된 것이었으나 무기제조를 위한 금속물 공출의 대상이 되어 여지없이 사라지게 되었다.

은가. 총후 120만 부민에게 수범을 보이기 위하여 경성부에서는 저 광대한 야구장(野球場)의 대철산(大鐵傘)부터 거두어 들이여 필승결전의 싸움터에 동원시키기로 결정하였다.

반도 구계(球界)와 야구팬들에게 오랫동안 낯익은 이 철산은 소화 2년 (1927년) 경전(京電)에서 특별기부하여 만들어 놓은 것으로 약 ○○톤, 이걸 부셔놓으면 실로 산더미 같은 철이다. 부에서는 근근 기술자를 대이어 이걸 떼어가지고 관계당국에 정식으로 헌납수속을 취할 터인데 부 이찌기(市木) 사회과장은 철산의 응소에 대하여 이렇게 말한다. ……(하략)

그런데 이러한 금속물 공출 또는 헌납에 관한 얘기를 꺼내놓고 보니, 다음의 몇 가지 신문기사에 드러낸 내용도 추가로 소개하지 않을 수 없

『조선(朝鮮)』 1943년 6월호에는 '해군특별지원병제'의 발표에 감격한 동원군중이 남산 왜성대 소재 '해군무관부' 앞에서 만세를 외치는 장면이 소개되어 있다. 이곳은 바로 전쟁무기로 전환되는 금속물 공출 또는 헌납품의 최종 수집 창구이기도 했다. (민족문제연구소 소장자료)

다. 먼저 앞의 것은 『경성일보』 1943년 4월 2일자에 수록된 「철비(鐵扉, 쇠문짝)를 탄환(彈丸)으로, 진유(眞鍮)도 마차(馬車)에 실어서」 제하의 기사[72]이고, 뒤의 것은 『매일신보』 1944년 8월 13일자에 수록된 「예복(禮服)과 칼 두 자루 헌납(獻納)」 제하의 기사이다.

(1) 보성전문학교장(普成專門學校長) 김성수 씨(金性洙氏)는 16년 전부터 계동정(桂洞町)의 자택을 지키고 있던 철대문(120관) 3매(枚)를 탄환(彈丸)으로 만들어 나라를 지키게 해달라고 1일 오후 해군무관부(海軍武官府)에 헌납(獻納), 더욱이 마차(馬車) 1대(台)의 진유(眞鍮), 동제(銅製)의 식기류(食器類)도 개인(個人)으로서 동시에 헌납했다.

---

72) 『매일신보』 1943년 4월 2일자에 수록된 「보전 김교장(普專 金校長)의 수범(垂範)」 제하의 기사에도 거의 동일한 내용이 남아 있다.

⑵ 중추원 부의장 박중양(朴重陽) 씨는 대동아전쟁 이래 솔선하여 집에서 가지고 있는 유기를 모조리 헌납하였는데 전국의 긴박을 절실히 느낀 씨는 마지막으로 씨가 한국(韓國) 시대 때 착용하였던 대관의례복과 놋단추와 진유로 장식을 한 칼 두 자루를 12일 해군무관부에 헌납하였다. (사진은 박중양 씨의 예복)

이들이 헌납한 금속물이 향한 곳은 모두 동일하게 '해군무관부(海軍武官府)'라고 표시되어 있는데, 이곳은 병참기지로서 조선의 해안선 경비 또는 출사준비(出師準備), 해군사상의 보급, 해군을 위한 헌금(국방헌금, 비행기, 금속물 헌납 등)의 취급과 같은 업무를 수행하던 군사조직이었다.[73] 여기에 나오듯이 김성수와 박중양의 사례를 보면 일제의 식민지배체제를 지탱하는 힘이 비단 그들의 무력에서만 나온 것이 아니라는 점을 새삼 실감하게 된다.

● 이 글은 『민족사랑』 2020년 11월호에 '소장자료 톺아보기'로 게재하였던 것을 수정 보완하였다.

---

[73] 해군무관부는 '진해요항부(鎭海要港部)'에 속한 '경성재근 해군무관부(京城在勤 海軍武官府)'라는 명칭으로 1940년 6월 15일에 정식으로 개설되었으며, 처음에는 남산 왜성대에 있던 종래의 해군사무소(남산정 3정목 32번지 옛 해군무관관사 자리)에 두었다가 1944년 2월 13일에 이르러 주식회사 본권번(株式會社 本券番)에서 헌납한 건물(욱정 2정목 78번지 옛 벨기에영사관 자리)로 이전하였다.

23

소설 「자유부인」에도 등장하는 중화요리점 '아서원'의 내력

역관 홍순언의 일화가 얽힌 '곤당골' 지역의 공간변천사

평안북도 용천 출신으로 본명이 정서죽(鄭瑞竹)인 소설가 정비석(鄭飛石, 1911~1991)은 일찍이 신의주중학교 재학 시절인 1929년 6월에 '신의주고등보통학교 학생결사사건'으로 검거되어 치안유지법 위반으로 징역 10월 집행유예 5년을 선고받은 전력을 지닌 인물이었다. 그러한 그가 일본에서 유학을 하고 돌아와 문단에 본격적으로 자신의 존재를 드러낸 것은 1935년 정초의 일이다.

이때 그는 『매일신보』 1935년 신년현상독물(新年懸賞讀物) 장편소설(掌篇小說, 콩트) 부문에 「여자(女子)」로 입선하면서 등단하였고, 잇달아 『동아일보』 1936년 신춘문예에서 단편소설 「졸곡제(卒哭祭)」가 선외(選外)로 뽑혔다. 그리고 다시 『조선일보』 1937년 신춘문예에서도 단편소설 「성황당(城隍堂)」이 1등에 당선되는 것으로 서서히 문단에서의 입지를 넓혀갔다.

그러나 1938년 7월 24일 경성부민관에서 열린 '전향자단체'인 시국대응전조선사상보국연맹(時局對應全朝鮮思想報國聯盟)의 결성식에 신의주보호관찰소 소관의 전향자 대표로서 출석하였고, 특히 1941년 10월에 『매신사진순보(每新寫眞旬報)』의 편집기자로 들어간 이후에는 일제패망의 순

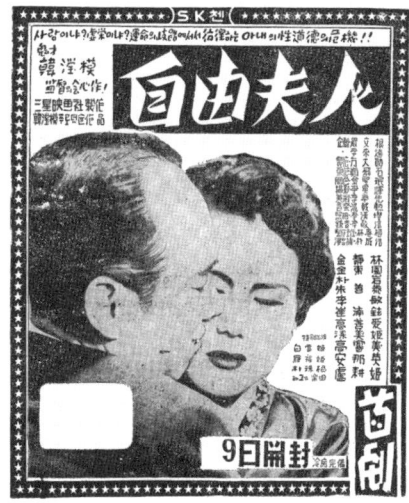

『조선일보』1956년 6월 6일자에 게재된 수도극장의 영화 「자유부인」 개봉안내광고이다. 소설이건 영화건 바로 이 자유부인의 도입부에 '중화요리점 아서원'이 배경지로 등장한다.

간까지 노골적으로 친일 성향의 글들을 쏟아내기 시작했다. 이 기간에 그가 남긴 친일 작품과 기고문이라는 무수한 흔적들로 인해 자기의 이름이 『친일인명사전』(2009)에 수록되는 오명에서 벗어나지 못하였다.

아무튼 그는 해방 이후 본격적으로 대중소설가의 면모를 과시하였는데, 아무래도 이 시기의 대표작이라고 하면 『자유부인(自由夫人)』이 아닌가 싶다. 『서울신문』 1954년 1월 1일부터 8월 9일에 걸쳐 총 215회로 연재된 이 소설은 한국전쟁의 여파로 어지러워진 시대상황과 허물어져 가는 가정윤리, 그리고 향락적인 사회풍조를 파격적으로 묘사하여 큰 논쟁을 야기하면서 베스트셀러의 반열에 올랐고, 그 이후 「자유부인」(1956)과 「속편 자유부인」(1957)이라는 영화노 잇달아 제작되이 디욱 유명세를 떨쳤던 작품이었다.

언젠가 이 책의 옛 판본을 하나 얻어다가 그 내용을 살펴본 적이 있었는데, 줄거리야 익히 전해들은 바와 같지만 소설의 배경으로 등장하는 그 시절 서울 지역의 여러 이색적인 공간들을 곧잘 접할 수 있었다는 대목은 나름 흥미로웠다. 예를 들어, 남산동 1가에 있는 댄스홀 '엘씨아이(LCI. 해군장교구락부)'라든가 댄스파티장으로 나오는 '창경원 수정

궁', 이른바 '사랑의 언덕길'로 묘사한 '영성문 고개(덕수궁 선원전 구역을 남북으로 관통하는 돌담길)', 그리고 주인공 장태연 교수가 내심 연모하던 한글강습회 여제자의 결혼식장으로 나오는 '운현궁예식장' 등이 바로 그것들이었다.

그리고 또 한 군데 빼놓을 수 없는 공간은 을지로 1가 지금의 롯데호텔 자리에 있던 중화요리점 아서원(中華料理店 雅叙園)이다. 이 소설의 첫 대목에 대학동창모임인 화교회(花交會)의 점심회합이 열리는 아서원으로 나가기 위해 여주인공 오선영 여사가 자기 남편에게 외출허락을 구하는 장면이 등장한다.

이곳은 일제강점기 이래로 서울 장안의 사람들이 해마다 송년회와 신년연회를 벌이는 공간으로 즐겨 찾았고, 각종 환영회나 축하회 또는 피로연과 출판기념회 등 일상적인 모임은 말할 것도 없고 여러 단체의 창립총회나 정기총회가 벌어지거나 국내외 귀빈들을 대접하는 음식점으로도 곧잘 애용하였다. 해방 이후 시기에도 이러한 위상에는 전혀 변함이 없이 각 정당과 사회단체의 무수한 정치인과 지명인사들이 회합하거나 담판을 벌

『매일신보』 1918년 2월 21일자에 수록된 북경요리 아서원의 개업안내광고에는 "아름다운 풍경이 펼쳐져 있다"는 뜻에서 '아서원'으로 명명했다는 설명이 담겨있다. 여기에는 그 위치가 황금정 사립 봉명학교와 이웃하는 동쪽이며, 개점일자가 1918년 2월 19일이라는 내용이 들어 있다.

이는 장소로도 빈번하게 신문지상의 관련보도에 오르내리곤 했던 곳이었다.

이곳의 내력이 궁금하여 관련 자료를 뒤져보았더니, 『매일신보』 1918년 2월 21일자에 다음과 같은 개업안내 광고문안이 수록된 것이 퍼뜩 눈에 띈다. 이를 통해 그 유명했던 중화요리점 아서원은 "아름다운 풍경이 펼쳐져 있는 곳"이라는 뜻에서 취한 상호(商號)이며, 개업일자는 1918년 2월 19일(음력 정월 초10일)이었던 것이 명확하게 드러난다.[74]

> 고등지나요리 개점피로(高等支那料理 開店披露)
>
> 폐원(弊園) 금회(今回) 북경 원경친왕(北京 元慶親王)에 봉사(奉仕)하던 조리인(調理人)을 초빙(招聘)하여 황금정 봉명학교 동린(黃金町 鳳鳴學校 東隣)에 개업(開業)하온 바 조리(調理)는 금갱 췌언(今更 贅言)을 불사(不俟) 북경 사교계(北京 社交界)의 수(粹)를 집(集)하여 기구(器具)는 물론(勿論) 실내(室內)의 장식(裝飾) 기타(其他)에 지(至)하기까지 세심(細心)한 주의(注意)를 가(加)하고 특(特)히 원내(園內)에는 대연회장(大宴會場) 조선온돌(朝鮮溫突) 급(及) 다실(茶室)의 설비(設備)가 유(有)하고 차원(且園)은 고조(高燥)하며 노수번무(老樹繁茂)하여 환락(歡樂)의 리(裡)에 북한산(北漢山)의 풍경(風景)을 일망(一望)에 납(納)하는 고(故)로 자(玆)에 아서원(雅叙園)이라 명명(銘名)한 소위(所謂)이올시

---

74) 『매일신보』 1928년 1월 3일자에 수록된 '근하신년광고'를 보면, 이곳 아서원의 주인은 서광빈(徐廣賓, 경성중화요리조합소 정취체역)으로 표시되어 있다. 그리고 다시 『경성일보』 1938년 1월 1일자에 수록된 '근하신년광고'에는 아서원의 주인이 서홍주(徐鴻洲)로 기재된 구절이 남아 있다. 이것으로만 보면 두 사람은 얼핏 부자지간이거나 무슨 친족관계인 듯이 비춰지지만, 이정희, 『한반도 화교사』(동아시아, 2018), 279쪽의 각주 27)에 "아서원의 지배인은 서광빈[徐廣賓, 호는 홍주(鴻洲)]이었다. 그는 산동성 복산현(福山縣, 지금의 연태 일대) 출신이었다"고 적고 있으므로 결국 둘은 동일인인 것으로 여겨진다.

다. 본월(本月) 십구일(十九日)부터 개점(開店)하오니 청(請)컨대 내원(來園)하
심을 봉원(奉願)함.
경성부 황금정 일정목 백팔십일번지(京城府 黃金町 壹丁目 百八拾壹番地)
북경요리 아서원 근백(北京料理 雅叙園 謹白)

여기에는 이곳 아서원의 소재지가 '황금정 1정목(지금의 을지로 1가) 181번지'로 표시되어 있다. 이를 단서로 삼아 1912년에 임시토지조사국(臨時土地調査局)에서 작성한 『토지조사부(土地調査簿)』를 뒤져 보니, 이 지번의 면적이 무려 1,861평(坪)이나 되고 소유주는 이용문(李容汶, 1888~?)인 것으로 드러난다. 그는 내부협판(內部協辦)을 지낸 이봉래(李鳳來, ?~1916)의 둘째 아들이며, 그 시절 경성에서 손꼽을만한 부호(富豪)의 한 사람이었던 것으로 알려진다.

아서원은 이 너른 구역의 전체를 다 차지했던 것은 아니고 동쪽 끝

『경성부일필매지형명세도』(1929)를 통해 옛 곤당골 일대의 주요 공간 배치 상황을 살펴보면, 각각 (1)은 아서원과 반도호텔이 들어서는 '황금정 1정목 181번지' 구역, (2)는 원구단 황궁우(조선호텔 구내), (3)은 석고단(총독부도서관) 구역, (4)는 조선식산은행 본점, (5)는 미츠이물산 경성지점 자리이다.

모퉁이의 일부 구역만 빌려 사용했던 모양이었다.[75] 그런데 알고 보니 '황금정 1정목 181번지'는 그 자체로 근현대사를 망라하여 다양한 문화역사적인 이력들과 공간변천사가 만만치 않게 축적된 지점이었다.

예를 들어, 경성부 편찬, 『경성부사(京城府史)』 제1권(1934), 506쪽에는 임오군란(壬午軍亂, 1882년)의 전개과정과 관련하여 다음과 같은 내용이 서술되어 있다.

> …… 폭도(暴徒, 구식군인을 일컫는 표현)는 다시 궁궐을 벗어나 현 경운동 천도교회(現 慶雲洞 天道敎會)의 남린(南隣), 한일은행운동장(韓一銀行運動場, 경운동 61번지)에 있던 영의정 흥인군 이최응(領議政 興寅君 李最應)의 집에 난입하여 이를 부수었고(이최응은 다음날 결국 숨졌다), 또 황금정 1정목 현 지나요리점 아서원(現 支那料理店 雅叙園, 181번지) 건물의 서린(西隣)에 있던 이조판서 민창식(吏曹判書 閔昌植)의 집을 습격하여 그를 죽였다.

여길 보면 민창식의 집이 아서원 서쪽으로 붙어 있는 자리에 있었다고 설명하고 있으나 지번상으로는 결국 두 곳이 모두 동일한 구역에 속하는 셈이고, 이는 곧 '황금정 1정목 181번지'도 임오군란의 격랑이 휩쓸고 간 역사현장의 하나였다는 것을 말해준다.[76]

---

75) 1933년에 발행된 『경성정밀지도』(서울역사박물관 소장자료)에는 '아서원'의 위치가 '황금정 1정목 180번지 및 181번지'의 동쪽 경계선과 맞물려 있는 골목길 안쪽 끝에 자리한 '황금정 1정목 158번지' 구역으로 표시되어 있다. 그러나 이 시기에 나온 아서원의 광고문안에 소재지 주소가 한결같이 '황금정 1정목 181번지'로 되어 있는 것으로 보아, 개업 당시에는 이 지번의 동쪽 측면을 차지하고 있다가 차츰 사업확장과 더불어 그 안쪽에 있는 '황금정 1정목 158번지' 구역도 추가로 편입한 것이 아닌가 싶다.

76) 『조광(朝光)』 1940년 2월호에 수록된 황의돈(黃義敦)의 글 「59년 전 반도(半島)를 진

그 이후 시기에 이 자리의 주인으로 등장하는 것은 이른바 '백정교회'로 일컫던 '곤당골교회(인사동 승동교회의 전신)'이다. 이 교회는 미국 북장로회 선교사인 새뮤얼 무어(Samuel F. Moore, 牟三悅; 1860~1906) 목사가 1893년 6월에 설립하였으며, 1898년에 이곳이 불타면서 '홍문섯골교회(지금의 삼각동 소재)'로 합쳐지게 되었다고 전한다.

여기에 나오는 '곤당골'이라는 지명은 조선시대의 역관(譯官) 홍순언(洪純彦, 1530~1598)이 명나라 청루(靑樓)에서 만난 원씨(袁氏) 여인에게 도움을 준 일화에서 비롯되었는데, 그에 대한 자세한 연유는 이익(李瀷)의 『성호사설(星湖僿說)』, 김지남(金指南)의 『통문관지(通文館志)』, 이긍익(李肯翊)의 『연려실기술(燃藜室記述)』, 유본예(柳本藝)의 『한경지략(漢京識略)』 등에 두루 수록되어 있다.

이 여인은 훗날 예부시랑(禮部侍郞) 석성(石星)의 계실(繼室)이 되었으며, 그러한 인연과 배경으로 홍순언은 종계변무(宗系辨誣: 명나라 『대명회전(大明會典)』에 태조 이성계가 이인임의 아들로 잘못 기록된 사실을 바로잡는 일)의 공을 세웠는가 하면 임진왜란이 터지자 명나라에 청병(請兵)하는 일도 훨씬 수월하게 처리할 수 있었다. 홍순언이 조선으로 돌아올 때 원씨 부인이 비단 10필에 정성껏 '보은(報恩)'이라 수놓은 것을 보내오고, 이에 사람들은 그가 사는 동네를 '보은단동(報恩緞洞, 보은단골)'이라 하였다는 것이다.

시간이 흐르면서 보은단골은 소리값이 변하여 '고운담골'이 되고 다시 이것이 축약되어 '곤담골'에 이어 '곤당골'로 정착되기에 이른다. 이를 한자어로 바꾸면 '고운담골'이 미장동(美墻洞)으로 표시되므로, 이를 또

동(震動)케 하던 임오군란(壬午軍亂)」, 50쪽에는 "이조참판 민창식 가(吏曹參判 閔昌植家, 지금의 남대문통 총독부도서관 자리)"라고 하여 그 위치를 약간 다르게 적고 있다.

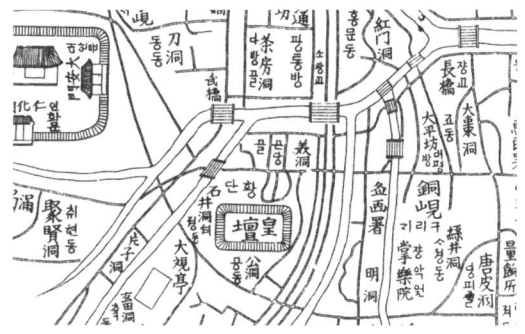

『게일 목사의 서울지도』(1902)에는 지금의 을지로 1가에 해당하는 지역에 '곤당골'이라는 지명이 또렷이 표시되어 있다. 조선시대 역관 홍순언의 일화에서 비롯된 이 동네이름은 보은단골 → 고운담골 → 곤담골 → 곤당골의 형태로 바뀌어 왔으며, 고운담골은 이를 한자로 미장동(美墻洞)이 되므로 이를 다시 줄여 미동(美洞)이라 적기도 한다.

줄여 '미동(美洞)'으로 적곤 했다. 그러니까 근대시기에 이르러서는 대개 이 지역을 '곤당골' 내지 '미동'으로 일컫는 것이 보통이었다.

1914년 4월 1일에 이르러 일제에 의해 경성부의 정동(町洞) 명칭이 전면 개편될 때, 옛 미동 지역은 대부분이 '황금정 1정목'에, 나머지 일부가 '남대문통 1정목' 지역에 분할되어 편입되었다.

1914년 경성부 정동(町洞)의 명칭 및 구역 제정 당시 '미동(곤당골)'의 편입 내역

명칭	관할구역
황금정 1정목 (黃金町 一丁目, 지금의 을지로 1가)	유동(由洞), 남천변동(南川邊洞), 무교동 일부(武橋洞 一部), 견정동(堅井洞), 석정동 일부(石井洞 一部), 미동 일부(美洞 一部), 숙수방동(熟手房洞), 휴지동(休紙洞), 향목동(香木洞), 궁내정동(宮內井洞), 소공동 일부(小公洞 一部)
남대문통 1정목 (南大門通 一丁目, 지금의 남대문로 1가)	미동 일부(美洞 一部), 하다동 일부(下茶洞 一部), 대광교동 일부(大廣橋洞 一部), 사자청동 일부(寫字廳洞 一部), 소광교동 일부(小廣橋洞 一部), 석동 일부(席洞 一部), 동현동 일부(銅峴洞 一部), 광교동(廣橋洞), 부정동 일부(富井洞 一部), 백목전동 일부(白木廛洞 一部), 청포전후동 일부(靑布廛后洞 一部)

곤당골교회를 뒤이어 이 자리를 물려받은 주체는 이탈리아영사관(伊太利領事館)이었다. 일찍이 우리나라가 이탈리아와 수호통상조약을 체결한 것은 1884년의 일이지만, 정작 외교공간의 설치는 17년이라는 세월

을 훌쩍 넘긴 1901년 12월에 와서야 겨우 실행되었던 것이다. 『더 코리아 리뷰(The Korea Review)』 1901년 12월호에는 이탈리아영사관의 개설소식을 알리는 내용이 이렇게 남아 있다.

> 새로 부임한 이탈리아영사 프란체시티 디 말그라(Francesetti di Malgra)가 이달 14일 궁정에 나가 신임장을 제정했다. 이탈리아와 한국간의 관계는 지금까지 영국공사관을 통해 수행되어 왔으나 이제부터 이탈리아는 직접 대표하게 되었다. 디 말그라는 최근에 무어 목사가 퇴거한 곤당골의 집을 차지하고 있다.

이로써 이탈리아영사관은 곤당골 무어 목사의 사택을 그대로 물려받아 개설되었다는 사실을 파악할 수 있다. 더구나 『디 인디펜던트(The Independent; 독립신문 영문판)』 1898년 10월 22일자에 수록된 북장로교 연차총회 관련보도에 회합장소를 "무어 씨의 거주지 안에 있는 곤당골교

카를로 로세티가 남긴 『꼬레아 에 꼬레아니(Corea e Coreani)』(1904, 1905)에 수록된 최초의 주한 이탈리아영사관 전경이다. 원구단 황궁우를 바로 등진 자리에 있던 이곳은 원래 곤당골교회이자 무어 목사의 사택이었고, 그 이후 시기에 대한 중앙도서관 임시사무소와 사립봉명학교가 차례대로 들어서게 된다. (자료제공: 이돈수 한국해연구소장)

『황성신문』 1906년 2월 19일자에 수록된 대한중앙도서관 임시사무소 개설광고이다. 여기에 나오는 '미동 6통 6호'는 곧 이용문(李容汶)의 소유지였던 '황금정 1정목 181번지'와 동일한 공간이다.

회(the Kontangkol Church in the compound of Mr. Moore)"라고 적고 있으므로 이 교회가 있던 구역이 곧 이탈리아영사관으로 전환되었다는 것이 저절로 확인된다.[77]

이곳에 있던 이탈리아영사관이 미처 1년을 넘기지 못하고 서소문 쪽으로 자리를 옮기게 되자, 이곳을 차지한 새로운 주인으로 나타난 사람은 앞서 잠깐 언급한 이봉래(李鳳來) 이용문(李容汶) 부자(父子)였다. 이들이 정확하게 어느 시점에 이 지역을 매입한 것인지는 확인할 도리가 없으나, 일찍이 『황성신문』 1906년 2월 19일자에 수록된 한 장의 광고를 통해 대략 그 시기를 가늠할 수 있다.

[광고(廣告)] 대한중앙도서관 임시사무소(大韓中央圖書館 臨時事務所)를 경성 남서 회현방 미동 6통 6호(京城 南署 會賢坊 美洞 六統 六戶) 이용문 씨가(李容汶氏家)로 정(定)하였사오니 첨군자(僉君子)는 조량(照亮)함.

---

[77] 『황성신문』 1902년 11월 11일자에 수록된 「의관이정(義館移定)」 제하의 기사에 "의국공관(義國公館)을 미동소재(美洞所在) 일양옥(一洋屋)을 차거(借居)하였더니 해관(該館)을 갱(更)히 서소문내(西小門內)로 이정(移定)하고 재작일(再昨日)부터 반이(搬移)하더라."는 내용이 남아 있다. 이로써 이때 이탈리아영사관은 불과 1년 만에 곤당골에서 서소문동으로 이전하였다는 것을 알 수 있다.

제4부 | 뒤틀어진 공간에 대한 해묵은 기억들

여기에 나오는 대한중앙도서관은 윤치호(尹致昊), 이봉래(李鳳來), 민형식(閔衡植), 이범구(李範九), 백상규(白象奎) 등이 주축이 되어 설립을 추진했던 최초의 근대도서관이었다. 이러한 사실로 비춰보건대 우리나라에 근대식 도서관 제도가 도입되고 정착되는 과정을 탐구하는 이들에게는 바로 이 자리가 남다른 의미로 다가오지 않을까 충분히 짐작되고도 남음이 있다.

이와 더불어 이봉래 이용문 부자의 소유로 바뀐 이곳에는 1908년 이후 사립봉명학교(私立鳳鳴學校; 설립자 이봉래, 1909년 4월 8일 인가)가 들어선 사실이 확인된다. 내무부 학무국 학무과에서 펴낸 『(명치 43년 10월 말일 현재) 경성부내 사립학교현상일반(京城府內 私立學校現狀一斑)』을 보면, 이곳의 교사평수(校舍坪數)는 114평에 불과하나 교지평수(校地坪數)가 1,450평이나 되는 것으로 적고 있으므로 이 학교의 소재지가 '황금정 1정목 181번지' 구역 그 자체를 가리키는 것이 확실하다.

더구나 『매일신보』 1918년 2월 21일자에 수록된 아서원 개업안내광고에 "황금정 봉명학교 동린(黃金町 鳳鳴學校 東隣)에 개업(開業)하온 바 …… 운운"하는 것으로 봐도 아서원과 사립봉명학교는 동일한 구역에 자리하고 있었다는 사실을 확인할 수 있다. 다만 이 학교는 아서원이 개업할 당시까지는 존재했던 것이 분명하지만, 그 이후의 어느 시점에 폐교가 된 것인지 아니면 다른 곳으로 이전을 한 것인지는 잘 가려지지 않는다.[78]

---

[78] 참고로, 1914년 2월 9일에 광통관(廣通館, 남대문통 1정목 19번지) 화재사건이 발생하면서 이곳에 본점을 두었던 조선상업은행(朝鮮商業銀行)이 한때 옛 봉명학교 자리(황금정 1정목 181번지)에 임시영업소(1914.2.16~12.27)를 열었다가 수선이 완료되자 광통관

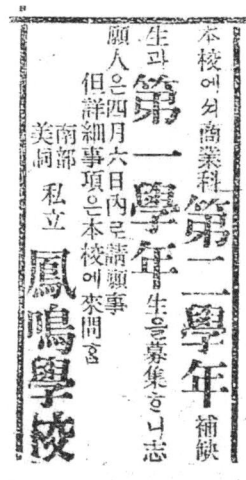

『매일신보』 1912년 3월 29일자에 수록된 '미동(美洞, 곤당골)' 소재 '사립봉명학교'의 생도모집광고이다. 이 학교의 설립자는 이용문의 부친인 이봉래(李鳳來)이며, 중화요리점 아서원과는 동일 지번 내에 동서로 나란히 배치되어 있었다.

사립봉명학교가 사라진 이후에는 '황금정 1정목 181번지' 구역이 작은 단위로 분할되어 그 안쪽에 30여 채나 되는 셋집이 들어서는 상황으로 바뀌었다.[79] 이곳의 주인이던 이용문은 그 사이에 자신의 거처를 낙산 자락에 있는 '충신동(忠信洞) 25번지'로 옮겨가고, 따로 동익사(同益社; 황금정 1정목 96번지, 1922년 3월 18일 상호설정등기)라는 업체를 만들어 임대사업에 대한 관리를 했던 것으로 확인된다.

중화요리점 아서원과 관련한 내력을 정리하다 보니, 이곳이 바로 조선공산당(朝鮮共産黨) 결성이 이뤄진 공간이라는 사실도 결코 빼놓고 얘기하기가 어렵다.

조선공산당 창립총회는 1925년 4월 17일 오후 1시에 아서원에 모인 김재봉(金在鳳), 김약수(金若水), 유진희(俞鎭熙), 권오설(權五卨), 김상주(金尙珠), 진병기(陣秉基), 주종건(朱鍾建), 윤덕병(尹德炳), 송봉우(宋奉瑀), 독고전(獨孤佺), 홍덕유(洪悳裕), 조봉암(曺奉岩), 김찬(金燦), 조동우(趙東祐) 등에 의

으로 복귀한 사실이 있었다.

79) 『동아일보』 1924년 11월 14일자에 수록된 「독갑이 초동시연(初冬試演), 부내(府內) 황금정(黃金町) 181번지에서」 제하의 기사에는 이곳에서 벌어진 도깨비 소동을 전하면서 셋집 군락지로 변한 이 일대의 지형상황을 비교적 소상하게 묘사된 내용이 남아 있다.

조선공산당 비밀결사사건과 관련하여 창당 장소인 중화요리점 아서원의 전경이 함께 소개된 『매일신보』 1927년 9월 13일자의 보도사진이다. 왼쪽 아래에 보이는 동그라미 형태의 도안은 조선공산당 마크이다.

해 이뤄졌다. 이들 가운데 조동우, 조봉암, 김찬 3명을 역원전형위원(役員銓衡委員)으로 선출하고, 이들로 하여금 중앙집행위원 7명(김재봉, 김약수, 유진찬, 주종건, 조동우, 정운해, 김찬)과 검사위원 3명(윤덕병, 송봉우, 조봉암)을 선임하고 기타 주요사항을 결정하는 것으로 마감되었다.

이와 같은 비밀결사에 관한 사실은 엉뚱하게도 1925년 11월 22일 밤 신의주 경성식당 2층에서 신만청년회(新灣靑年會) 측의 결혼식 피로연이 열리던 때에 공교롭게도 아래층에서 회식을 하고 있던 신의주경찰서 순사 일행과 시비가 붙어 이것이 집단구타사건으로 번지는 와중에 들통이 나게 된다. 이에 일제경찰에 의해 보복내사와 압수수색이 벌어진 끝에 고려공산청년회 관련 비밀문서가 발각됨에 따라 조선공산당 결성

사실도 저절로 노출되고 말았던 것이다.

이 사건에 관한 예심과 공판이 벌어지면서 뒤늦게나마 관련 소식이 신문지상에 알려지게 되었고, 그때마다 중화요리점 아서원의 모습을 담은 보도사진도 함께 지면을 장식하곤 했다. 지금 우리가 접하고 있는 아서원의 옛 사진자료라는 것도 이렇게 생성된 것이 사실상 전부이다시피 하므로, 어찌 보면 드물게나마 이러한 흔적들이 남게 된 것은 전적으로 조선공산당 사건 덕분인지도 모르겠다.

『경성일보』1931년 3월 5일자의 특별광고에 등장한 중화요리점 아서원의 내부 모습이다. 조선공산당 관련 보도사진을 제외하면 실제로 아서원의 모습을 담은 옛 사진자료는 전무하다시피 하다.

이러한 상황에서 '황금정 1정목 181번지' 일대의 공간변화가 극적으로 일어나게 한 계기는 바로 조선빌딩(朝鮮ビルヂング; 1936.5.12일 착공, 1938.4.27일 준공)의 등장이다. 이 이름은 좀 생소할 수도 있겠지만, 임대사무실을 겸하여 호텔의 용도로 지은 이 건물(지하 1층 지상 8층 높이)안에 '반도호텔(半島ホテル; 6~8층을 사용)'이 있었으므로 조선빌딩은 곧 반도호텔을 가리킨다.

『조선중앙일보』1935년 5월 11일자에 수록된 「아서원 중심지대(雅叙園中心地帶)에 3백만 원의 대삘딍, 명후년(明後年)에 완성(完成)할 설계(設計)」 제하의 기사는 — 조선질소비료, 조선광업개발, 장진강수전, 신흥철도 등의 사장이던 노구치 시타가우(野口遵, 1873~1944)가 발주하고 공사청부는 하자마구미(間組)가 맡은 — 이 건물의 착공계획을 이렇게 알리고 있다.

조선질소회사(朝鮮窒素會社) 사장 노구치 시타가우(野口遵) 씨는 황금정 1정목 미츠이물산 경성출장소(三井物産 京城出張所) 앞 중국요리점 아서원(雅叙園)을 중심으로 하여 그 일대 2,044평을 식산은행(殖産銀行)의 방계인 성업사(成業社)로부터 매수하여 오는 7월 말 이내로 전기 장소에 있는 가옥을 전부 헐어낸 후 8월 초순부터 정지(整地)를 마친 다음 건평(建坪) 6백여 평, 연평(延坪) 6천 평의 지하(地下) 1층, 지상(地上) 8층의 근대적 대뻴딩을 총공비 3백만 원을 들여 건축하리라 하는데 전기 뻴딩은 난방(暖房)과 냉장(冷藏)의 설비를 완비한 아직까지 조선에서는 보지 못한 건물이라 한다. 그런데 공사는 오는 9월에 착수하여 소화 12년(1937년) 중에 완성할 예정인데 완성이 되고만 보면 노구치왕국(野口王國) 각사의 경성사무소(京城事務所)를 설치하는 외에 일부는 일반에게 대여(貸與)하리라 한다.

약간 특이한 것은 반도호텔은 막 건축공사가 개시되자마자 1936년 10월 1일에 법인설립등기를 하면서 처음에 그 명칭을 '주식회사 신조선호텔(新朝鮮ホテル)'로 정하였다는 사실이다. 그러다가 느닷없이 5개월 여만인 1937년 2월 25일에 상호(商號)를 '주식회사 반도호텔'로 변경하였는데, 다분히 기존의 관영호텔인 '조선호텔(朝鮮ホテル)'을 염두에 둔 조치로

『매일신보』 1936년 12월 12일자에 수록된 북경요리 아서원의 신축낙성 재개업 광고이다. 이 당시 '황금정 1정목 181번지' 일대를 차지한 노구치 재벌의 조선빌딩 즉, 반도호텔 신축공사와 관련하여 부지문제가 충돌되어 아서원은 원래의 자리에서 비껴나 새로 건물을 지어야 했던 상황이었다.

보이지만 이에 관한 자세한 내막은 확인되지 않는다.[80]

위의 기사에는 아서원 일대 2,044평을 조선식산은행 방계회사인 '성업사'로부터 매수하였다고 적고 있는데, 이것으로 보면 오랜 세월 이곳의 주인이던 이용문이 그 사이에 여러 셋집들로 분할되어 있던 '황금정 1정목 181번지' 구역을 처분한 상태였다는 것을 알 수 있다. 이 당시 조선빌딩 측에서 이 지번의 인접지도 동시에 사들이면서 지번통합을 한 탓인지 반도호텔의 소재지는 통상 '황금정 1정목 180번지'로 표기된다는 점이 달라졌다.

이러한 조선빌딩의 건축과 맞물려 아서원도 부지문제로 인해 기존의

---

80) 『조선일보』 1973년 4월 28일자에 수록된 「사라지는 서울의 명물(名物) (1) 반도호텔」 제하의 연재기사를 보면, 노구치가 1935년 말 어느 날 사업관계로 흥남에서 경성을 찾았을 때 '조선호텔'에 투숙하고자 했으나 그의 행색과 외모를 얕보고 호텔 프론트에서 문전박대를 하다시피 푸대접을 당하자 스스로 조선호텔보다 더 크고 좋은 호텔을 짓겠다고 결심했다는 일화가 채록되어 있으며, 결국 반도호텔은 조선호텔에 대한 복수심의 산물이었다고 소개하고 있다.

'황금정 1정목 181번지' 일대에 들어선 조선빌딩(朝鮮ビル)의 전경을 담은 사진엽서이다. 조선빌딩의 상층부에 반도호텔이 들어있으므로, 조선빌딩은 곧 반도호텔과 동일한 표현인 셈이다. (민족문제연구소 소장자료)

위치에서 자리를 옮겨 새로 건물을 짓기로 하고 1936년 4월에 기공하여 그해 연말인 12월 16일에 재개업하는 과정이 이어졌다. 이때에 신축한 건물은 반도호텔의 동쪽 옆이면서 안쪽으로 들어간 지점에 자리하게 되었으나, 그 이후의 광고문안을 보면 주소지는 여전히 '황금정 1정목 181번지'로 표기된 것을 확인할 수 있다.

이러한 과정을 거쳐 옛 '황금정 1정목 181번지' 구역의 대부분을 차지한 반도호텔은 일제가 패망하고 미군진주와 더불어 미군정(美軍政)을 총괄했던 제24군단사령부(HQ XXIV Corps) 및 미군장교숙소(위관급)의 용도로 사용되었다. 다시 1948년 대한민국 정부수립 이후에는 한미행정이양협정(韓美行政移讓協定, 1948.9.11일 조인)에 따라 반도호텔은 미국 측이 계속 사용(차관변제액 상쇄조건)할 것으로 선택한 토지 및 건물 목록에 포함되었다.

곧이어 1949년 3월 23일에 초대 주한미국대사로 무쵸(John Joseph

Muccio, 1900~1989)가 임명되면서 이곳 반도호텔은 최초의 미국대사관이 들어서는 공간으로 변신하였다. 이러한 인연 때문인지 나중에 무쵸 대사가 이임할 때 한국에 대한 그의 공적을 기린다 하여 서울특별시장이 반도호텔 앞길을 '무초로(武楚路)'로 명명했다는 기록도 눈에 띤다.[81]

아무튼 『조선일보』 1949년 4월 21일자에 수록된 「반도호텔, 어제 증여식(贈與式)을 거행」 제하의 기사는 이곳에 주한미국대사관이 들어설 당시의 상황을 이렇게 전달하고 있다.

> 한미경제협정 체결을 계기로 정부에서 미국정부에 대사관으로 사용하도록 증여를 결정한 반도(半島)호텔의 증여식이 '무치오' 미국대사의 신임장 봉정식이 끝난 20일 오전 11시반 반도호텔에서 거행되었다. 동양 일(一)의 삘딩으로 자랑되던 동 호텔이 작년 10월 한미경제협정 체결을 계기로 미국대사관 건물로 사용키 위하여 미국에 증여되기로 결정되어 그간 24군단사령부로부터 인계받은 미국대사관에서 이미 사용 중이던 것이 20일 정식 증서를 교부하는 증여식으로 완전한 미국재산이 된 셈인데 이에 대하여 20일 임 외무장관(林 外務長官)은 별항과 같은 담화를 발표하였다.
>
> "반도호텔을 미국정부에 이양함에 제하여 우리들은 내한민국을 재건하고 부흥하여 안전을 보장하도록 미국이 말할 수 없이 큰 원조와 봉

---

81) 『조선일보』 1952년 9월 10일자에 수록된 「서울에 무초로(武楚路), 무쵸 대사 이한기념(離韓記念)으로」 제하의 기사를 보면, 당시 무쵸 대사의 본국 귀임과 관련하여 김태선(金泰善) 서울특별시장은 서울시 동연합회의 진정을 받아들이는 형식으로 그의 공적으로 기리고 감사의 뜻으로 미국대사관이 자리했던 반도호텔의 앞길을 '무초로'로 명명했다는 내용이 담겨 있다.

사를 해준 데 대하여 한국민으로서의 심심한 사의를 표하고자 하는 바입니다. 미국대사 쫀 제이 무치오 씨는 이 반도호텔을 이양 받게 되자 서울 내에 반도호텔에 있는 모든 시설을 이치(移置)할 수 있는 별개의 호텔을 건축하는데 사용해달라고 3백만 불의 금액을 한국정부에 증여하였습니다. 미국이 반도호텔을 양도받음으로 말미암아 미국의 대한경제원조를 계속하기 위한 준비에 더 한층 전진을 보게 된 것입니다. 반도호텔은 한국경제재건을 위한 ECA계획을 수행하는데 한국에서 봉사할 미국의 기술자와 사무원들의 사무실로 사용될 것입니다. 그러므로 반도호텔의 이양이야말로 우리 국민들과 세계의 생명을 민주적 방법으로 보장하기 위한 세계적 투쟁에 있어서 우리 양정부의 협력을 구체적으로 나타내는 표본입니다."

한국전쟁 시기에는 부산으로 피난하였다가 1952년 7월 서울로 환도하면서 미국대사관은 반도호텔 길 건너편에 있는 옛 미츠이물산(三井物産, 을지로 1가 63번지) 건물로 터를 옮겨 설치되었다.[82] 이와 관련하여 전쟁통에 건물 일부가 파괴되는 피해를 입은 반도호텔을 한국정부가 재매수하고 이곳은 국군 1201건설공병단의 손으로 1년여에 걸쳐 복구수리되어 1954년 9월 15일에 호텔의 용도로 재사용되기에 이른다.

특히, 자유당 정부 시절에는 이기붕(李起鵬, 1896~1960) 민의원의장(民議院議長)이 반도호텔에 사무실을 두고 이곳에서 당무회의나 정치협상 또는 선거대책협의 등을 주관했던 일이 잘 알려져 있다. 또한 1960년 민

---

[82] 그 이후 미국대사관은 1970년 12월에 광화문앞길 세종로 82번지 있던 종래의 '유솜(USOM)' 청사(쌍둥이빌딩의 남쪽 건물)로 재이전하였다.

주당 정부 때는 장면(張勉, 1899~1966) 총리가 별도의 관저를 마련하지 못해 역시 반도호텔에 임시집무실을 두었으며, 5.16군사쿠데타를 맞이했던 장소도 바로 이곳이었다.

1963년 8월 1일에는 교통부 직영호텔들(서울 2곳, 지방 7곳)의 관리권 이양에 따라 반도호텔과 조선호텔이 동시에 국제관광공사(國際觀光公社, 1962.6.26일 설립)의 소유로 넘어왔고, 다시 세월이 흘러 국영기업민영화방침에 따라 1974년 6월 4일에 일반공개경쟁입찰을 통해 반도호텔은 결국 호텔롯데 측에 매각되었다. 이보다 앞서 1969년 2월 18일에는 반도호텔과 이웃하던 중화요리점 아서원 구역도 롯데제과주식회사로 팔렸으나 아서원 쪽 주주들 간의 대지소유권을 둘러싼 분쟁이 일어나는 통에 판

곤당골교회, 이탈리아영사관, 대한중앙도서관 임시사무소, 사립봉명학교, 아서원, 반도호텔 등 근현대사의 여러 다양한 편린들이 축적되어 있는 옛 '황금정 1정목 181번지' 일대의 흔적을 살펴볼 수 있는 장치는 전혀 없고, 지금은 롯데호텔 앞쪽 도로변에 '고운담골' 역사문화유적 표석 하나가 달랑 남아 있다.

결번복이 거듭되면서 무려 5년간 소송전이 벌어진 결과 1974년 4월 9일에 이르러서야 대법원 확정판결로 소유권 이전등기가 완료될 수 있었다.

결국 오랜 내력의 아서원과 반도호텔 자리를 포괄한 구역은 3년 5개월에 걸친 공사기간을 거쳐 지상 38층에 지하 3층 규모의 '호텔롯데

(1978.12.22일 일부 개관, 1979.3.10일 전관 개관)'가 들어선 상태로 바뀌었다.[83] 지금은 호텔 앞 을지로쪽 도로변에 '고운담골' 역사문화유적 표석(2000년 서울특별시 설치) 하나가 달랑 남아 있을 따름이지, 근현대 시기에 걸친 무수한 역사현장으로서 옛 '황금정 1정목 181번지' 일대에 이토록 켜켜이 쌓여 있는 굴곡들과 공간변천사를 개략적으로나마 알려주는 설명장치가 이 주변 그 어디에도 없다는 것은 참으로 아쉬운 대목이 아닐 수 없다.

● 이 글은 『민족사랑』 2022년 1월호에 게재하였던 것을 수정 보완하였다.

---

83) 국립중앙도서관, 반도호텔, 아서원, 산업은행 본점 등이 있던 구역을 아울러 호텔롯데와 롯데쇼핑이 들어서는 일련의 과정에 대해서는 손정목, 『서울 도시계획 이야기 2』(한울, 2003), 207~306쪽에 걸쳐 수록되어 있는 「을지로 1가 롯데타운 형성과정 – 외자유치라는 미명하에 베풀어진 특혜」라는 글에 자세히 정리되어 있다.

24

'반민특위' 표석은 왜 아직도 제자리를 찾지 못하나?

반민특위 청사로 사용된 옛 제일은행 경성지점 자리의 공간 내력

해마다 맞는 6월 6일은 전몰장병과 호국영령을 추모하는 기념일인 '현충일(顯忠日)'이다. 반기(半旗, 조기)를 다는 공휴일에다 오전 10시에 울리는 사이렌 소리에 맞춰 일제히 묵념을 하는 날로 기억되며, 특히 전국의 유흥업소도 이날만큼은 가무음곡(歌舞音曲)을 삼간다는 뜻에서 경찰 당국의 요청 및 지도에 따라 관례적으로 문을 닫고 있다.

현충일의 제정에 관한 흔적을 찾아보니 그 시초는 1956년 4월 19일에 공포된 대통령령 제1145호 「관공서의 공휴일에 관한 건(개정)」에 "6월 6일 현충기념일(顯忠記念日)"이 새로 추가된 때로 거슬러 올라간다. 처음에는 '현충기념일'로 불렀던 것을 1975년 1월 27일에 이르러 대동령령 제7538호 「관공서의 공휴일에 관한 건(개정)」에 의해 지금의 '현충일'로 개칭된 것으로 확인된다.

이때 현충일이 왜 6월 6일로 정해졌는지에 대해서는 애당초 아무런 구체적인 기록의 흔적을 확인할 수 없기 때문에 여전히 그 유래에 대한 논란은 설왕설래가 이어지고 있는 상태이다. 다만, 한국전쟁 시기의 자료를 뒤져보면 1951년 9월 28일에 부산 동래에 자리한 육군보병학교 교정에서 제1차 육해공군전몰장병합동위령제(陸海空軍戰歿將兵合同慰靈祭)가 벌어진 사실이 드러난다.

그리고 이를 시작으로 하여 그 이후 제2차 합동추도식(1952.9.28. 부산 동래 육군병기학교 교정), 제3차 합동추도식(1953.10.16. 서울운동장), 제4차 합동추도식(1955.4.22. 서울 동작동 국군묘지)이 부정기적으로 잇달아 거행된 바 있었다. 그러니까 1956년 6월 6일에 국군묘지에서 실시된 제1회 현충기념일은 사실상 제5차 육해공군전몰장병합동추도식을 대체하는 형태로 이뤄진 행사였던 것이다.

그런데 6월 6일이라고 하면 비단 '현충일'뿐만이 아니라 또 하나 결코 잊을 수 없는 역사적 폭거가 있었던 날이기도 한데, 1949년 6월 6일에 친일경찰세력에 의해 저질러진 '반민특위 사무소 습격사건'이 바로 그것이다. 『조선일보』 1949년 6월 7일자에 수록된 「경찰(警察) 돌연(突然) '특위(特委)'를 포위(包圍), 무기압수(武器押收), 20명(名)을 인치(引致)」 제하의 기사에는 이날의 사건 진행이 이렇게 채록되어 있다.

> 서울시 경찰국에서는 최운하(崔雲霞) 사찰과장이 반민특위에 피검된 지 하루를 경과한 5일 오후에 이르러 440여 명의 경찰관이 사표를 제출하고 오후 2시부터는 사찰과원 전체가 파업에 돌입할 것이라고까지 하고 있었으며 4, 5 양일간 간부회의를 개최하고 모종 중요한 협의를 한 바 있어 그 결과여하가 주목되고 있던 바 작 6일 오전 8시 반 경 돌연 중부서(中部署) 윤기병(尹箕炳) 서장 지휘 하에 중부서원을 주동으로 하는 각 서원 약 80여 명은 남대문로 있는 특위를 포위하고 때마침 출근하는 조사관 및 직원들이 휴대하고 있던 권총을 압수하는 한편 특경대원(特警隊員) 20여 명을 인치하여 갔다.

그런데 이에 앞서 작 6일 아침 7시부터 8시 사이에도 특별조사위원 박우경(朴愚京), 특별검찰관 서성달(徐成達), 동 서용길(徐容吉) 씨 댁에 무장경찰관이 와서 무기의 유무를 묻고 호위경관들을 대동해 갔으며 각 조사관들 집에도 경관들이 예비조사가 있었다 하며 6일 특위가 포위당하였을 때에는 때마침 그곳에 와있던 검찰총장 겸 반민특위 검찰부장 권승렬(權承烈) 씨도 역시 경관에게 포위당하여 소지하고 있던 권총을 압수당하였다 한다. …… (하략)

1948년 9월 7일에 제정된 법률 제3호 「반민족행위처벌법(反民族行爲處罰法)」의 제5조에는 "일본치하에 고등관 3등급 이상, 훈5등 이상을 받은 관공리 또는 헌병, 헌병보, 고등경찰의 직에 있던 자는 본법의 공소시효 경과 전에는 공무원에 임명될 수 없다. 단, 기술관은 제외한다"라는 조항이 포함되어 있다. 이날 습격사건의 주동

『주간서울』 제33호(1949년 4월 4일자)에 수록된 '반민족행위 특별조사위원회(반민특위)'의 간판 모습이다. 그 아래에 설치된 '투서함'은 친일반민족행위자에 관한 제보를 받기 위한 것으로, 서울 지역에서는 중앙청 정문, 서울역, 종로 화신앞 네거리 등에도 설치되었다고 알려진다.
(민족문제연구소 소장자료)

자인 윤기병(尹箕炳, 창씨명, 平沼昺, 1908~1999) 중부경찰서장은 그 자신이 경기도 경찰부 고등경찰과 출신인데다 일제 치하에서 경부(警部, 1943.2.2일 임명)의 직위까지 올랐던 인물이었으므로, 이러한 공격행위가 그야말로 적반하장(賊反荷杖)에 다름 아니었던 셈이다.

반민족행위특별조사위원회(반민특위)의 설치와 해체 과정

일자	주요 연혁
1948.7.17	제헌헌법 제10장 부칙의 제101조에 "이 헌법을 제정한 국회는 단기 4278년(서기 1945년) 8월 15일 이전의 악질적인 반민족행위를 처벌하는 특별법을 제정할 수 있다"는 구절을 명문화
1948.9.7	법률 제3호 「반민족행위처벌법」 제정안 국회 통과(제3독회에서 재석 103 대 6표로 가결)
1948.9.22	법률 제3호 「반민족행위처벌법」 공포(특별조사위원회/특별재판부/특별검찰부 설치)
1948.12.7	법률 제13호 「반민족행위처벌법」의 제9조, 제12조, 제15조, 제26조 등 일부 개정(사법경찰 설치 관련)
1948.12.7	법률 제14호 「반민족행위 특별조사기관조직법」 제정(중앙사무국/사무분국 설치)
1948.12.7	법률 제15호 「반민족행위특별재판부 부속기관조직법」 제정(특별서기국 설치)
1949.1.6	반민족행위 특별조사위원회(위원장 김상덕, 부위원장 김상돈)와 특별재판부(재판부장 김병로, 특별검찰부장 권승렬) 구성; 사무소는 중앙청 205호실을 임시 사용
1949.1.8	반민특위 제1호 혐의자 박흥식(조선비행기공업주식회사 사장) 체포 수감
1949.1.21	반민특위 사무소 이전(남대문로 2가 9번지 옛 제국은행 경성지점 자리)
1949.3.28	정동 서울지방법원 대법정에서 반민족행위 특별재판부 최초 공판 개시(피의자는 박흥식과 이기용)
1949.6.4	최운하(서울시 경찰국 사찰과장)와 조응선(종로경찰서 사찰주임)을 반민법 제7조 위반혐의로 구속 수감
1949.6.6	윤기병 중부경찰서장의 지휘로 반민특위 사무소 습격사건 발생(특경대원 강제연행 및 무장해제)
1949.7.6	반민족행위자 공소시효 단축과 관련한 「반민족행위처벌법」 개정안 국회 통과
1949.7.7	반민족행위자 공소시효 단축 개정에 반발한 반민특위 조사위원, 특별재판관, 특별검찰관 총사직(사표수리)
1949.7.14	반민족행위특별조사위원회(반민특위) 재구성(위원장 이인, 부위원장 송필만을 선임)
1949.7.20	법률 제34호 「반민족행위처벌법」 일부 개정 공포(공소시효 만료일 단기 4282년 8월 말일로 변경)

1949.9.22	반민특위 해체 내용을 포함한 「반민족행위처벌법」 개정안 등 국회 통과
1949.10.4	법률 제54호 「반민족행위처벌법」 일부 개정 공포(특별조사위원회 및 특별재판부 관련 조항 전면 삭제)
1949.10.4	법률 제55호 「반민족행위 특별조사기관조직법 및 반민족행위특별재판부 부속기관 조직법 폐지에 관한 법률」 공포
1949.12.19	법률 제78호 「반민족행위재판기관 임시조직법」 제정(대법원 임시특별부 설치)
1951.2.14	법률 제176호 「반민족행위처벌법 등 폐지에 관한 법률」(부칙에 따라 "폐지된 법률에 의하여 공소계속 중의 사건은 본법 시행일에 공소취소된 것으로 보며, 폐지된 법률에 의한 판결은 본법 시행일로부터 그 언도의 효력을 상실한다"고 규정

이들의 폭거에 대해 당시 이승만 대통령(李承晩 大統領)은 "자신의 명령에 따른 것"이라며 이를 비호(庇護)하는 입장을 노골적으로 드러냈는데, 그러한 발언의 내용은 『경향신문』 1949년 6월 8일자에 수록된 「특경해산(特警解散) 내가 명령(命令), 반민체포(反民逮捕)는 한꺼번에 하라, 이 대통령(李大統領) AP기자(記者)에 언명(言明)」 제하의 기사에 잘 채록되어 있다.

반민특위 특경대의 해산을 이승만 대통령 본인이 명령했다는 내용이 수록된 『경향신문』 1949년 6월 8일자의 보도내용이다.

지난 6일 40여 명의 경관이 반민특위를 포위 수색하여 특경대원을 일시 체포한 바 있었는데 이에 관하여 이 대통령은 '에이 피' 기자에게 다음과 같이 말하였다.

"내가 특별경찰대를 해산시키라고 경찰에게 명령한 것이다. 특위 습격이 있은 후 국회의원 대표단이 나를 찾아와서 특경해산을 연기하라고 요구하였으나 나는 헌법(憲法)은 다만 행정 부문만이 경찰권을 가지는 것을 용허하고 있기 때문에 특경해산을 명령한 것이라고 말하였다. 특별경찰대는 앞서 국립경찰의 노련한 형사인 최운하(崔雲霞) 씨와 조응선(趙應善) 씨를 체포하였는데 이 두 사람은 6일 석방되었다. 현재 특위에 의한 체포 위협은 국립경찰에 중대한 영향을 미치고 있다. 나는 국회(國會)에 대하여 특위가 기소(起訴)될 자의 비밀명부를 작성할 것을 요청하였다. 그 명부에 백 명의 이름이 오르든 천 명의 이름이 오르든 간에 거기에는 상관하지 않는다. 다만 그들이 이와 같은 명부를 우리에게 제출해주면 우리는 기소자를 전부 체포하여 한꺼번에 사태를 청결할 것이다. 우리는 어디까지 이와 같이 그렇게 문제를 오래 갈 수는 없다."

이러한 결과로 친일청산의 대의를 내건 '반민특위'의 활동은 불과 반년 사이에 무력화 상태에 빠져들고 말았다. 곧이어 반민족행위자에 대한 공소시효 축소와 반민특위 해체 등의 내용을 담은 「반민족행위처벌법」의 잇따른 개정으로 인해 여전히 친일세력이 득세하는 세상은 지속되었고, 더구나 한국전쟁으로 인한 분단체제의 고착화는 온전한 친일청산의 기회를 더욱 멀게 하였던 것이다.

이로부터 무려 반세기의 세월이 흐른 1999년 9월 20일, 반민특위 해산 50주기를 되새기는 뜻에서 민족문제연구소가 세운 '반민특위 터' 표

서울 남대문로 2가 9번지에 자리한 국민은행 본점의 측면 출입구 앞에 놓여 있던 시절에 담아 놓은 '반민특위 터' 표석의 모습이다. 민족문제연구소에 의해 1999년 9월 20일에 제막된 이 표석은 그 이후 주차장 입구쪽 구석 자리로 재배치되는 등 관리상 노골적인 푸대접을 받기도 했다.

석의 제막식이 거행되었다.[84] 이 표석의 설치장소는 서울 남대문로 대로변에 자리한 당시 국민은행 명동 본점의 측면 출입구 앞이었다.

반민특위는 출범과 더불어 중앙청(中央廳)의 방 몇 곳에 임시사무소를 두고 있었으나 그 공간이 협소한 탓에 별도의 청사를 찾고 있던 상태였는데, 당시 이범석 국무총리(李範奭 國務總理)의 특명으로 1949년 1월 21일 옛 제국은행 경성지점 자리(남대문로 2가 9번지)로 옮겨 터를 잡게 되었다. 그 시절 이 건물은 군정청 상무부 이래 상공부의 소관이었으며, 그나마 이 건물로 옮기는 과정조차도 순탄하게 진행되지 못하였다.

이와 관련하여 『경향신문』 1949년 1월 23일자에 수록된 「또 이 무슨 추태(醜態), 특위청사(特委廳舍)이 구 제국은행(舊 帝國銀行)에 임 장관(任長官), 돌연(突然) 명도령(明渡令)」 제하의 기사에는 이러한 내용이 정리되어 있다.

---

[84] "반민특위 터: 이곳은 민족말살에 앞장섰던 친일파들을 조사, 처벌하던 반민족행위특별조사위원회 본부가 있던 곳임"이라는 내용이 담긴 표석의 글씨는 신영복(申榮福, 1941~2016) 성공회대학교 교수가 썼고, 좌측면에는 "1999.9.20. 민족문제연구소 세움"이라는 표시가 새겨져 있다.

제국은행(帝國銀行)을 에워싸고 상공부와 반민특별조사위원회 간에 쟁탈전이 벌어졌다. 중앙청 205호실을 사용하고 있던 반민조위는 청사 협잡으로 사무의 지장이 다대함에 비추어 그간 국무총리에 건의하여 비어 있던 제국은행의 사용의 허가를 얻어 21일 일부 사무를 중지하고 이사를 시작하였다 함은 기보한 바이어니와 그 후 짐을 완전히 옮겨 사무에 착수하려던 바 돌연 상공장관의 명령으로 특허국(特許局)의 가옥으로 사용하겠으니 비워달라는 통고에 놀란 반민조위 간부와 직원 일동은 정부책임자의 명령을 무시하는 이러한 개인적인 조처는 부당하다고 물의가 분분하며 아직 이에 대한 명확한 해결은 짓지 못하고 집 잃은 특조위는 갈팡질팡 하고 있다 한다.

『경성일보』 1943년 3월 29일에 수록된 제일은행과 미츠이은행의 합병 관련 광고문안이다. 이들 은행을 합친 결과로 만들어진 것이 '제국은행'이었는데, 이러한 탓인지 반민특위 청사와 관련한 당시의 기사에는 대개 이곳을 옛 제국은행 자리라고 지칭하고 있다.

여기에 나오는 제국은행(帝國銀行)은 일제패망기인 1943년 4월 1일에 이르러 전시금융통제정책에 따라 기존의 제일은행(第一銀行, 다이이치깅코)과 미츠이은행(三井銀行)을 합병한 결과물로 만들어진 것으로, 그 뿌리는 어디까지나 제일은행 쪽에 맞닿아 있었다. 실제로 반민특위 청사로 사용된 제국은행 건물은 원래 제일은행 경성지점의 용도로 신축된 것이었다.

이에 관해서는 『매일신보』 1921년 1월 15일자에 수록된 「제일은행(第一銀行) 신건물(新建物)에 이전(移轉), 24일부터」 제하의 기사에 다음과 같은 내용이 남아 있는데, 이러한 결과로 주식회사 제일은행은 "1921년 1월 24일부로 종래 경성부 본정 2정목 89번지에 있던 경성지점의 위치를 경성부 남대문통 2정목 9번지로 이전한다"는 내용의 등기를 완료하기도 했다.[85]

> 제일은행 지점은 이번에 신축 낙성을 보고 오는 24일부터 남대문통 새로 건축한 데 이전하여 집무하기로 되었는데 그 까닭에 동 은행은 오는 16일 열 시부터 오후 세 시까지에 관계자를 초대하여 새 건축물의 내부를 관람케 한다더라.

그런데 바로 이 제일은행은 대한제국 시기 화폐주권을 침탈한 대표적인 사례로 언급되는 '일본 제일은행권 무단 유통사건(1902년)'의 당사자였던 것으로도 기억되는 금융기관이었다. 또한 1905년 1월에는 일본인 재정고문 메가타 타네타로(目賀田種太郎)의 주도로 대한제국의 국고금 취급은행이 되는 한편 화폐정리사무의 위탁까지 받게 됨에 따라 우리나라

---

85) 여기에 나오는 제일은행(第一銀行, 다이이치깅코)은 일본 실업계의 거물인 시부사와 에이이치(澁澤榮一, 1840~1931)가 설립에 관여했던 주식회사 제일국립은행(株式會社 第一國立銀行; 1873.7.20일 개업)에 그 기원을 두고 있다. 이 은행은 1876년 8월 1일 태정관 포고 제106호 「국립은행조례(國立銀行條例)」의 규정에 따라 "개업면장(開業免狀)을 받은 날로부터 20개년의 기간에 걸쳐 지폐발행(紙幣發行)의 특허(特許)를 가진 국립은행의 자격을 계속 유지"했고, 그 이후 1896년에 이 기한의 만료와 더불어 사립은행인 '주식회사 제일은행'으로 전환되었다.

株式會社第一銀行京城支店外觀

『조선사정사진첩(朝鮮事情寫眞帖)』(조선공론사, 1922)에 수록된 신축 준공 무렵의 모습이 담긴 '제일은행 경성지점'의 전경 사진이다. 이곳이 곧 제국은행 경성지점을 거쳐 상공부 부속청사와 반민특위 사무소로 전환되는 바로 그 건물이다.

전역에 제일은행권이 강제 유통되는 상황이 전개되기에 이르렀다.

이에 따라 제일은행은 사실상 발권은행으로서 중앙은행의 역할을 차지했으며, 이러한 기능은 1909년 10월에 한국은행(韓國銀行; 1911년 8월 15일에 '조선은행'으로 개칭)이 정식으로 설립될 때까지 지속되었다. 또한 1907년 11월에 착공하여 4년 3개월 간의 공사기간을 거쳐 1912년 1월 10일에 낙성식을 거행한 바 있는 한국은행 본점 청사 역시 원래는 제일은행 한국총지점(第一銀行 韓國總支店)의 용도로 건립된 것이었다는 점도 기억할 필요가 있다.

아무튼 제일은행 경성지점의 건물 신축으로 인하여 남대문통 2정목(지금의 남대문로 2가) 일대는 일본생명(日本生命; 남대문통 2정목 1번지), 경성전기 경성지점(京城電氣 京城支店; 남대문통 2정목 5번지), 스즈키상점 경성지점(鈴木商

『경성과 인천(京城と仁川)』(1929)에 수록된 남대문통 2정목(지금의 남대문로 2가) 일대의 거리 풍경이다. 여기에는 길 건너편으로 일본생명빌딩, 경성전기 경성지점 사옥, 야마구치은행 경성지점, 제일은행 경성지점(맨 오른쪽 2층 벽돌 건물)이 나란히 포진한 모습이 잘 포착되어 있다.

店 京城支店; 남대문통 2정목 5-3번지)[86]), 치요다생명(千代田生命, 남대문통 2정목 10번지) 등의 근대식 건물이 즐비한 공간으로 변모하였다. 일제가 패망하고 미군정 시기가 되면서 이들 가운데 몇 곳은 군정청의 소관으로 접수되었는데, 가령 『경향신문』 1947년 5월 8일자에 수록된 「군정청 상무부 이전(軍政廳 商務部 移轉)」 제하의 기사에는 이러한 소식이 담겨 있다.

> 군정청 상무부는 6일 본청으로부터 남대문로 2가 전 제국은행 지점(帝國銀行 支店)과 치요다(千代田) 뻴딩에 나누어 이선하였는데 모든 사무는 7일부터 신청사에서 계속하였다.

---

[86] 스즈키상점 경성지점 건물에는 1929년 9월 7일에 야마구치은행 경성지점(山口銀行 京城支店)이 옮겨와 이곳에 터를 잡았고, 그 이후 1933년 12월 9일에는 이곳의 영업일체를 양수한 산와은행 경성지점(三和銀行 京城支店)이 들어서는 과정이 이어졌다.

이때 군정청 상무부의 점유공간으로 귀속된 제국은행 지점 자리가 곧 대한민국 정부수립 이후 상공부의 소관을 거쳐 '반민특위 청사'가 되는 바로 그 빌딩인 것이다. 반민특위가 와해된 이후에는 한때 '중앙경찰병원(中央警察病院)'으로 사용된 시절도 있었고, 한국전쟁 시기인 1950년 10월 이후 1958년 정초에 이르기까지 한국저축은행 본점이 이곳에 터를 잡았던 것으로 드러난다.

『동아일보』 1950년 10월 5일자에 수록된 '정부환도 관련 업무개시 안내광고'이다. 여길 보면 한국은행 본점의 위치는 종래 저축은행 본점 자리로, 한국저축은행은 남대문로 2가의 옛 상공부 자리를 사용하는 것으로 표시되어 있다. 이때 자기의 본점 자리를 내어준 한국저축은행이 임시적으로 대체사용한 공간이 바로 옛 제일은행 경성지점(제국은행 경성지점)이자 반민특위 사무소였던 바로 그 자리이다.

『동아일보』 1950년 10월 5일자에 수록된 '정부환도와 관련한 은행 업무개시 안내광고'를 보면, 한국은행 본점의 주소지가 "서울시 충무로 입구(저축은행 내)"라고 표기되어 있고 그 대신에 한국저축은행은 "서울시 남대문로 2가(구 상공부 자리)"로 적고 있는 것이 눈에 띤다.[87] 이것은 짐작컨대 전시폭격으로 한국은행 건물이 지붕이 무너질 정도로 파괴되자

---

87) 종래의 한국저축은행(韓國貯蓄銀行)은 1958년 12월 1일을 기하여 제일은행(第一銀行)으로 개칭되었다.

그 건너편으로 건물 규모도 크고 별다른 피해도 없이 남아 있던 저축은행 건물(1935년 12월 2일 신축 낙성)이 한국은행 임시본점으로 넘겨진 반면, 저축은행은 그 대체공간으로 옛 반민특위 사무소(상공부 소유 청사)를 얻어 사용하고 있었기 때문이었다.[88]

『경향신문』 1972년 10월 24일자에 수록된 '국민은행 본점 신축이전 안내광고'이다. 이때에 이르러 반민특위 청사였던 옛 제일은행 경성지점 건물은 이 과정에서 철거되어 사라지고 그 자리에 초대형 빌딩이 새로 들어선 사실을 확인할 수 있다.

그 이후 1962년 2월 1일에 발족한 국민은행(國民銀行: '한국무진'이 '중앙무진'을 흡수합병)이 이곳을 본점으로 삼아 자리하였다가 1972년 10월 25일에 이르러 옛 건물을 헌 자리에 본점을 신축 준공하였다. 그러니까 1999년에 '반민특위 터' 표석이 국민은행 자리에 세워진 것은 이러한 공간 내력 탓이었던 셈이다.

그런데 참으로 안타까운 것은 비록 표석은 세워졌을지언정 정작 그 관리는 푸대접에 가까웠다는 사실이었다. 표석의 설치 지점이 애당초 건물 측면 출입구에 세워진 것부터가 그러하고, 그 이후에는 관리상의

---

88) 한국은행 본점이 복구되면서 원래의 자리로 돌아간 것은 1958년 1월 18일의 일이며, 이에 관해서는 『동아일보』 1958년 1월 19일자에 수록된 「한은 본관 복구(韓銀 本館 復舊), 어제 낙성식(落成式) 성대」 제하의 기사를 통해 관련 내용을 확인할 수 있다. 그리고 『동아일보』 1959년 6월 5일자에 수록된 「[뒷골목] 신청사에 벌써 금이 가다니, 셋방살이 못 면한 중앙은행」 제하의 기사에도 관련 내용이 일부 채록되어 있으므로 이를 참고할 수 있다.

이유로 주차장 입구 쪽 후미진 구석 자리로 재배치되어 거의 방치 상태나 다를 바 없이 남아 있었다.

그나마도 20여 년의 세월이 흐르고 국민은행 본점 건물은 마스턴투자운용에 매각 처리와 동시에 철거공사가 진행되면서 '반민특위 터' 표석은 그 자리를 더 이상 지킬 수 없는 처지가 되고 말았다. 이에 따라 '센터포인트 명동(스탠포드호텔 명동 소재지)' 빌딩 신축공사(2021년 9월 준공)가 본격 개시된 2018년 10월 이후에는 용산 청파동에 자리한 식민지역사박물관으로 옮겨져 임시 보관되고 있는 상황이다.[89]

들자하니 국민은행 본점 자리에는 그럭저럭 새 건물이 완성되었다고 하는데 의당 '제자리를 잃은' 반민특위 터 표석도 지체 없이 원래의 위치로 되돌려 질 수 있기를 간절히 바랄 따름이다.[90]

• 이 글은 『민족사랑』 2022년 6월호에 게재하였던 것을 수정 보완하였다.

---

[89] 현재 식민지역사박물관 출입구 앞에 임시 전시되고 있는 '반민특위 터' 표석 위에는 '제자리를 잃은 반민특위 터 표석'이라는 제목의 설명안내판 하나가 부착되어 있는데, 여기에는 다음과 같은 내용이 서술되어 있다. "이 표석은 옛 반민특위 터인 서울시 중구 남대문로 84, 당시 국민은행 본점 자리에 세워졌으나, 건물 신축 공사로 방치되어 2018년 10월 이곳으로 옮겨 보관중이다. 민족문제연구소는 친일경찰의 습격으로 반민특위가 와해된 지 50년이 되는 해인 1999년, 친일청산이라는 민족사의 교훈을 잊지 않기 위해 시민 성금을 모아 이 표석을 설치했다."

[90] 우연의 일치인지는 모르겠으나, 이 글을 『민족사랑』 2022년 6월호에 게재된 직후의 시점에 서울시민연대에서 '반민특위 본부 터'에 대한 표석설치민원을 제기하였고, 그 이후 해당 안건이 2022년 9월 22일에 개최된 서울특별시 문화재위원회 표석분과 제3차 분과회의에서 심의 통과됨에 따라 '센터포인트 명동' 신축빌딩 앞에는 서울특별시에서 세운 별도의 '반민특위 터' 표석이 들어서기에 이르렀다. 하지만 그 이후 표석 설치 위치에 관한 조율과 의견수렴을 위한 공고 과정 등을 거치는 바람에 표석 설치 작업은 상당 기간 지연되었다가 2024년 2월 17일에 와서야 최종 완료되었다.

• 각권별 수록목차 종합안내

그 시절을 까맣게 잊고 사는 사람들을 위한
식민지 비망록 1

제1부 여전히 우리 주변에 출몰하는 일제잔재들

01 서울 거리에 버젓이 남아 있는 조선총독들의 글씨 흔적들
    식민통치자들의 휘호가 새겨진 정초석과 기념비의 잔존 상황

02 일제의 잔존 기념물 가운데 유독 사각뿔 모양이 많은 이유는?
    사각주(四角柱)에 방추형(方錐形)인 일본군 묘비석 양식의 기원

03 일제잔재로 곧잘 오인되는 응원구호 '파이팅'의 어원 유래
    투지(鬪志)의 유사어 투혼(鬪魂)이야말로 전형적인 군국주의식 용어

04 군부대 소재지를 일컬어 '○○대(臺)'라는 별칭이 생겨난 연유는?
    1937년에 일본천황이 육군사관학교에 '상무대'로 하사한 것이 최초 용례

05 일제 때 '25주년' 단위의 기념행사가 유달리 성행했던 이유는?
    사반세기(四半世紀)라는 표현을 남겨놓은 그들의 언어습성

06 한강리(漢江里)가 느닷없이 한남정(漢南町, 한남동)으로 둔갑한 까닭
    일제가 이 땅에 남겨놓은 고질적인 지명 왜곡의 몇 가지 사례들

제2부 참으로 고단했던 식민지의 일상

07 일제의 폭압정치를 상징하는 총독부 관리의 패검(佩劍)
    한때 제복은 폐지되었으나 전시체제기에 '국민복'으로 부활

08 경성소방서의 망루에서 울리는 싸이렌 소리의 의미는?
    소방출초식(消防出初式)으로 시작되던 일제 치하의 새해 풍경

09 일제의 대륙침략과 조선인 강제동원의 연결 창구, 관부연락선(關釜連絡船)
    '현해의 여왕'으로 일컫던 금강환(金剛丸)과 흥안환(興安丸)의 흔적

10 병합기념일을 제치고 시정기념일이 그 자리를 차지한 까닭
    일제강점기의 공휴일에는 어떤 날들이 포함되어 있었나?

11 4년 새 4.5배의 살인적인 담배값 인상이 자행되던 시절
    조선총독부의 연초 전매에 얽힌 생활풍속사의 이면

12 일본천황에게 바쳐진 헌상품 행렬은 또 다른 지배종속의 징표
    성환참외와 충주담배에서 호피(虎皮)와 비원자기(秘苑磁器)까지

제3부 잊혀진 항일의 현장을 찾아서

13 아무런 흔적도 없는 '안국동' 이준 열사의 집터를 찾아서
    헤이그특사의 출발지이자 최초의 부인상점이 있던 역사 공간

14 권총을 지닌 그는 왜 이완용을 칼로 찔렀을까?
　　이재명 의사의 정확한 의거장소에 대한 재검토
15 이토 특파대사가 탄 열차를 향해 돌을 던진 한국인의 항거 장면
　　술 취한 농민의 고약한 장난으로 치부된 원태우 투석 사건의 내막
16 단재 신채호 선생의 집터에 표석을 세우지 못하는 까닭은?
　　'삼청동(三淸洞)' 집터의 실제 위치는 '팔판동(八判洞)'
17 통감부 판사였던 이시영 선생이 거소불명자가 된 까닭은?
　　한국병합기념장을 끝까지 수령하지 않았던 사람들
18 항일의 터전을 더럽힌 홍파동 홍난파 가옥의 내력
　　베델의 집터이자 신채호 선생의 조카딸이 살던 공간

제4부 결코 잊어서는 안 될 친일군상의 면면
19 이토 통감 일가족은 왜 한복을 입었을까?
　　조선귀족 이지용과 그의 부인 홍옥경(洪鈺卿)의 친일행적
20 뼛속까지 친일로 오염된 애국옹(愛國翁)들의 전성시대
　　일장기 밑에서 세상을 하직한 청주 노인 이원하(李元夏)의 추태
21 조선문화공로상(朝鮮文化功勞賞), 전시체제를 독려하는 교묘한 통치수단
　　유일한 조선인 수상자는 '신바라 카츠헤이(眞原昇平, 신용욱)'
22 죽어서도 호사를 누린 친일귀족들의 장례식 풍경
　　용산역전, 독립문 앞, 동대문 등은 영결식장으로 애용하던 공간
23 근대사의 현장마다 단골로 등장했던 어느 일본인 순사의 일생
　　『백범일지』에도 언급된 와타나베 타카지로(渡邊鷹次郎)의 행적
24 왜곡된 시선으로 근대 한국을 담아낸 무라카미사진관
　　통감부의 어용사진사로 출세한 무라카미 텐신(村上天眞)의 행적

그 시절을 까맣게 잊고 사는 사람들을 위한
식민지 비망록 2

제1부 혹독한 전시체제기의 나날들
01 대나무 철근과 콘크리트 선박을 아시나이까?
　　총체적인 전쟁물자의 수탈이 빚어낸 대용품(代用品)의 전성시대
02 서울 거리에 오백 마리의 제주 조랑말이 무더기로 출현한 까닭은?
　　전시체제기의 물자절약과 연료부족사태가 만들어낸 택시합승제도
03 총알도 막아낸다는 일제의 비밀병기, 센닌바리(千人針)
　　천 명의 남자들에게 글자를 받는 센닌리키(千人力)도 함께 성행
04 미영격멸을 구호삼아 달린 부여신궁과 조선신궁 간 대역전경주
　　징병제를 대비한 매일신보사의 조선청년 체력향상 프로젝트

05 일제패망기에 매달 8일이 특별한 의미를 지닌 까닭
　　이른바 '대조봉대일(大詔奉戴日)'은 전시체제를 다잡는 날
06 거물면장(巨物面長), 말단행정을 옥죄는 전시체제의 비상수단
　　전직 도지사와 참여관들이 잇달아 면장 자리에 오른 까닭은?

제2부 침략전쟁의 광풍이 휘몰아치던 시절
07 국세조사(國勢調査), 효율적인 식민통치와 전쟁수행을 위한 기초설계
　　전시체제기에는 병역법 실시와 배급통제를 위한 인구조사도 빈발
08 "금을 나라에 팔자", 황금광 시대에도 금모으기 운동이 있었다
　　일제는 왜 금헌납과 금매각 독려에 그렇게 열을 올렸나?
09 총독부박물관이 오후 4시만 되면 문을 닫는 까닭은?
　　전쟁 따라 출렁이는 총독부 관리들의 출퇴근 시간 변천사
10 현수막(懸垂幕), 결전체제를 다잡는 또 하나의 전쟁무기
　　건물 외벽마다 시국표어들이 주렁주렁 매달렸던 시절
11 병참기지 조선반도를 관통하여 달린 성화(聖火) 계주행렬의 정체는?
　　이세신궁에서 조선신궁으로 옮겨진 기원 2600년 봉축 불꽃
12 일제가 독려했던 또 다른 전쟁, 인구전쟁(人口戰爭)
　　해마다 자복가정표창(子福家庭表彰)이 이뤄지던 시절의 풍경

제3부 곳곳에 남아 있는 그들만의 기념물
13 수원화성 방화수류정 언덕에 자리했던 순직경찰관초혼비
　　3.1만세운동 때 처단된 일본인 순사들을 위한 기념물
14 "덕은 봉의산만큼 높고, 은혜는 소양강만큼 깊도다"
　　세 곳에 남아 있는 '이범익 강원도지사 영세불망비' 탐방기
15 일제가 인천항 부두에 세운 대륙침략의 '거룩한 자취' 기념비
　　경성보도연맹 기관지에 수록된 '성적기념지주(聖蹟記念之柱)'의 건립과정
16 역대 조선총독과 정무총감이 잇달아 벽제관을 시찰한 까닭은?
　　사쿠라와 단풍나무 동산으로 구축한 그들만의 성지(聖地)
17 벽제관 후면 언덕에 솟아오른 '전적기념비'의 정체는?
　　침략선쟁의 길잡이가 되기를 바랐던 그들만의 기념물
18 내금강 만폭동 계곡에 아로새긴 친일귀족 민영휘 일가의 바위글씨
　　금강산 사진첩에 보이는 일제강점기 수난사의 몇 가지 흔적들

제4부 뒤틀어진 공간에 대한 해묵은 기억들
19 군대해산식이 거행된 옛 훈련원(訓鍊院) 일대의 공간해체과정
　　이 자리에 들어선 경성부민회장(京城府民會場)의 정체는?

- 20 일본 황태자의 결혼기념으로 세워진 경성운동장
  하도감(下都監) 자리에 있던 정무사(靖武祠)의 건립 내력
- 21 의외의 공간에 출현한 저 비행기의 정체는 무엇인가?
  조선일보사 옥상 위에 전용비행기를 올려놓았던 시절
- 22 식민지의 번화가를 밝히던 영란등(鈴蘭燈), 금속물 공출로 사라지다
  파고다공원의 철대문과 조선총독부 청사의 철책도 그 대열에 포함
- 23 소설 「자유부인」에도 등장하는 중화요리점 '아서원'의 내력
  역관 홍순언의 일화가 얽힌 '곤당골' 지역의 공간변천사
- 24 '반민특위' 표석은 왜 아직도 제자리를 찾지 못하나?
  반민특위 청사로 사용된 옛 제일은행 경성지점 자리의 공간 내력

그 시절을 까맣게 잊고 사는 사람들을 위한

식민지 비망록 3

제1부 그 시절에 횡행했던 식민통치기구의 면면

- 01 조선통치에 관한 사상 관측소, 총독부도서관의 건립 내력
  도서관을 지어주고 광통관(廣通館)을 얻은 조선상업은행
- 02 인왕산 자락이 채석장으로 누더기가 된 까닭은?
  쌈지공원으로 남은 총독부 착암공양성소와 발파연구소의 흔적
- 03 "일제에 끌려간 게 사람만이 아니었더라"
  이출우검역소를 거쳐 일본으로 간 조선소는 160여만 마리
- 04 일제의 삼림수탈을 증언하는 영림창 제작 '압록강 재감(材鑑)'
  지금도 경복궁 땅 밑에 고스란히 남아 있는 9,388개의 소나무 말뚝
- 05 식민통치기간에 이 땅에는 얼마나 많은 일제 신사가 만들어졌을까?
  '1군 1신사(神社)'와 '1면 1신사(神祠)'의 건립을 강요하던 시절
- 06 흑석동 한강변 언덕 위에 한강신사가 건립된 까닭은?
  서울 지역 곳곳에 포진한 일제 침략 신사들의 흔적

제2부 그 거리에 남겨진 식민지배의 흔적들

- 07 도로원표는 왜 칭경기념비전 앞에 놓여 있을까?
  일제강점기에 모든 길은 '황토현광장'으로 통했다
- 08 독점기업 경성전기(京城電氣)의 마지못한 선물, 경성부민관
  부민관폭파의거의 현장에 얽힌 근현대사의 굴곡 반세기
- 09 딱 100년 전 가을, 경복궁에서는 무슨 일이 벌어졌을까?
  식민통치의 치적 자랑을 위해 벌인 난장판, '조선물산공진회'

10 기억해야 할 을사조약의 배후공간, 대관정(大觀亭)
　　호텔신축공사로 곧 사라질 위기에 놓인 근현대사의 현장
11 포방터시장으로 남은 홍제외리 조선보병대 사격장의 흔적
　　헌병보조원 출신 항일의병의 처형장소로도 사용된 공간
12 '천황즉위'기념으로 지은 일본인 사찰에 갇힌 명성황후의 위패
　　탁지부 청사와 화개동 감모비각을 옮겨 만든 묘심사(妙心寺)

제3부 낯선 풍경으로 남아 있는 근대역사의 공간들

13 일제가 경성(京城) 지역에만 두 곳의 감옥을 만든 까닭은?
　　장기수 전담감옥이었던 경성감옥 혹은 경성형무소의 건립 내력
14 '녹두장군' 전봉준은 왜 좌감옥(左監獄)에서 최후를 맞이했을까?
　　근대시기 이후 사형제도의 변경과 처형장의 공간 변천사
15 행주산성이 내선일체의 대표 유적으로 지목된 까닭
　　군국주의와 황국신민화의 도구로 전락한 역사왜곡의 현장들
16 경학원 명륜당이 1937년 이후 느닷없이 혼례식장으로 변신한 까닭은?
　　정신작흥과 사회교화의 광풍 속에 탄생한 '의례준칙(儀禮準則)'
17 소개공지(疎開空地), 미군 공습에 기겁한 일제의 방어수단
　　결국 패망 직전 서울의 도시공간을 할퀴어 놓다
18 종로경찰서(鍾路警察署), 반도 민심의 근원을 차단하는 억압기구
　　다른 경찰서에 비해 빈번하게 청사의 위치를 옮긴 까닭은?

제4부 결국 학교도 예외는 아니었다

19 위문대(慰問袋) 모집의 시초는 의병토벌 일본군대를 위한 것
　　친일귀족 이완용도 한몫 거든 위문품주머니의 제작 풍경
20 멀쩡했던 교가(校歌)와 교표(校標)가 무더기로 개정된 연유는?
　　조선어 가사는 금지되고 무궁화와 태극 문양은 지워지던 시절
21 군국주의에 짓밟혀 헝클어진 조선인 여학생들의 꿈
　　부산항공립고등여학교 졸업앨범, 1944년
22 마침내 조선인 학교에도 출현한 군사교련제도와 배속장교의 존재
　　미성년자 금주금연법과 삭발령도 학원통제의 수단으로 사용
23 일제패망기의 학교운동장이 고무공 천지로 변한 까닭은?
　　일본의 남방군(南方軍)이 보내온 침략전쟁의 전첩기념선물
24 학교이름에 도(道), 방위, 숫자 명칭의 흔적이 성행했던 시절
　　내선일체 완성을 위한 식민교육제도의 변경이 빚어낸 부산물

그 시절을 까맣게 잊고 사는 사람들을 위한
식민지 비망록 2

1판 1쇄 발행 2024년 9월 27일

지은이	이순우
펴낸곳	민연주식회사
편 집	손기순 유연영
등 록	제2018-000004호
주 소	서울시 용산구 청파로47다길 27(청파동2가 서현빌딩)
전 화	02-969-0226
팩 스	02-965-8879
홈페이지	www.historybank.kr
인 쇄	신우디앤피
정 가	18,000원
ISBN	978-89-93741-44-5
	978-89-93741-42-1(세트)

이 책은 저작권법에 의해 보호받는 저작물이므로 무단 전재와 복제를 금합니다.
잘못된 책은 바꿔 드립니다.